职业教育财务会计类专业规划教材

KUAIJI DASHUJU JICHU

会计大数据基础

（第二版）

主编 张文惠 张 勇

苏州大学出版社
Soochow University Press

图书在版编目(CIP)数据

会计大数据基础 / 张文惠，张勇主编. -- 2 版. -- 苏州 ：苏州大学出版社，2023.6
ISBN 978-7-5672-4380-4

Ⅰ. ①会… Ⅱ. ①张… ②张… Ⅲ. ①会计信息－数据处理 Ⅳ. ①F230

中国国家版本馆 CIP 数据核字(2023)第 089621 号

会计大数据基础(第二版)
张文惠　张　勇　主编
责任编辑　薛华强

苏州大学出版社出版发行
(地址：苏州市十梓街 1 号　邮编：215006)
苏州市深广印刷有限公司印装
(地址：苏州市高新区浒关工业园青花路 6 号 2 号厂房　邮编：215151)

开本 787 mm×1 092 mm　1/16　印张 14.75　字数 341 千
2023 年 6 月第 2 版　2023 年 6 月第 1 次印刷
ISBN 978-7-5672-4380-4　定价：49.00 元

若有印装错误，本社负责调换
苏州大学出版社营销部　电话：0512-67481020
苏州大学出版社网址　http://www.sudapress.com
苏州大学出版社邮箱　sdcbs@suda.edu.cn

前言

会计大数据基础是一门知识性和应用性很强的财务会计类专业的基础性课程，主要向学生普及大数据的基础知识。使学生能够了解大数据的基本概念、基本技术和应用场景，理解大数据分析的基本原理和方法，并能够应用大数据思维和分析方法解决本专业的相关问题。教材的主要内容包括：

（1）介绍大数据基本概念、发展历程与趋势，以及大数据对会计工作的影响；阐述大数据分析下的会计数据特征提取及分析思维。

（2）介绍大数据分析的基本方法及工具。依次介绍了大数据分析步骤、大数据分析基本方法、大数据财务分析方法、大数据分析常用工具等，以及数据库设计基础与基本步骤，如何具体应用 MySQL 数据库建立财务模型，等等。

（3）将大数据分析与 Python 相结合。从财会人员的第一行 Python 代码开始，讲解了会计信息与 Python 数据类型、财税核算中的判断、数据分析及可视化，随后结合财会工作中的实际案例，从查看 Excel 数据源到财会数据提取、财税数据连接与合并、财税数据分组聚合、财税数据可视化，扩展了大数据分析在财会实际业务分析方面的应用。

（4）利用 Python，结合财会应用场景，在批量下载行业研究报告及获取数据后进行可比公司财务数据分析。

四个模块由浅入深，适应学生的学习基础，实务操作性强，以财会工作结合实际案例为导向，构建实际的应用场景，引出教学知识点，吸引学生的注意力，培养学生的学习兴趣，让学生在做中学，在学中做。

另外，与厦门九九网智科技有限公司合作研发了与纸质教材配套的“会计大数据基础学习平台系统”，该系统无须搭建编程环境，即可在平台内进行线上训练，同时充分发挥“互联网 + ”教育的功能，所有项目训练结果在线运行，实时反馈及纠错，使学习效率充分提高，实现自主练习、愉悦训练。

本教材由江苏联合职业技术学院徐州财经分院张文惠副教授和张勇副教授担任主编，制定编写大纲、设计教材体例、提出编写方案并统稿、总纂。具体分工如下：项目一、项目四由张勇和厦门九九网智科技有限公司李荃编写，项目二、项目三由张文惠和厦门九九网智科技有限公司戴泽阳编写，项目五、项目六由张伟和厦门九九网智科技有限公司阳嫔虹编写，项目七、项目八由邢如意和厦门九九网智科技有限公司张红英编写。全书由徐州财经分院李辉教授主审。江苏理工学院商学院陈国平副院长对本书进行了审阅并提出了很好的指导意见，学院财务会计专业协作委员会大数据与会计专业课程构建专题研发组对本教材进行了论证。案例资料的收集得到了徐州市财务管理协会的大力协助和支持，本书的编写也得到了苏州大学出版社薛华强同志、厦门九九网智科技有限公司梁华同志的指导和支持，在此一并感谢。

恳请使用本项目化课程教材的学校、老师、学生和相关单位提出宝贵意见，以使本书更加完善、实用、适用。联系电子邮箱为：pxddlh@126.com。

CONTENTS

目录

项目一

认知大数据

项目描述

信息技术与经济社会的交汇融合引发了数据迅猛增长，数据已成为国家基础性战略资源，大数据正日益对全球生产、流通、分配、消费活动以及经济运行机制、社会生活方式和国家治理能力产生重要影响。本项目介绍大数据的含义、基本特征、发展历程与趋势，以及大数据对会计行业的影响。通过本项目的学习，学习者能够理解大数据的基本概念，了解大数据的发展趋势，进而理解大数据对会计行业的影响。

学习目标

1. 掌握大数据的概念和基本特征。
2. 了解大数据发展历程与趋势。
3. 理解大数据对会计行业的影响。

任务一　认识大数据的基本概念

任务描述

目前，我国互联网、移动互联网用户规模居全球第一，拥有丰富的数据资源和应用市场优势，而如何推动大数据在工业研发设计、生产制造、经营管理、市场营销、售后服务等产品全生命周期、产业链全流程各环节的应用，分析、感知用户需求，提升产品附加价值，打造智能工厂，是企业管理人员需要深入思考的问题。

案例导入

2015 年 8 月,《国务院关于印发促进大数据发展行动纲要的通知》(国发〔2015〕50 号)明确指出,大数据成为推动经济转型发展的新动力,大数据成为重塑国家竞争优势的新机遇,大数据成为提升政府治理能力的新途径。可见大数据对推动产业创新发展、培育新兴业态、助力经济转型必将注入强大动能。

知识储备

一、大数据的基本概念

（一） 大数据时代背景

> 没有大数据分析,公司就会盲目失聪,就像高速公路上的鹿一样徘徊在网络上。
>
> ——杰弗里·摩尔(Geoffrey Moore)

随着计算机技术的发展和互联网用户的激增,手机已经成为我们工作生活中的重要工具。近几年大数据已经渗透到各行业及业务中,已经成为重要的生产力。越来越多的企业通过挖掘大数据,运用大数据分析来优化和制定企业战略,帮助企业寻找新的业务增长点,找出潜在的商业价值,获得更大的商业利润。根据互联网数据中心(IDC)的数据,2018 年全球大数据和分析市场收入超过 1 500 亿美元。

为什么大数据如此重要?先来看看我们今天处理的数据规模是多少。

(1) 到 2020 年,我们有约 100 亿个移动设备在使用。这是全世界人口总数的两倍,而且还不包括笔记本电脑和台式机。

(2) 我们每天进行超过 10 亿次的谷歌(Google)、百度搜索。

(3) 全球每天发送大约 3 000 亿封电子邮件。

(4) 全球每天撰写超过 2.3 亿条推文。

(5) 在脸书(Facebook)上存储、访问和分析了超过 30 PB(1 PB = 1 024 TB = 1 024 × 1 024 GB)的用户生成数据。

(6) 仅在优兔(YouTube)上,每分钟就会上传 300 h 的视频。

(7) 在短短 5 年内,全球已连接的智能设备的数量将超过 500 亿个,所有这些设备都将收集、创建和共享数据。

你一定听说过千字节(KB)、兆字节(MB)、吉字节(GB),甚至是太字节(TB)。这些数据单位是普通人在工作生活中可能遇到的常见数量。这些单位足以量化比如邮件附件的数据大小或者是硬盘里存储的数据量。然而,在未来,这些常见的单位会捉襟见肘,因为到

2020年年底，全世界的数据量预计达到44泽字节（ZB）。

如果这个数是正确的，那么意味着它将会是可观测宇宙中星星数量的40倍。

（二）大数据的基本概念

麦肯锡全球研究所给出的定义是：大数据是一种规模大到在获取、存储、管理、分析方面大大超出了传统数据库软件工具能力范围的数据集合，具有海量的数据规模、快速的数据流转、多样的数据类型和价值密度低四大特征。

《国务院关于印发促进大数据发展行动纲要的通知》给出的定义是：大数据是以容量大、类型多、存取速度快、应用价值高为主要特征的数据集合，正快速发展为对数量巨大、来源分散、格式多样的数据进行采集、存储和关联分析，从中发现新知识、创造新价值、提升新能力的新一代信息技术和服务业态。

二、大数据的基本特征

> 由于大数据的“大”，从一般意义上来说，大数据指的是无法在有限时间内利用传统软件工具对它进行获取、存储、管理和分析处理的数据集合。
>
> ——维克托·迈尔-舍恩伯格和肯尼斯·库克耶编写的《大数据时代》

当前主流定义的大数据具备Volume、Velocity、Variety、Veracity和Value五个特征，简称“5V”（图1.1-1），即数据体量大、数据增长速度快、数据类型多样化、数据真实性高、数据价值大。

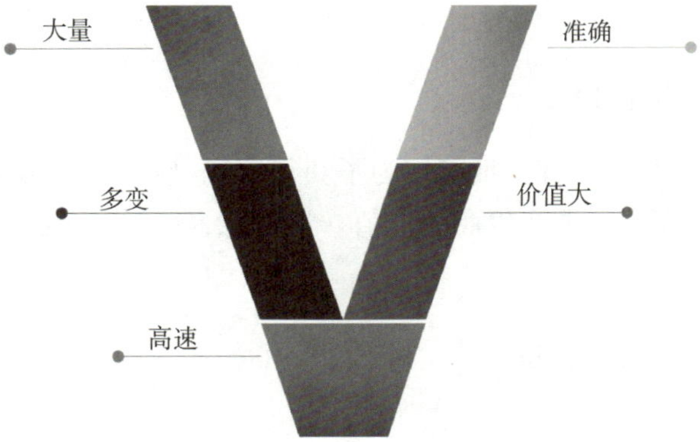

图1.1-1 大数据的五个特征

（一）Volume：数据体量大

数据体量大，这一维度是大数据这个巨型金字塔的奠基石。为了确定数据的价值，数据大小有着至关重要的作用。如果数据量非常大，则实际上将其视为“大数据”。这意味着特定数据是否实际上可以被视为“大数据”取决于数据量。

（二） Velocity：数据增长速度快

随着云计算、手机互联网、物联网的飞速发展，数据量迅猛增长。据统计，2020 年全球每秒可以产生 1.7 MB 的数据量，平均每天会生成 2.2 EB（23 亿 GB）数据，而全球数据总量中有 90% 是过去 24 个月创建的。

（三） Variety：数据类型多样化

由于现在可以从手机、邮箱、网页、视频、微博等不同的数据源获得数据，所以大数据包括结构化数据、半结构化数据及非结构化数据。

1. 结构化数据

结构化数据是传统的数据格式，比如我们常用的 Excel 工作表，包含日期、时间、金额等信息的银行对账单。

2. 半结构化数据

半结构化数据并不是传统的行列数据，而是指有一定规律的文件数据，比如我们日常服务器产生的日志文件、csv（逗号分隔值文件格式）文件等。

3. 非结构化数据

非结构化数据指的是完全不用行列数据格式，也并非有规律的数据格式，比如网络文字、图片、视频都是非结构化数据，这些数据无法以行列形式存储。

（四） Veracity：数据真实性高

数据真实性高是指数据必须符合数据质量、完整性、可信性、准确性要求。由于数据可能是从多个不同来源收集的，因此在运用大数据进行数据分析之前，必须保证数据的真实准确性。

（五） Value：数据价值大

我们获取数据并不是毫无理由地仅仅为了获得数据，应该通过数据挖掘和分析找出数据背后潜在的意义，从而使数据产生商业价值。请注意，这一点是大数据最重要的一点，要让数据产生价值！

三、大数据发展历程与趋势

（一）大数据发展历程

大数据并不是近几年的产物，自 20 世纪 90 年代初以来，人们一直在使用“大数据”一词。

从本质上讲，大数据不是全新的东西，也不只是过去 20 年的东西。很久以来，人们一直在使用数据分析技术来支持他们的决策过程。公元前 300 年的古埃及人已经统计了亚历山大图书馆中所有现有的“数据”。此外，罗马帝国过去曾仔细分析其军队的统计数据，以确定其军队的最佳分配。

1663 年,约翰·格兰特(John Graunt)记录并检查了有关伦敦死亡者的所有信息。他想加深了解并为持续的鼠疫建立预警系统。他将他的发现收集在《关于死亡率的自然观察和政治观察》一书中,该书对 17 世纪的死亡原因提供了深刻的见解。由于格兰特的工作,他被视为统计之父。

最早的现代数据记录发生在 1887 年,赫尔曼·霍勒里斯(Herman Hollerith)发明了一种可以读取打在纸卡上的孔的计算器,以便组织人口普查数据。这一设备仅用 1 年时间就可以对 1890 年的人口普查制表,而 1880 年的人口普查花费了 8 年时间。该设备被认为是现代信息处理行业的基础之一,它在某种程度上促成了国际商业机器公司(IBM)的成立。这一专利名称是"统计数据的艺术"。

尽管大数据概念不必追溯到 1663 年,但值得一提的是,"大数据"是一个相对的概念,取决于使用的场景。面向亚马逊或谷歌的大数据和一家中型保险企业的大数据是截然不同的。

直到 20 世纪末,现代信息时代才正式开始。在过去的 20 多年中,数据的数量和增长速度发生了巨大变化。2013 年,全球数据总量为9 ZB,而到 2020 年,这一数据急剧上升至 59 ZB(59 ZB 相当于 594 万亿千兆字节)(图 1.1-2)。如此巨大的数据量,即使采用当今最先进的技术,也无法分析所有数据,所以处理这些飞速增长的数据集的需求使得过去十年来传统数据分析转变为"大数据分析"。

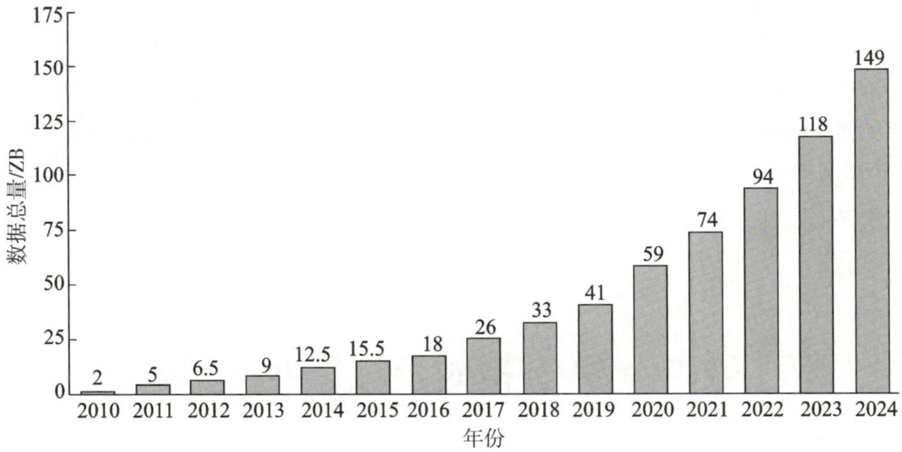

图 1.1-2　全球大数据总量变化图

（二）大数据主要发展阶段

随着时间的推移,大数据的发展大致可以分为三个主要阶段。每个阶段都有自己的特征和功能。

1. 大数据 1.0 阶段——事务化阶段

数据分析和大数据起源于数据库管理领域的长期发展。关系数据库管理系统(RDBMS)就是用来控制数据访问的操作系统。它的任务是按照一定的规则存储数据、检索数据及保护数据。

数据库管理和数据仓库被视为大数据第1阶段的核心组成部分。其使用数据库查询（SQL）、在线分析处理和标准报告工具之类众所周知的技术，为现代数据分析奠定了基础。

现在金融行业、信息技术（IT）行业、零售业及电信业等行业里的传统企业都是用上述的数据库技术进行数据分析及决策，类似于我们常用的电算化软件。

麦肯锡公司的研究表明，这些运用数据分析的公司较同行生产率提升5%，会计收益超过同比6%。虽然这从长远来看并未具有革命性意义，但它是大数据2.0阶段的奠基石。

2. 大数据2.0阶段——网络化阶段

进入21世纪以来，互联网开始提供独特的数据收集和数据分析的机会。随着网络流量和在线商店的扩展，雅虎、亚马逊和易贝等公司开始通过分析点击率、IP位置数据和搜索日志来分析客户行为。这是一个全新的领域。

从数据分析和大数据的角度来看，超文本传输协议和万维网导致半结构化和非结构化数据大量增加。为了对这些数据进行更高效的分析，我们需要找到新方法和存储解决方案来处理这些新数据类型。此外，社交媒体数据（视频存储）的增长极大地加剧了对新型工具技术和分析技术的需求，以便能够从这些非结构化数据中提取出有意义的信息。

3. 大数据3.0阶段——智能化阶段

虽然基于万维网的非结构化内容仍然是大数据分析的重点，但是人们从移动设备、物联网兴起中发现了检索更多有价值的信息的可能性。

移动设备不仅可以分析行为数据（如点击和搜索查询），而且还可以存储和分析基于位置的数据（如GPS数据）。随着这些移动设备的发展，可以跟踪运动、分析身体行为甚至健康的相关数据。这些数据为运输业、智慧城市设计、现代医疗保健提供了全新机会。同时，基于传感器的物联网设备的兴起，大量数据正以前所未有的速度生成。成千上万的电视机、恒温器、可穿戴设备，甚至是冰箱，将以物联网（IoT）方式每天生成ZB级数据。

与海量数据结合，利用庞大的知识库、人工智能和机器学习技术，大数据分析进入了一个全新的时代。

任务二　大数据对会计行业的影响

任务描述

中国会计学会会计信息化专业委员会委员、浪潮集团有限公司副总裁魏代森认为，财务会计将逐步从自动化走向超级自动化和智能化。在数字技术的驱动下，财务的机构、人员、组织等载体呈现出虚拟化并且提供泛在的服务，财务云是支撑虚拟化和泛在服务的重要手段与平台。

案例导入

2021 年 6 月,上海国家会计学院发布了影响中国会计从业人员的十大信息技术,依次是:财务云、电子发票、会计大数据分析与处理技术、电子会计档案、机器人流程自动化(RPA)、新一代企业资源计划(ERP)、移动支付、数据中台、数据挖掘、智能流程自动化(IPA)。大数据、数据挖掘、数据中台等信息技术极大地促进了会计工作的发展。以财务共享为基础的自动化、智能化大大解放了财务人员,使之转型从事管理会计。

知识储备

你不能掌管你无法衡量的事务。

——彼得·德鲁克(Peter Drucker,管理顾问,博士)

今天我们无时无刻不在产生大量的数据,每当我们打开电子邮件,使用移动应用程序,在社交媒体上点赞,在线购买生活物品,甚至与客服咨询的内容,所有使用过程及痕迹数据都会被收集存储及进行大数据分析。

我们生活在一个由数据驱动的世界中,毫无疑问,数据正在彻底改变现代商业模式。许多大中小企业非常重视对“大数据”进行分析,通过数据了解客户倾向、分析和预测行业发展,进而优化公司决策,提升企业竞争力。

未来的成功将越来越依赖于公司如何有效使用大数据进行分析。商业和会计相关人员应该使用大数据分析来提高工作效率及优化决策。在安永公司发布的一项数据分析调查中,超过 79% 的被调查公司使用超过 1 000 万条记录来做数据分析,然而这些数据并不限于传统的 Excel 电子表格范围内,需要使用更复杂的数据分析工具来进行分析。

根据美国管理会计师协会(IMA)的一份报告,诸如数据分析、人工智能、机器学习、区块链和机器人流程自动化等技术将在未来的会计行业中发挥更大的作用。该报告表明,越来越多的财务和会计专业人士在工作中运用大数据进行分析,并且这一趋势会越来越明显。IMA 对其成员进行调查以获取报告,并收到了首席财务官(CFO)和其他管理会计师的 170 份回复。报告称,希望成为数据驱动型组织的组织必须具备四个关键要素:精通数据的人员、高质量数据、最新技术和支持性组织文化。大数据分析在多方面影响着会计行业,其中也包括业务预测导向及财务报表编写和审计。

一、大数据与财务会计

随着大数据分析技术的进步,有两个重要趋势影响着财务会计。

首先,越来越多的非结构化数据被整合到财务信息系统中。例如,文本、视频、音频等数据与传统数据紧密结合在一起。因此要求会计人员掌握大数据分析技术,以便处理大量可用数据,包括自动挖掘数据(如顾客购买、点击跟踪及用户评论、点击数据分析等)。

其次，公允价值评估是对大数据有实质性影响的一个领域。专门从事收集各种来源数据及评估数据的数据服务公司利用大数据评估资产与负债公允价值，以减少公允价值评估中的主观假设。

二、大数据与管理会计

大数据同样也给管理会计提出挑战。管理会计师正在学习和掌握数据科学和分析技术，以提高其公司的绩效，并利用该技术来改善其组织的数据治理和分析能力。

在一项“洞察到影响，释放大数据机遇”的报告中，透露了 3 个相关的影响。首先，86%的被调查从业人员认为“他们的企业正在从数据中获得有价值的见解”。其次，会计专业人员必须从企业数据分析支持者转换为业务合作者，为企业创造价值，同时培养基于依赖数据而不仅仅是基于管理意见的决策文化。最后，随着越来越多的企业将敏感数据放在云上，而这易于受黑客攻击，这就要求管理会计人员必须掌握计算机及网络相关安全技术。

根据 IMA 的研究，公司部署大数据的速度甚至超过了其他一些热门技术，与竞争对手相比，使用前沿数据分析的公司可以拥有显著的优势。随着大数据分析工具的发展，所有组织(无论规模大小)都必须开始走数据分析之路，以保持竞争力。

数据可视化技能对于管理会计师至关重要。管理会计师的重要作用应是充当数据科学家与管理层之间的桥梁。管理会计师以可行的方式将数据分析结果传达给管理层。

大数据分析也可以改善公司绩效管理系统。例如，制造行业企业的财务和会计团队可以从金融数据服务提供商那里获得基准指标，衡量公司的业绩是否低于同行业平均水平，或者坏账率是否高于同行业水平。

通过采用大数据分析，公司可以实施全面管理系统来替代传统的管理系统。例如，公司可以利用大数据分析新的激励政策或绩效管理措施是否有效，以提高员工效率。

三、大数据与审计

审计人员正面临着来自常规业务的大量的结构化数据(如总账或交易数据 Excel 表格)和来自非传统数据源(如新闻媒体、电子邮件和社交媒体)的大量非结构化数据(如数据库中的电子邮件、语音或自由文本字段、Wi-Fi 传感器、电子标签等)的挑战。

审计过程正逐渐从基于样本的审计转变为由数据驱动的全面审计，在大数据和预测分析的帮助下，注册会计师能够更好地进行风险识别和预测未来的风险，建议客户采取必要举措。

随着一系列大数据分析工具的出现，审计师可以使用大数据分析来降低审计成本并提高盈利能力。例如，使用自动化审计来替代人工审计。

借助大数据技术的自动数据收集和基于规则的分析技术来识别错误。审计师可以分析结构化和非结构化数据，以识别潜在的交易异常(如未经授权的支出)、行为方式(如分期付款以绕过交易限额)和进行未来趋势预测；将数据分析集成到审计流程中，以便提高审计质量。以下四个示例可说明大数据分析将如何影响审计。

(1) 由于交易数据的数字化和数据分析成本的降低，全面审计将比传统采样更为可行。

(2) 随着大数据的出现，审计师的角色将从报表担保转变为数据担保。

(3) 审计师需要使用文本分析技术来管理非结构化数据,如财务报告的管理讨论和分析财务报告中的文本部分。

(4) 利用大数据技术开发标准化的数据模型,管理层、内部审核员和外部审核员可以利用数据模型进行审计增强分析,这将进一步提高审核过程的及时性和有效性。

四、大数据和会计标准

大数据时代也有可能极大地改变会计标准。一些人认为当前的会计标准是时代的产物,高昂的传输成本和缓慢的数据收集速度可能已经过时了。在大数据时代,会计准则应该侧重于数据而不是表示。2015 年,美国学者约翰·彼得·克拉海尔(John Peter Krahel)和安永退休的合伙人威廉·R. 泰特拉(William R. Titera)提出,会计标准将必须能处理数据库的内容及被授权的数据提取集,但不得处理特定的账户披露规则。

由于大数据时代的会计标准将要求会计对可用数据负有更多责任,未来的会计准则必须在披露需求与保护敏感数据之间取得平衡。IT 公司信息时代(Information Age)预测,到 2024 年,基于标准的信息数据将在公开交易市场上出售和交易。会计师需要采用信息数据资产价值的概念。早在 20 世纪 90 年代,美国高德纳咨询公司的道格·兰尼(Doug Laney)就创造了"信息经济学",并将信息经济学和信息原理描述为一种资产,需要在账簿中对其进行管理、估价和核算。这一假设也正在成为现实。

项目二

会计数据特征提取与分析思维

项目描述

大数据时代,非财务数据更加容易获得,非结构化数据也将更多地被应用于数据分析领域,分析数据不再局限于结构化的经过加工的财务数据,很多非财务信息以及非结构化的数据会越来越多地被应用于企业的财务分析、财务预测和财务决策上。本项目主要介绍如何提取会计数据,如何利用大数据思维及常用的数据分析思维有哪些,如何分析会计问题,从而更好地为企业服务。通过本项目的学习,学习者能够加深对会计大数据的理解,了解对于不同问题,采用的分析方法和分析思维是不同的。

学习目标

1. 会计数据特征提取的内容及方法。
2. 会计大数据分析的主要思维及分析思路。
3. 理解大数据分析的主要思维:对比思维、分类思维、矩阵化思维、漏斗思维、相关思维、循环思维等。

任务一　会计数据特征提取

任务描述

大数据技术的发展,很大程度上解决了数据收集难和收集成本高的问题,数据范围更加全面,使得决策更加有依据性、更加具有客观性。大数据技术的出现使得共享数据成为可能,只有将数据大范围共享才能获得更多的数据。大数据和其使用者是相互促进的关系。相对过去而言,会计数据已由相对隐秘变得更加透明和开放。那么如何进行会计数据分析呢?这就要和业务紧密相连。

案例导入

2021 年 6 月，江苏东方糖果有限公司奶糖的销售量为 50 万千克，比 5 月份少销售 3 万千克，请分析原因并指出需要考虑哪些数据特征。对于数据的特征分析是十分重要的，可以让我们更加了解数据的信息，帮助我们在接下来的数据分析、数据建模中做出更好的选择，同时能给我们在解决问题上提供灵感。

知识储备

一、会计数据与业务数据的融合性

会计数据是指从不同的来源和渠道取得的原始资料。一般来说，数据还不能作为人们判断、得出结论的可靠依据。数据包括数字数据与非数字数据。在会计工作中，从不同的来源、渠道取得的各种原始会计资料称为会计数据，比如某日仓库的进货量、金额，某日某零件的生产量，等等。在会计工作中，会计数据通常反映在各种内部和外部会计报表中。会计信息与会计数据是两个紧密联系而又有着本质区别的概念。会计信息是通过对会计数据的处理而产生的，会计数据也只有按照一定的要求或需要进行加工处理，生成会计信息后才能满足管理的需要，为管理者所用。但会计数据与会计信息并没有截然的界限。有的会计资料对一些管理人员来说是会计信息，对另一些管理人员来说则需要进一步加工处理才会成为会计信息。

会计数据处理是指对会计数据进行加工处理，生成管理所需会计信息的过程。其一般要经过采集、录入、传输、加工、存储、输出等环节。会计数据处理不仅包括为提供对外报表所进行的一系列记账、算账、报账等工作，而且还包括在此基础上为提供控制、预测、决策所需会计资料而进行的进一步的处理工作。会计数据处理是会计工作的重要内容之一，是进行其他会计工作和管理工作的基础。

会计数据来源于业务数据，新技术的发展使得业财融合更加可行。会计信息与业务信息紧密融合，这是大数据时代会计数据的明显特征。

二、会计数据获取更加便捷

随着互联网技术的发展，会计数据由本地存储更多地转向在共享平台（如财务共享中心）上存储，企业可以随时获取需要的会计信息，解决了获取信息的时间及地域差异。会计数据共享程度越来越高，使得会计信息能够被充分利用，有利于会计数据的移动管理。

三、特征提取的思路

为了更好地应用会计大数据，在处理大数据的应用场景中，我们需要根据分析对象建立大数据模型。我们简单将大数据模型抽象为如图 2.1-1 所示的形式。

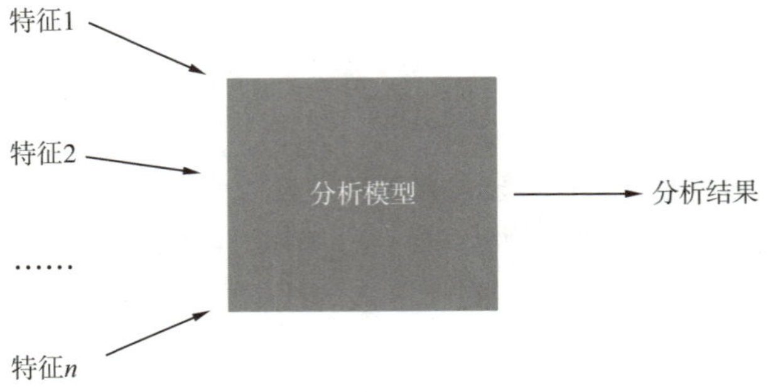

图 2.1-1　大数据模型

大数据模型的输入部分能够描述所分析对象的特征，这些特征来自我们所掌握的海量、多维的大数据资源；分析模型以特征为输入内容，通过计算得到分析结果。在大数据的分析过程中，特征作为模型的输入，其数量、维度、组织形式等对于分析结果均起到关键作用。

四、特征提取的内容

特征提取较为通用的场景是，当我们描述某个特定的分析对象时，需要从相关的数据资源中获取能够描述分析对象的信息，其中的每个特征则类似于“像素点”，特征提取的任务就是要通过对多个来源、多个维度的数据的挖掘，描绘出能够表达分析对象特征的一张“特征图”。特征图中应尽量多地包含与分析对象相关的信息，提升图的“分辨率”，同时，尽量去除与分析对象不相关的信息，减少特征图中的“噪声”，从而给分析模型一个正向的反馈，使其通过训练能够向接近“真相”的方向收敛。

大数据给我们描绘特征图提供了充分的素材。换句话说，在组织大数据资源时，我们应尽量多地搜集与分析对象相关的数据，将不同来源的数据与分析对象关联起来，大数据的“多样性”特征即体现于此。

例如，在描述每月的商品销售量变化时，我们可以把当月的销售统计数据作为特征，同时，也可以引入外部的相关信息与每月商品销量关联，如当月的重大事件、当月的天气情况、市场中对于同类商品的关注度等。

五、特征提取的方法

特征提取是从原始特征中找出最有效的特征，这种做法的目的是降低数据冗余、减少模型计算、发现更有意义的特征等。我们可以使用统计学、业务（学科）等方面知识，从大数据资源中提取特征。传统数据挖掘的很多方法可以适用于对数据特征的提取，例如对分析对象的不同维度进行数据的钻取、旋转、回卷等操作，统计学中关于均值、方差、概率分布等知识也是特征提取的常用手段。事实上，特征提取并没有特定的方法，没有哪一种特征提取方法可以用于所有类型的数据，所以具体使用哪种特征提取方法，取决于待提取的数据类型。

提取出来的特征作为分析模型（机器学习算法）的输入时，需要满足分析模型的要求。分析模型对于特征的要求主要有以下几个方面。

1. 特征的类型和取值范围

我们在提取特征时可能会采取不同的方法，对不同类型、来源的数据进行提取，这会造成特征的取值范围不同和数据类型的差异。因此，在将特征输入模型之前，需要对其进行预处理，如归一化、连续化和离散化处理等。

2. 特征之间的关联性

如果我们使用统计学的方法对原始数据资源进行处理，或在选取数据资源时有数据内容的重合，那么特征之间可能会存在关联性。这种关联性可能会增加某个特征的权重，从而影响某些模型的训练过程和分析结果。因此，在特征提取的过程中，应尽量消除这种关联性。

3. 特征的维度和样本空间

特征的维度越高，越能够更好地描述分析对象，对分析模型的训练过程有正向的影响。每一条完整的特征描述代表一个样本，我们从大数据资源中提取出的全部样本构成了样本空间。对于机器学习算法，在样本分布均匀的情况下，样本空间越大，其训练的效果越好，得到的机器学习模型准确率越高。

4. 特征的排列

对于一些通过局部感知进行分析的模型来说，特征的排列顺序至关重要。例如，在对卷积神经网络进行图像识别时，如果图像分块排列顺序被打乱，在对边界附近的切片进行卷积时，会影响到其局部感知，导致准确率下降，如图 2.1-2 所示。

A

B

图 2.1-2　特征排列对算法的影响

通过特征提取将原始数据（数据资源）映射到样本空间后，我们就可以尝试使用样本对不同的机器学习算法进行训练，使用测试数据检验训练模型的性能，从而选取最优的算法和模型用于相应的场景。

任务二　会计大数据分析思维

任务描述

虽然我们已经学习了如何运用 Excelc 对数据进行读写、分析及可视化展示，同时我们也知道，在大数据时代，我们可以运用大数据技术，运用 IT 工具对数据进行操作，但是我们也会发现，很多时候，仅有财务数据、财务指标并不能满足企业日常生产经营决策支持。财务人员不仅需要学会应用技术工具进行数据分析，更需要知道如何找到对支持经营决策有用的数据资源，进而知道在面对一份庞大的信息资源时，如何从大量的繁杂信息中找到对经营决策有用的信息，并且知道从哪些维度、哪些度量角度去分析数据，如何运用具体的数据分析方法，如何建立适合自己的数据分析思维框架，等等。

案例导入

A 公司是商贸企业，财务人员小李对待日常财务工作特别认真，每个月都会及时统计营业额等关键指标数据给公司管理层，并且制作了很直观的图表，对过去每个月的主要财务指标也会进行总结。但管理层对小李的工作并不满意，总感觉小李答非所问，信息不详细。

知识储备

一、数据分析思维的框架

财务人都知道，会使用 Excel 表是财务人员的必备技能，现在又多了 Python 在手，感觉仿佛买了职业双重保险，然而，仅仅对工具使用得很熟练，遇到问题、拿到数据时一头雾水的财务人员大有人在。只会使用工具，不会提问，不会拆解问题，也不会解决问题，不能深入洞察问题背后的原因，就不能提供有价值的建议或决策意见。

在大数据时代，企业依靠老板拍脑袋做决定、沉溺于经验主义已经不能适应时代发展，没有数据分析思维，企业的经营就像失去双眼，在黑暗中摸索，盲目而粗放。作为财务人员或者企业创业者，我们将来该如何有效运用数据信息，为经营决策提供帮助呢？培养数据分析思维才是王道。

一般情况下，数据分析思维包含了数据信息获取、数据分析、应用数据解决问题三个方面。

（一） 数据信息获取

数据信息获取，通常与一定的应用场景相联系。获取的数据一般会有两类，一类是已经结构化、数字化的数据信息，比如 Excel 工作表；另一类是图像、语音类的，需要进行人工智能深度学习才能转化为结构化的数据信息。

数据分析的第一步，是对数据信息进行清洗、整理，在这个过程中，对无效数据、不规则数据的处理能很好地锻炼我们的批判性思维能力。

（二） 数据分析

数据分析，是对数据的加工，包括对数据进行分解、组合、排序、聚合、抽象、重组等。在这个过程中，对数据之间关联性的挖掘能够很好地锻炼我们的发散性思维能力。

（三） 应用数据解决问题

对数据进行分析后，输出分析结果并给出评价，进行可视化展示，提出解决问题的方法和思路，进而做出决策或选择某种结果。比如通过分析，判断是否需要调整商品定价（选择），调整到多少（度量）。

建立数据分析思维框架，最根本的是培养我们在学习工作中对于问题的转化能力和举一反三的实践应用能力。通过建立数据分析思维的框架，再合理选择应用具体的思维及分析方法，我们将为数据插上飞翔的翅膀。

二、数据分析思维的步骤

建立数据分析思维，提升数据分析思维能力，我们需要遵循三个步骤：

（一） 深刻理解业务

不同的企业，不同的业务岗位，大家对数据的具体需求虽然不一样，但最根本的是要通过数据了解现状，解决问题，为下一步选择决策提供依据和指引。

（二） 建立数据采集思路

在理解业务的基础上，基于业务分析指标建立数据采集思路。对业务所需要的指标数据进行整理分类，便于在数据积累过程中，在合理的节点采集数据，同时避免过多无效数据对存储资源的浪费，提高数据采集工作效率。

例如，财务人员都熟知的杜邦分析法就是一个很好的数据采集过程的体现。杜邦分析法的思路，其核心要点就是将我们最终要分析的指标拆分成更小的粒度指标，并在这些相应的有效和关键节点进行数据采集，从而形成分析指标（图 2.2-1）。

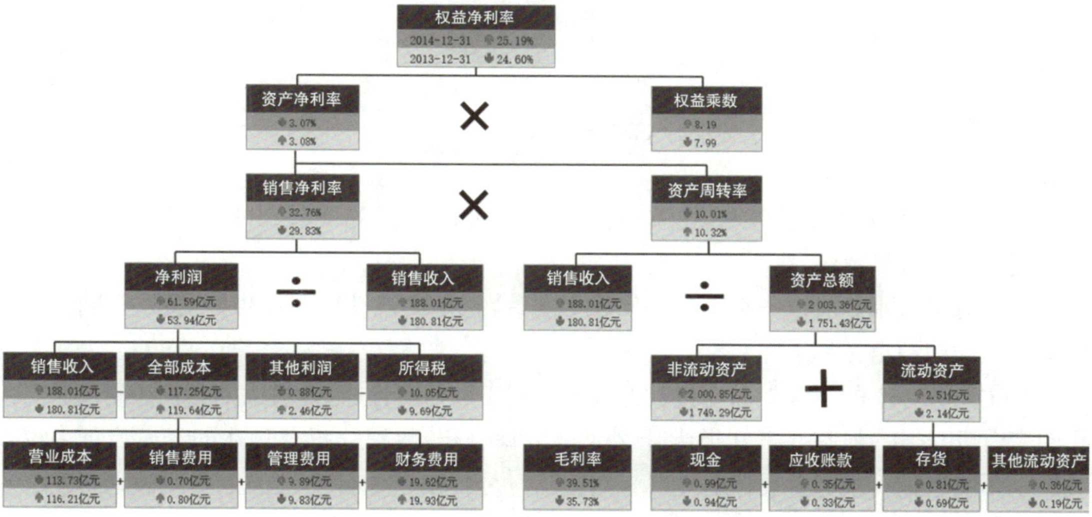

图 2.2-1 杜邦分析法

（三） 提供优化策略

分解业务关键指标，提供优化策略。

比如：公司销售额 = A 产品销售额 + B 产品销售额 = A 产品甲区域销售额 + A 产品乙

区域销售额＋B 产品甲区域销售额＋B 产品乙区域销售额，在此基础上再加上从时间、渠道等维度进行对比分析，找到优化点，就可对公司销售状况进行优化及进行下一步决策。

任务实施

表 2.2-1 和图 2.2-2 为小李所做图表的简化版本。

表 2.2-1　　1—3 月经营数据统计

单位：元

月份	营业额	费用	利润
1 月	50 000.00	30 000.00	20 000.00
2 月	60 000.00	35 000.00	25 000.00
3 月	65 000.00	58 000.00	7 000.00

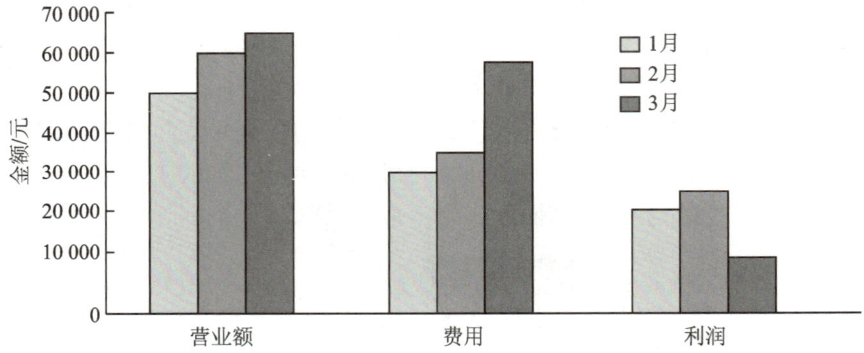

图 2.2-2　1—3 月经营数据统计

结论：本年度营业额持续上升，费用持续上升，相较 1 月和 2 月，3 月份利润率偏低，是由费用持续上升导致的。

但是总经理张总对财务小李的工作很不满意，总是觉得没得到他想要的数据指标。你觉得小李的问题出在哪里呢？

其实财务小李的问题就出在把数据分析等同于数据统计，只对过去的数据进行统计，制作图表，得出结论，但是并不知道为什么要做数据分析，数据分析对具体的经营有何意义。如果小李能更进一步通过具体的业财大数据信息分析出营业额上升的主要原因、费用上升的影响因素，以及能够对未来月份的经营做出趋势判断和预测，那就能够实实在在支持总经理做经营决策了。

三、常见的数据分析思维

建立数据分析思维，我们要从以下三个方面去思考：

数据分析的目的是什么？数据分析的方法是什么？数据分析结果适用于什么样的场景？

（一）数据分析的目的

关于数据分析的目的，我们首先要知道为什么要做数据分析，数据分析的目标是什么，想要达到什么样的效果，以及想要达到分析的目的需要什么数据。

为什么要做数据分析？是为了了解和描述现状以及形成现状的原因，还是为了通过数据分析对未来进行预测和探索呢？

数据分析的目标是什么？是产品销售情况、客户增长情况、行业发展趋势，还是自身的经营现状？

通过数据分析，我们想得到什么？是提升业绩、提高客户满意度、达到行业发展平均水平，还是提高产品品质？

要达到分析目的，我们需要哪些数据？比如，要提高客户满意度我们需要的客户总数量、多次购买的客户的数据及客户投拆次数等。

（二） 数据分析的思维

明确了数据分析的目的，就要选用适当的分析方法去采集和分析数据。对数据分析方法的应用能很好地培养我们数据分析的思维能力。

1. 对比分析思维

对比分析主要是将企业业务或财务的实际数据与相关指标数据进行对比，以全面评价和判断企业的实际情况（图 2.2-3）。

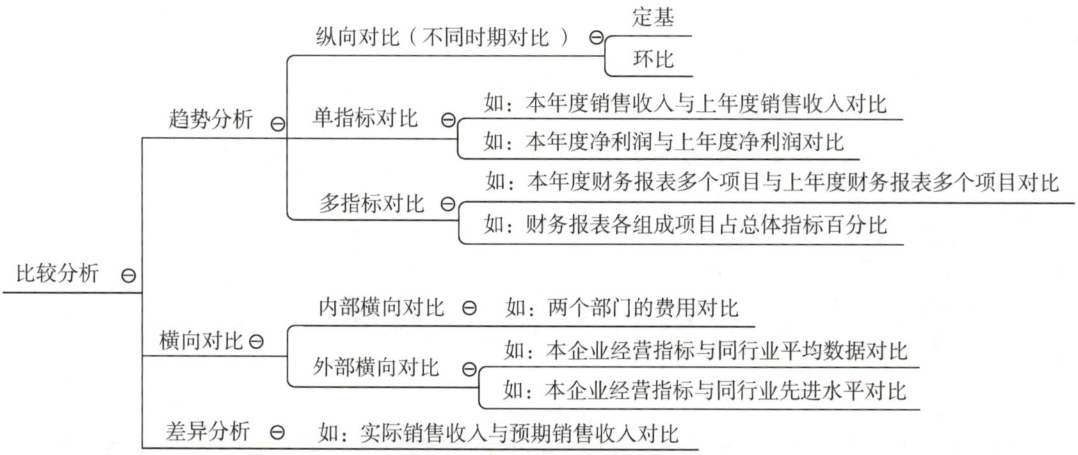

图 2.2-3 对比分析

通过对比，能够让我们看到差距，进而寻找导致差距的原因，提出改进的措施。对比可以说是我们日常工作生活中非常常见的一种思维方式，对比分析也是财务工作中非常常见的一种分析方法。

对比法可以说是数据分析领域最常用的方法，通过对比反映变化，通过变化寻找原因，进而解决问题。而我们做数据分析的最主要目的就是解决问题，预测未来。

大数据时代，数据越多，对比的维度也越多，对事物变化分析的角度也就越多，当然最重要的还是要结合数据分析结果的应用场景和数据分析的目的采用合适的数据，选择有效的对比维度，进行真正高质量的数据分析。比如说同样是对现金流进行分析，债权人关心的是企业未来的现金流的稳定性和到期债务的偿还能力及利息的覆盖能力，而原始投资人关心的则是资金的用途和耗用情况等。

案例分析 1　财务费用——利息收入统计(图 2.2-4)

通过图 2.2-4，我们可以直观地看到企业 1—12 月财务费用——利息收入各月份的对比，其中 3 月和 6 月是利息收入比较高的月份，而 5 月和 11 月利息收入相对较低。

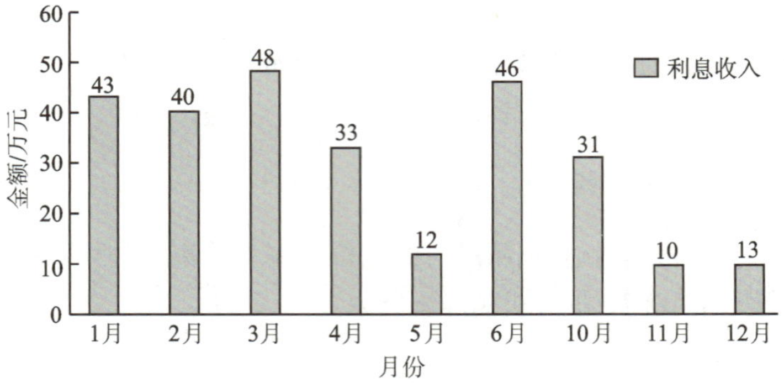

图 2.2-4　财务费用——利息收入统计

案例分析 2　资产负债表结构分析(图 2.2-5)

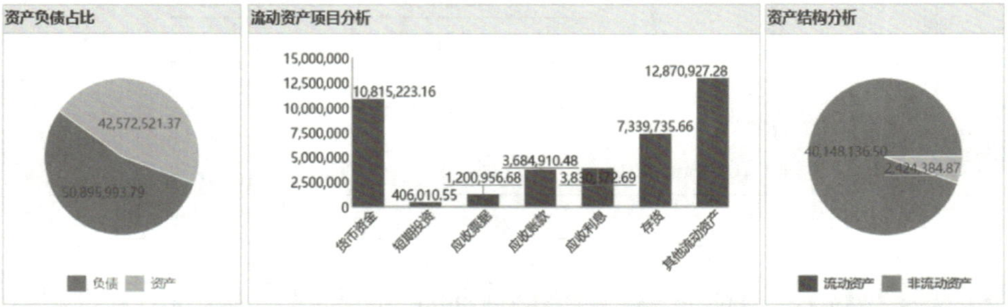

ID	项目	上年	本年	增长率	ID	项目名称	上年	本年	增长率
1	货币资金	21409.86	3691.37	-82.76%	45	短期借款	3100.00	5443.58	75.60%
2	短期投资	123	123	0.00%	46	应付票据	1796.00	1485.78	-17.27%
3	短期投资跌价准备	223	45	-79.82%	47	应付账款	5237.46	3294.92	-37.09%
4	短期投资净值	124	56	-54.84%	48	预收账款	230.82	124.06	-46.25%
5	应收票据	235	425.23	80.95%	49	代销商品款	1243	231	-81.42%
6	应收股利	123	345	180.49%	50	应付工资	1144.67	193.93	-83.06%
7	应收利息	52.6	235	346.77%	51	应付福利费	175.41	123.13	-29.80%
8	应收账款	7127.17	5435.23	-23.74%	52	未付股利	1246.92	2147.07	72.19%
9	减:坏账准备	737.86	725.43	-1.68%	53	应交税金	986.89	1017.48	3.10%
10	应收账款净额	8419.42	8226.07	-2.30%	54	其他应交款	639.87	387.51	-39.44%
11	预付账款	1118.09	2482.51	122.03%	55	其他应付款	1044.52	629.69	-39.71%

图 2.2-5　资产负债表结构分析

通过图 2.2-5，我们可以看到横向对比和纵向对比在财务报表分析中的应用。资产负债结构和各类资产占比可以反映企业当前的资产结构、资产负债情况；上年、本年数据对比可以反映企业各项资产负债的变动趋势。

拓展知识

对比的原则和维度

案例分析 3　纵向对比分析：销售额随季节变化对比分析（表 2.2-2、图 2.2-6）

表 2.2-2　销售额随季节变化情况

季度	月份	销售额/万元
第一季度	1 月	820
	2 月	956
	3 月	1 190
第二季度	4 月	1 309
	5 月	2 201
	6 月	2 587
第三季度	7 月	3 100
	8 月	3 200
	9 月	2 580
第四季度	10 月	2 310
	11 月	1 990
	12 月	923

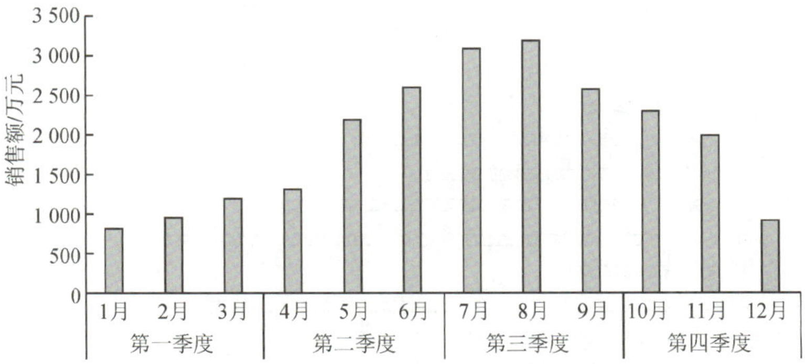

图 2.2-6　销售额随季节变化情况

可以发现，在原有月份时间维度上再进行分组，更能体现某些业务的规律和特征。

在数据分析过程中，我们希望通过图表来进行快速阅读，同时也能得出某个结论或得到某些建议。

通过上述图表我们可以得出的直观分析结论是销售额随季节变化明显，夏、秋两季销售额较高，冬、春两季销售额回落。

案例分析 4　横向对比分析：上市公司 2021 年 1 季度财务分析——盈利能力对比分析（图 2.2-7）

盈利能力

筛选 石油行业 地域 概念　报告期：2021年 一季报 确定

每页显示：20 40 60

股票代码	股票名称	净资产收益率(%)	净利率(%)	毛利率(%)	净利润(百万元)	每股收益(元)	营业收入(百万元)↓	每股主营业务收入(元
600028	中国石化	2.34	3.1	22.1466	17929	0.148	576982	4.7656
601857	中国石油	2.23	5.02	22.9864	27719	0.1514	551923	3.0156
600688	上海石化	3.85	5.75	25.979	1173.484	0.1084	20379.079	1.8828
600871	石化油服	2.36	1.13	5.7575	165.646	0.0087	14599.813	0.769
000059	华锦股份	3.78	6.88	20.5608	533.0752	0.3332	7745.5099	4.8426
002221	东华能源	3.52	5.11	9.2899	372.539	0.2259	7290.3763	4.421
601808	中海油服	0.46	3.07	10.1517	181.2235	0.0379	5902.5471	1.237
600583	海油工程	0.52	3.87	8.6202	119.8222	0.0271	3091.4261	0.6992
603003	龙宇燃油	0.44	1.01	1.7697	16.7806	0.0402	1650.3741	3.9621
600387	ST海越	0.34	0.68	3.4215	11.0644	0.0236	1614.4842	3.4486

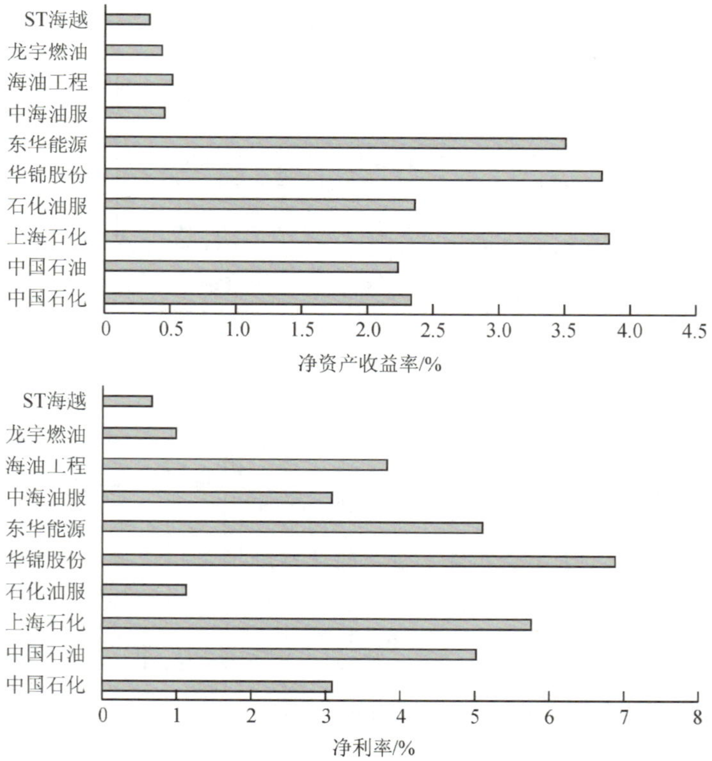

图 2.2-7　上市公司盈利能力分析

通过对石油行业上市公司的盈利能力指标进行横向比较，可以看出同行业中华锦股份的净利率、净资产收益率都是比较高的，而中国石油在毛利率相差不大的情况下，净利率却有一定的差距。需要说明的是此处只是为了加深横向对比的理解而做的简单分析。横向比较法的特点是以空间为维度，但在进行这类比较分析时应注意，对不同研究对象进行比较的前提条件是它们具有同类的或相同的属性，而且必须处于同一时间维度。

在对数据进行对比分析的时候，除了简单地直接对比数据外，还需要构建一些可以重复使用或者在某部门、某业务领域、某场景下进行评测的指标。这些指标背后可以是多个数据的综合分析结果，也可以是某个业务指标的合集。在日常财务工作中我们要根据业务需求建立各种指标的模型，并形成长期的观测数据集，从而验证这些指标的合理性。只有通过长时期实践检验的指标才可以成为公司持续使用的对比指标。

2. 分类思维

会计科目按其所反映的经济内容不同分为资产类、负债类、所有者权益类、共同类、成本类、损益类，原始凭证按照来源不同分为内部原始凭证和外部原始凭证等，这都是分类思维方式的一种体现，在日常工作生活中，要用到分类思维的地方非常多。

在数据分析中分类思维方式的目的在于通过将取得的原始数据按一定的标准（某个共同特点）进行组别划分，让这些无序的数据变得有序、有一定的特征，便于我们认识和理解这些数据，找到某种内在的规律，帮助我们做出决策或优化改进工作。

案例分析 1　产品分类

一家销售眼镜的门店有各种各样的眼镜，客户进来后店员总是要不停地通过引导和询问才能知道客户的需求是什么，接待效率低，而且服务体验不好。后来店长经过对客户需求的分析，对眼镜商品做了如下分类（图 2. 2-8），并对店面陈列及销售区域重新进行了划分，还按分类制作了引导标示牌。

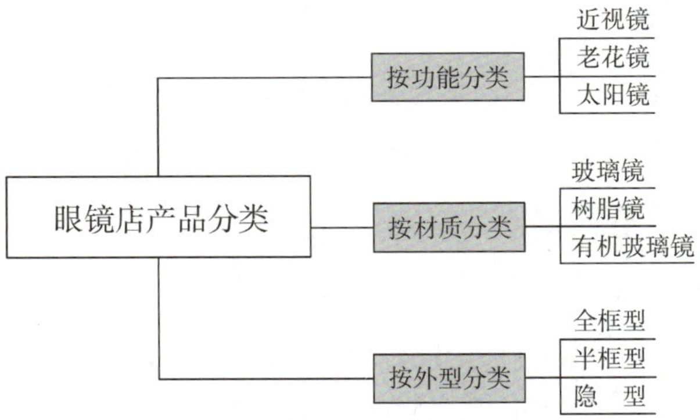

图 2.2-8　眼镜店客户需求分类

通过分析和改造后，该眼镜店接待效率由平均 45 分钟/人提高到 20 分钟/人，店员人数由原来的 10 人减少为 7 人，人力成本整体下降，同时营业额上升 15%。由此可以看出，在分类之前，所有的眼镜混合陈列，客户需求需要通过店员一对一沟通来满足，购买者进入门店后，店内缺乏让其做出基本需求判断的依据和信号。门店对商品的分类标示实际上是在客户的大脑中输入了分类信息，凭借这个基本信息，客户就会自动对不同眼镜进行归类，有了决策依据后，客户就更加容易做出挑选和购买的决策。这就是分类思维的好处。

案例分析 2　收入分类(图 2.2-9)

我们都知道，在财务工作中会计科目会设置明细科目，这其实就是对会计科目核算的一种分类，目的就是通过分类，让我们方便地了解到数据背后的业务信息。

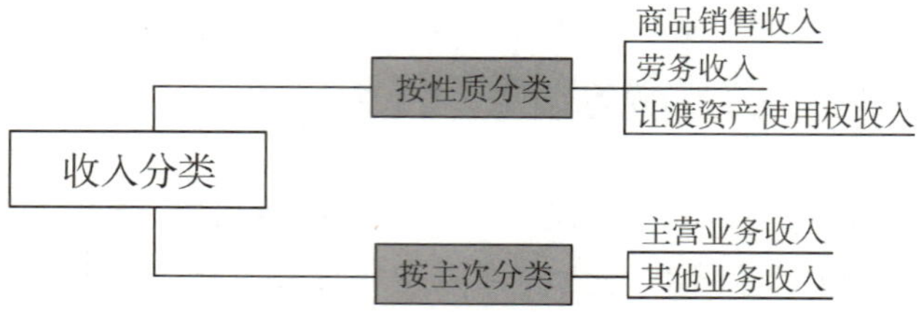

图 2.2-9　收入分类

收入按照性质分为商品销售收入、劳务收入、让渡资产使用权而取得的收入。通过按性质对收入进行分类，我们可以知道每类收入对利润所做出的贡献，这样就可以在做出经营预测和决策时做到心中有数。

收入按照企业经营业务的主次可分为主营业务收入和其他业务收入。通过按主次对收入进行分类，就可以在日常销售工作中分清主次，抓好主要工作，为企业价值的创造指明努力的方向。

案例分析 3　投资分类(图 2.2-10)

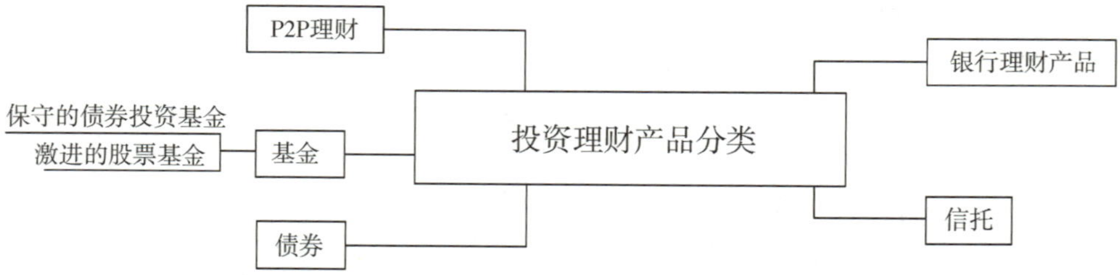

图 2.2-10　投资分类

以投资理财产品为例，我们会经常面临多种产品的选择，如果从风险和收益角度来考虑，可将其分类为银行理财产品、信托、债券、基金、P2P 理财等。而基金类理财产品又可分为保守的债券投资基金和激进的股票基金。正是通过这种不断细分，让我们在进行投资理财选择时更加有针对性，也可根据自己所能承担的风险大小，做出合理的投资理财决策。

案例分析 4　工资收入分类

除了按属性指标分类外，我们还可以按数据指示分类，一般是将数据总体划分为若干个具有共同特征的类型。比如个人所得税累进税率表（表2.2-3），就是将个人所得按金额大小分为不同的指标组，再适用不同的个人所得税税率。

表2.2-3　　个人所得税税率表（综合所得适用）

级数	全年应纳税所得额	税率/%	速算扣除数/元
1	不超过36 000元的	3	0
2	超过36 000元至144 000元的部分	10	2 520
3	超过144 000元至300 000元的部分	20	16 920
4	超过300 000元至420 000元的部分	25	31 920
5	超过420 000元至660 000元的部分	30	52 920
6	超过660 000元至960 000元的部分	35	85 920
7	超过960 000元的部分	45	181 920

案例分析5　多维的数据分类

有时为了便于分析企业的经营情况，需要进行多维的数据分类，比如某公司的销售统计表（图2.2-11）。

区域	序号	份	1月	2月		3月		4月		5月		6月		总合计		
			销售额	销售额	环比	销售额	环比	销售额	环比	销售额	环比	销售额	环比	销售额	指标	比例
华南	1	广东	1,062,789	777,559	-26.84%	923,172	18.73%	1,483,548	60.70%	1,594,375	7.47%	1,398,948	-12.26%	7,240,392	468,535	6.47%
	2	广西	20,084		-100.00%	48,887		51,484	5.31%		-100.00%	46,388		166,843	11,400	6.83%
	3	海南										22,198		22,198		0.00%
	4	福建	151,627	190,844	25.86%	219,193	14.85%	244,816	11.69%	300,586	22.78%	117,152	-61.03%	1,224,218	67,682	5.53%
	5	江西	20,885		-100.00%	22,020			-100.00%	23,028			-100.00%	65,933	1,008	1.53%
	6	湖南		82,464		116,124	40.82%	194,258	67.29%	145,511	-25.09%	70,584	-51.49%	608,942	57,945	9.52%
	7	湖北				37,950		28,912	-23.82%	105,986	266.58%	27,500	-74.05%	200,348	21,658	10.81%
	小计		1,255,385	1,050,867		1,367,346		2,003,018		2,169,486		1,682,770		9,528,872	628,228	6.59%
华东	1	上海市				19,278		42,048	118.11%		-100.00%	8,514		69,840	33,804	48.40%
	2	安徽				48,628			-100.00%	23,792		20,290	-14.72%	92,710	5,600	6.04%
	3	江苏				6,706		28,843	330.11%	15,575	-46.00%	108,024	593.57%	159,149	9,609	6.04%
	4	浙江		50,242			-100.00%	12,852		28,625	122.73%	37,372	30.56%	129,091		0.00%
	5	山东				44,692		58,298	30.44%	32,410	-44.41%	20,362	-37.18%	155,762	29,076	18.67%
	小计			50,242		119,304		142,042		100,402		194,562		606,552	78,089	12.87%

地域维度分类　时间维度分类　指标维度分类

图2.2-11　某公司2021年上半年销售统计表

从图2.2-11中可以看出，对销售额的统计分析，可以按地域、时间、指标维度进行分类及统计。从图中我们不仅能看到销售额在各月份的变化趋势，还能看到不同区域销售情况的变化。如果将来发现销售额出现比较明显的上升和下降，我们就可以结合多个维度寻找原因。比如从时间维度看是否存在淡旺季的影响，从地域维度看是否存在地区差异的影响，等等。

由此我们可以看出，分类思维的关键在于，分类后的事物或数据需要在核心关键指标上有比较明显的不同，能够让我们看到显著的共同特征倾向。

3. 矩阵化思维

矩阵化思维是分类思维的发展，矩阵思维可以通过对问题进行矩阵分析与规整，形成全面、系统、严谨、专业并具有很强逻辑和关联性的思想，从而有助于思考、研究、决策等高层次思维的形成。矩阵思维的灵活性在于它不局限于用量化指标来进行分类。

案例分析 1　工作排序

我们每天都会遇到各种类型的事情需要处理，如果事情一下子都涌过来，就会让我们应接不暇。所以，就需要安排好每一件事情的优先顺序，而时间分配就显得特别重要。这不仅意味着这些事情的完成度，还会影响工作效率。

我们可以将自己一天中要做的事按照以下四个象限进行分类（图 2.2-12）。

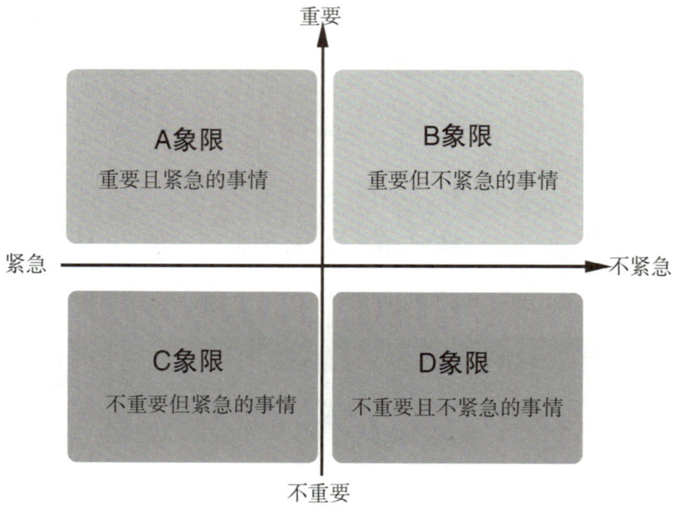

图 2.2-12　四象限分类图

A. 重要且紧急的事情

对于这类事情，我们应该立即去做，如果不去做的话，可能会造成非常严重的后果。我们学习、工作和生活中的主要压力就来自 A 象限的任务，比如考试，对于学生来讲，这是重要且紧急的事情。但同时，我们需要更多地思考我们真的有这么多重要且紧急的事情要做吗？它的源头在哪里？经过大数据统计发现，其实很多 B 象限的任务，由于我们自身的拖延，导致其最后都跑到 A 象限来了。

B. 重要但不紧急的事情

对于这类事情，我们要有计划地去做，比如长期学习计划的安排，对自己未来职业发展来说需要具备的能力，要有一个长期的持续的规划去执行和实现。对每个长期的计划安排好完成时间，坚决执行，有助于我们提前杜绝那些未来可能演变成紧急任务的情况。真正懂得时间管理的人，会把更多的时间花费在重要而不紧急的事情上，因为这样会帮助自己持续成长,长久地提高效率。

C. 不重要但紧急的事情

我们要学会减少在不重要但紧急任务中所花费的时间。很多时候我们自己碍于情面、由于人情世故的原因,参与一些不重要但紧急的事情,也会被要求临时参加一些不重要的活动或接受一些临时的不重要但紧急的任务。对于这类情况,我们一是要学会识别和减少自己在这类事情上花费的时间;二是要学会拒绝,一旦有了明确的时间管理计划,就要将这类事情尽可能地减少。

D. 不重要且不紧急的事情

在这类事情上要尽可能少地投入时间,可以将其作为学习、工作之余的临时调剂。

总体时间管理原则就是:重要且紧急的事优先做,重要但不紧急的事情按计划做,不重要但紧急的事情有选择地做,不重要不紧急的事尽量少做。

这种时间管理思维,并不是要我们教条化地严格执行这样的时间安排,而是在于通过这样一种思维方式,训练我们自己管理时间的能力。持续这样去训练,我们就会发现原来自己也会成为一个高效人士。

【练一练】

快来动手做一做吧,看看你的课余时间都花在了哪里(表 2.2-4)。有没有可以优化的地方呢?

表 2.2-4　时间都去哪了

事情	每周所花时间/h	分类
写作业、看书		
参加学生会社团活动		
打游戏		
上网、娱乐		
锻炼身体		
聚会、聊天		

经过分类后,你会发现自己的时间都花在了哪些事情上。进一步,可以对自己的时间安排进行优化,可以把更多的时间安排在重要但不紧急的事情上,减少花费在不重要且不紧急的事情上面的时间,不再随心所欲地想做什么就做什么,提高效率,做更多对自己成长有意义的事情。

案例分析 2　波士顿矩阵

波士顿矩阵(BCG 矩阵)是由美国波士顿咨询公司率先提出的、对企业当前的业务组合进行评价和决策的战略管理工具。如图 2.2-13 所示，企业各产品或业务单元按其销售增长率和相对市场占有率划分为四个象限，形成产品或业务矩阵。

销售增长率一般以行业平均增长率为分界线，假设为 10%，大于分界线的增长率为高，小于分界线的增长率为低。相对市场占有率一般以自己与市场上最大竞争对手的份额比值来表示，假设以 1 倍作为分界线，高于此数的为高，低于此数的为低。

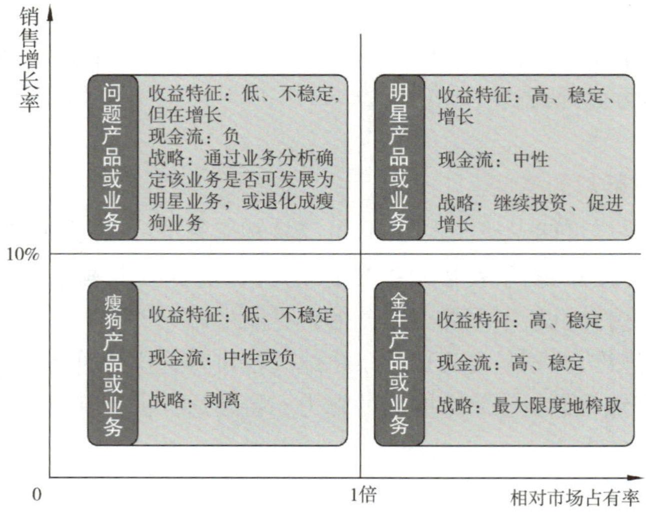

图 2.2-13　波士顿矩阵

从销售增长率和相对市场占有率这两个维度，可以将公司业务划分为四种不同的产品或业务类型，进而可有针对性地进行收益特征、现金流分析与产品或业务战略的选择。

明星产品或业务

这类产品或业务正处于一个高速增长的状态，可能会成为企业的金牛业务，可以采用发展的战略，加大投资，持续拓展新的市场机会，以长远利益为目标，提高市场占有率，加强竞争地位。

瘦狗产品或业务

这类产品或业务的财务特点是收益低、处于保本或亏损状态，负债比率高，无法为企业带来收益，在没有与其他业务产生协同效应时，应该采用剥离战略：首先应减少批量，其次是将企业现有的剩余资源转向明星产品或业务或者问题产品或业务上，最后是业务合并，进行统一管理。

问题产品或业务

这类产品或业务的财务特点是收益较低、所需资源供给不足、负债比率高。销售增长率高说明市场前景好，而占有率低则说明在市场上的宣传和营销目前处于初级阶段。对于这类产品或业务的改进方向，一般可以考虑进行扶持，将其纳入企业的长期发展规划当中，争取将其转变成明星产品或业务。

金牛产品或业务

这类产品或业务的财务特点是销售量大、产品利润高、负债比率低,可以为企业提供持续的现金流,属于成熟的业务,同时由于增长率低,不便于继续追加投入,可合理利用其价值,为企业创造利润和资源,不断为明星产品或业务提供支持,从而成为公司业务发展的重要支撑。

案例分析3 营运能力分析

对某企业运营管理指标进行分析时,可以选择其中的存货周转率和毛利率,形成财务指标矩阵(图2.2-14),分析公司当前业务所处的象限,并提出可行的方案或建议。

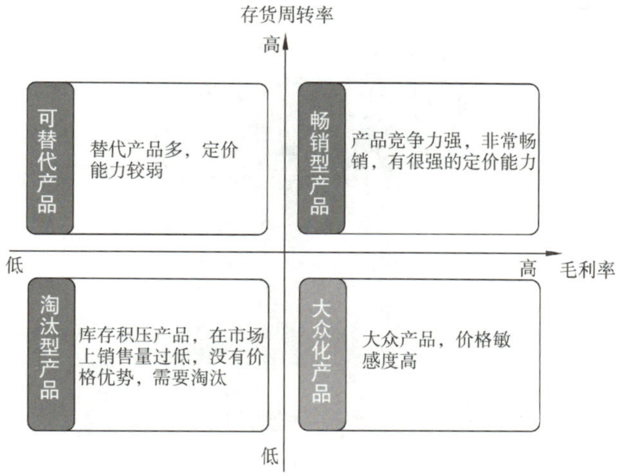

图2.2-14 存货周转率和毛利率矩阵

通过分析发现:

(1)毛利率高,存货周转率也高,说明产品竞争力强,非常畅销,并有很强的定价能力。

(2)毛利率高,存货周转率低,说明产品属于大众产品,价格敏感度高。

(3)毛利率低,存货周转率高,说明产品的替代品多,定价能力较弱。

(4)毛利率低,存货周转率也低,说明产品卖不动,也没有价格优势,属淘汰产品。

财务分析从来不是绝对的,特别是随着大数据技术的发展,越来越多的财务分析不再局限于企业内部或简单的指标数据,而是要与行业、宏观环境、中观环境以及微观环境相结合,同时也要与企业自身的管理、营销等政策相结合。

4. 漏斗思维

(1)漏斗思维的概念。

漏斗思维的形象表现就是一个倒金字塔,通过层层递进的筛选,不断对当前情况增添判断维度,缩小范围。

漏斗的每一层,都代表一定的容量,越往下筛,容量越小,层与层之间的比例就是转化率,到了最底层,就是收入。要提高最终的结果,就要把每一层的容量都扩大,或者把下钻的转化率提高。

（2）漏斗思维的使用范围。

漏斗思维是互联网运营推广及营销活动中应用非常频繁和广泛的一种思维方式，把用户按路径拆分成不同的阶段，形成转化漏斗，然后分析是哪个环节转化出现了问题，从而精准地改进出现问题的环节。

漏斗思维本质上是对流程的分解和量化。漏斗思维是目前在大数据分析中应用比较广泛的一种数据分析思路。

案例分析 1　人力资源行业招聘

在人力资源行业招聘过程中可应用漏斗思维进行招聘流程的分解和转化（图 2.2-15）。

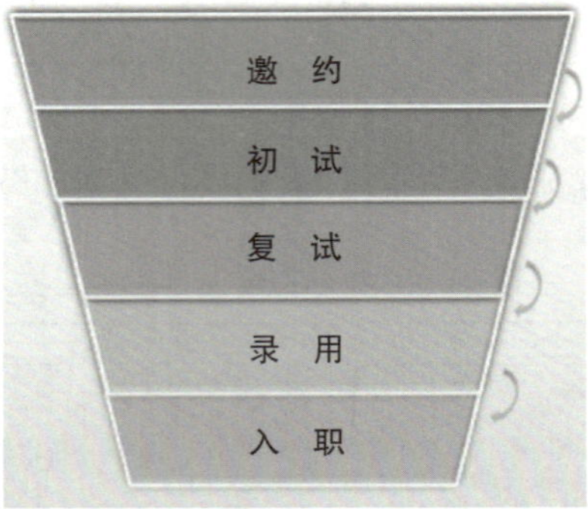

图 2.2-15　人力资源行业招聘中的漏斗思维

案例分析 2　电商转化率分析

电商转化率分析中可应用漏斗思维：通过转化率比较能充分展示用户从进入网站到实现购买的最终转化率（表 2.2-5、图 2.2-16）。

表 2.2-5　电商转化率分析

流程	人数/人	每个环节转化率	总体转化率	占位数据
浏览商品	20 000	100%	100%	0
放入购物车	8 000	40%	40%	6 000
生成订单	4 000	50%	20%	2 000
支付订单	2 000	50%	10%	1 000
完成订单	1 200	60%	6%	400

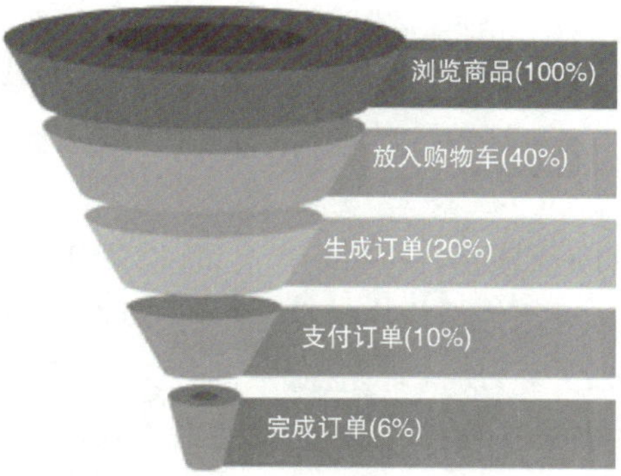

图 2.2-16　电商转化率漏斗思维图

在客户关系管理(CRM)系统中,常用客户销售漏斗思维图(图 2.2-17)来展示各阶段客户转化情况。

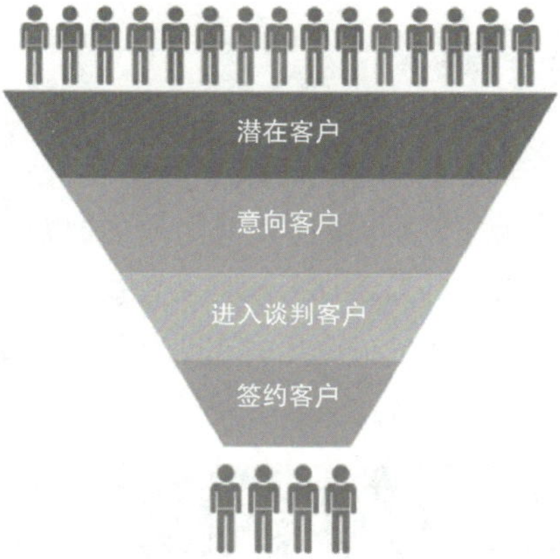

图 2.2-17　客户销售漏斗思维图

(3) 漏斗思维的作用。

① 快速发现问题,及时调整运营策略。漏斗图是对业务流程比较直观的表现形式,通过漏斗图我们可以很快发现流程中存在的问题,并通过相应的方式进行优化。漏斗图还可以很直观地告诉我们流程的优化效果。

② 直观展示两端数据,了解目标数据。以互联网企业为例,在漏斗图中最直观地展示了两个重要端点:流量导入端和产生收益端,即总体流量导入有多少,最终有多少人是真正带来收益的。在互联网企业中,当我们通过各种推广和营销方式将用户引流到网站后,如何让尽可能多的访客产生收益才是最重要的,而漏斗图直观地展现了从引流导入到转化产生收益的数据比较。

③ 提高业务的转化率(营销推广)。通过漏斗图暴露出问题后,可以在不增加现有营销投入的情况下,通过优化业务流程来提高访客购买率,进而提高访客的价值,并且这种提高的效果是非常明显的。

④ 提高访客的价值,进而提高最终的转化率(一般是购买率)。在现有访客数量不变的情况下,提高单个访客的价值,进而提高网站的总收益。

当然，在实际的数据分析中，情况、指标、数据往往是比较复杂的，我们只能通过有效的思维，为数据信息去噪，提高对事物或问题本质的探寻效率，漏斗思维则为我们提供了一种数据分析的视角。

5. 相关思维

大数据时代，随着存储和计算能力的不断提高，能够用于数据分析的信息也越来越多，原来小样本的计算已经可以升级为全样本计算，并且可以发现变量间的相关关系，用来代替原来小样本中推导出的因果关系，所以研究各种数据之间的相关关系、非相关数据之间的相关性就显得越来越普遍。相关思维有助于我们找到最重要的数据，排除过多杂乱数据的干扰，帮助我们发现不同事物或数据之间的关联性，最终形成决策的依据，大大提升管理效率或者处理事情的能力。

大数据时代，随着算力的不断加强，结合数据的相关思维，我们能够找到事物之间的隐性关系。

案例分析1 电商企业的推荐算法

在相关性思维的应用中，电商企业的推荐算法是非常典型的，它能根据消费记录告诉用户他（她）可能会喜欢什么。消费记录可能是其他用户的，也可能是用户自己的历史记录。

（1）按照品类的个性化推荐（图2.2-18）。如果登录到电商企业网站上，你会看到它按照不同的产品类别进行推荐，比如说在左上角，它向当前登录的用户推荐了健身器材，在左下角又推荐了咖啡和茶，右边还有图书。

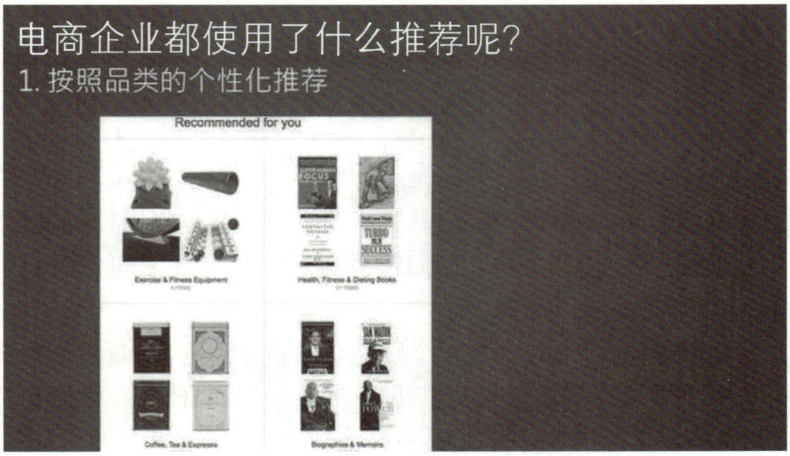

图2.2-18 个性化推荐

（2）经常一同购买的商品（图2.2-19）。假设一个用户购买了图2.2-19中左边这一个训练机构的健身棒，它就会推荐你买右边的这个橘黄色按摩球。为什么呢？因为这两个东西根据它们的历史显示经常被人一起购买，这也是个经典的案例。大家可能会知道MBA有一个经典案例，研究人员发现，超市应该把婴儿尿布和啤酒放在相邻处，因为很多父亲去买婴儿尿布时看到旁边有啤酒，就会一起购买。

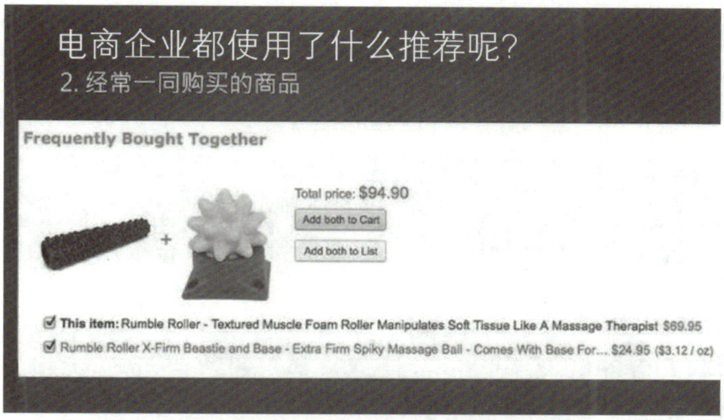

图 2.2-19　关联产品推荐

（3）根据最近浏览的记录推荐(图 2.2-20)。

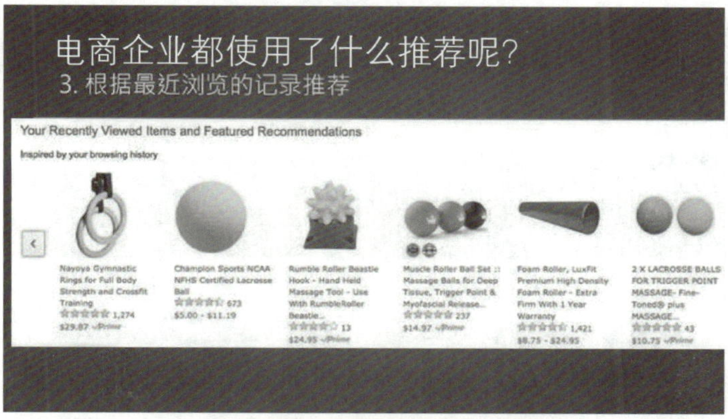

图 2.2-20　近期浏览记录推荐

这位用户最近看了健身用的健身棒,所以系统为其推荐了一堆与健身相关的物品。

（4）最近浏览的商品(图 2.2-21)。电商企业网站会告诉你你今天看了什么、前几天看了什么、某月某日看了什么,把你曾经看过但是并没有下单的东西再给你看一遍,也许你就有下单的冲动了。

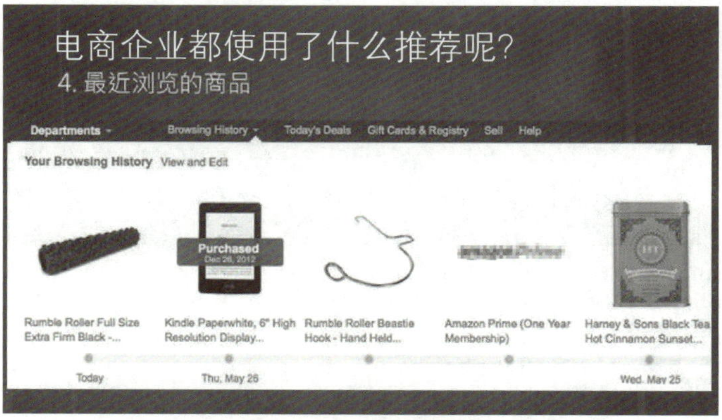

图 2.2-21　浏览历史记录推荐

（5）与浏览物品（长期历史）相关的物品推荐（图 2.2-22）。这类推荐也是按照你的浏览历史给你推荐，只不过不是按照你最近浏览的商品，而是按照你的长期浏览历史来给你推荐的。比如你最近看的是健身器材，但是给你推荐的第二个商品是沙丁鱼。

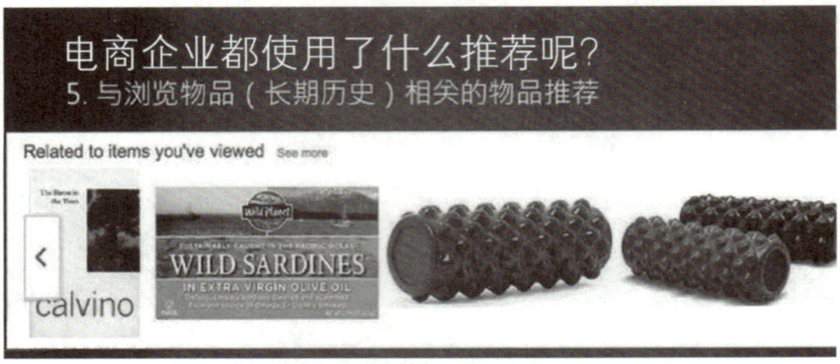

图 2.2-22　浏览历史记录相关产品推荐

（6）购买相同商品的其他用户购买的物品（图 2.2-23）。电商企业会按照其他跟你购物习惯相同的用户进行推荐。比如某用户和你买了同样商品，电商企业会把他接下来购买的商品推荐给你。

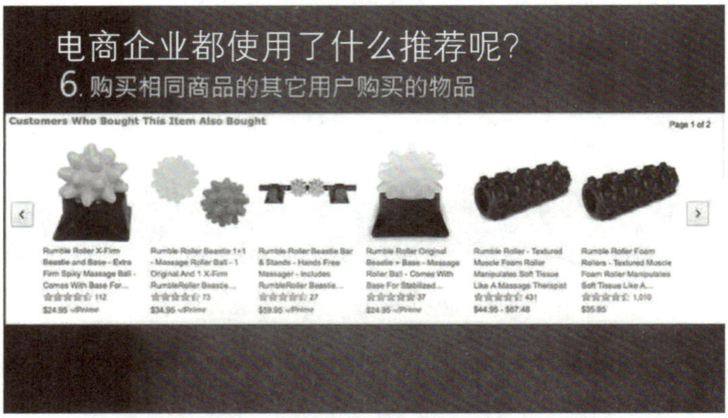

图 2.2-23　类似客户购物推荐

（7）已购商品新版本的推荐（图 2.2-24）。系统知道你的购买历史，知道你曾经买了一个 Kindle，然后告诉你说，现在 Kindle 出了新版本，这是根据用户的购买历史推荐同一个商品的新版本。

图 2.2-24　已购商品新版本推荐

(8) 根据购买历史推荐(图 2.2-25)。系统会根据你的购买历史推荐周边产品。比如系统知道你买了 Kindle,它就推荐其他周边产品,比如保护套。

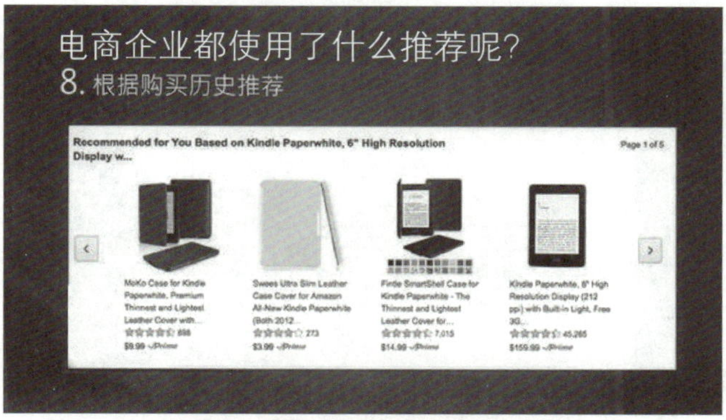

图 2.2-25　周边产品推荐

(9) 畅销物品推荐(图 2.2-26)。这类推荐跟你个人购买历史和个人浏览历史无关,而是根据在电商企业网站上卖得比较好的那些商品进行推荐。

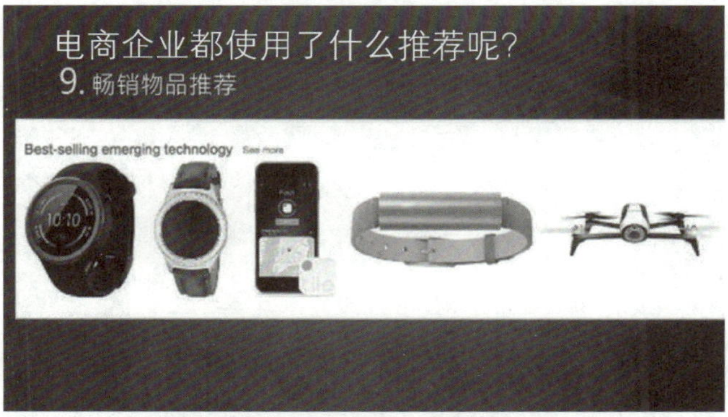

图 2.2-26　畅销物品推荐

(10) (邮件)按照曾经浏览品牌的其他畅销产品进行推荐(图 2.2-27)。比如,你最近看了一下佳能的数码照相机,系统就会给你发邮件,推荐佳能最近卖得比较好的照相机。

图 2.2-27　关注产品中畅销款推荐

（11）（邮件）按照曾经浏览物品品类的其他畅销品牌推荐(图 2.2-28)。如果你无动于衷,它又会向你推荐其他畅销品牌。

图 2.2-28　关注产品中畅销品牌推荐

（12）（邮件）按照曾经浏览物品推荐套件(图 2.2-29)。如果你还是无动于衷,它会给你发邮件说,关于佳能相机,这里有一个便宜的套件,包括相机的壳子、记忆卡,一起买会比较便宜。推荐系统会按照你曾经浏览的物品推荐周边产品,做一个套件给你购买。

图 2.2-29　关注产品中套装推荐

（13）（邮件）按照曾经浏览物品的品类推荐(图 2.2-30)。最后,如果你还是无动于衷,它还会直接告诉你,卖得最好的数码相机是什么。

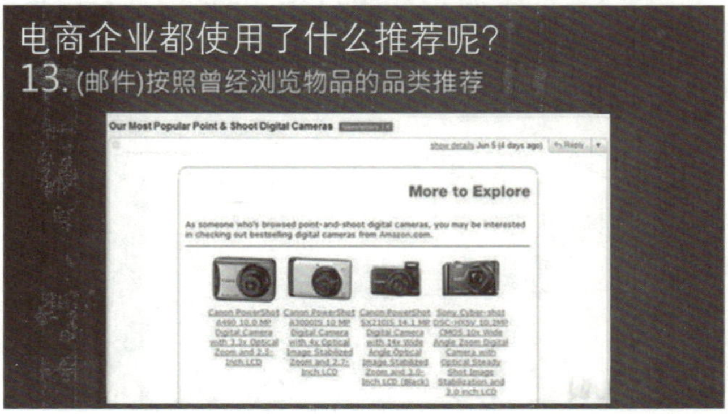

图 2.2-30　关注产品中品类推荐

案例分析 2　相关分类(图 2.2-31)

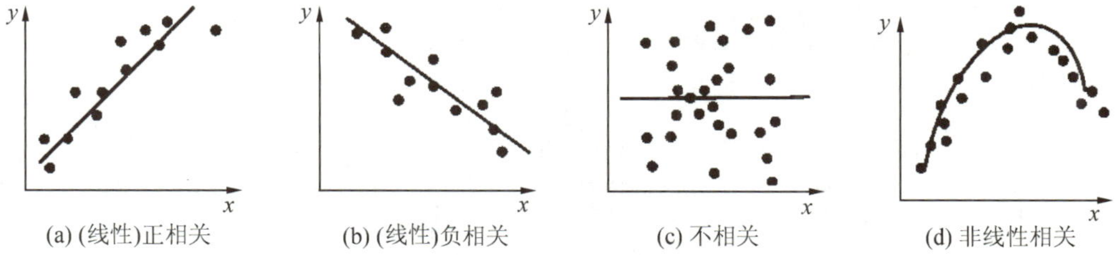

图 2.2-31　推荐系统相关分类

(1) 正相关:x 越大,y 越大。

(2) 负相关:x 越大,y 越小。

(3) 不相关:x 与 y 大小无关。

(4) 非线性相关:某一范围内,x 越大,y 越大;超过某个拐点后,x 越大,y 越少。

在日常生活中我们经常会用到相关性思维,比如身高和体重是否存在某种相关关系,客户满意度和客户投诉率是否存在关系,等等。在工作中,研发工作者经常会问影响产品受欢迎的关键功能是什么,销售工作者经常会问促使客户购买某个产品的原因主要是价格还是质量,等等。如果从数据分析的角度来看,对这些问题的考虑其实都是在评估两个或多个因素之间的相互影响和相互关联的关系。

在日常财务工作中,财务报表比率分析法是将会计报表中某些彼此相关的项目加以对比,计算出相应的财务比率,据以分析和评价企业财务状况、经营成果及现金流量情况的一种分析方法。它的优点是可以揭示财务报表中有关项目之间的相关性,可以为经济决策提供更为有用的信息,而且计算简便,计算结果容易判断。

万物皆可联,相关性思维为我们寻找事物之间的隐性关系提供了一个视角。

6. 循环思维

(1) 循环思维的概念。

对于分类、比较这些思维方式,人们相对比较熟悉,而对于循环思维,人们则会感觉陌生。其实中国传统文化就是将循环思维发挥到极致的最好典范。《易经》中到处可见循环思维的气息,包括时间的循环、空间物质的循环、能量转化的循环(比如阴极生阳、阳极生阴,揭示了事物从产生到发展、壮大、衰退、消亡的一个周期循环规律)等。

(2) PDCA 循环。

PDCA 是英语单词 Plan(计划)、Do(执行)、Check(检查)和 Act(处理)的第一个字母,PDCA 循环就是按照这样的顺序进行质量管理,并且循环不止的科学程序。

下面我们通过管理学中 PDCA 的例子来看数据分析中的循环思维(图 2.2-32)。

在数据分析中应用 PDCA,需要以下几个步骤:

第一步,通过数据分析现状,找出数据中隐含的问题,并确定需要解决的问题。

第二步,结合业务思维、数据分析思维,从多维度分析产生问题的各种因素。

第三步，找出产生问题的主要因素。

第四步，P——计划阶段，针对影响问题发生的主要因素制定措施，提出数据观点及改善计划，并预测改善后的效果。

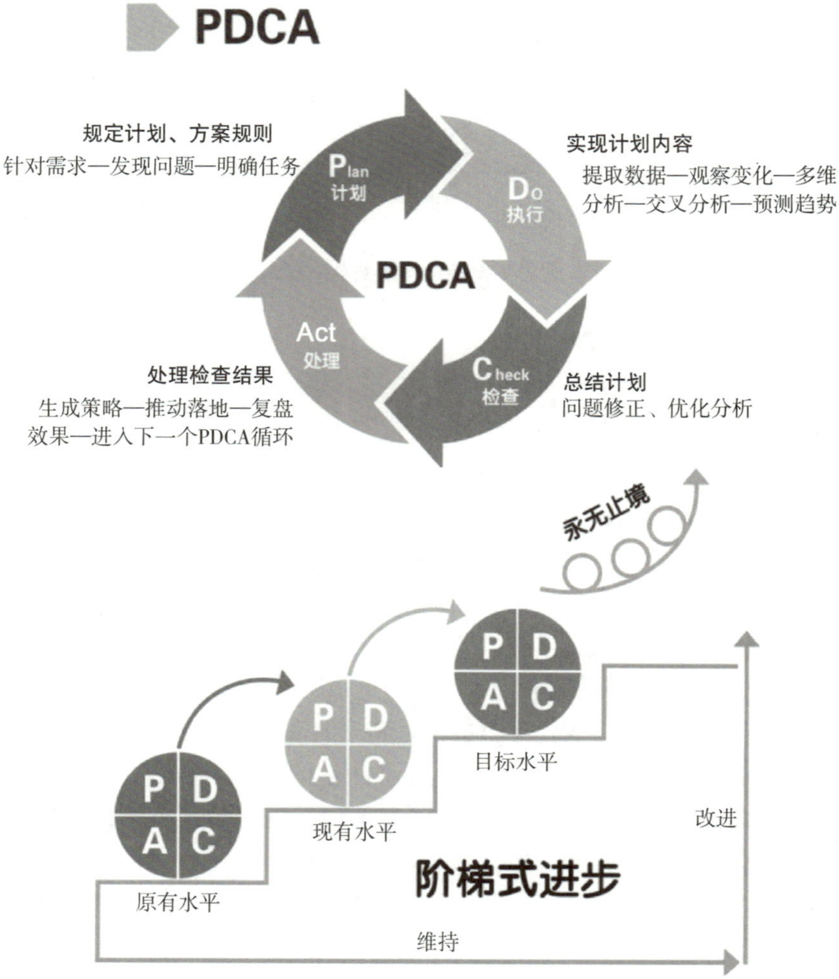

图 2.2-32　通过 PDCA 循环实现迭代进步

第五步，D——执行阶段，按既定计划进行落地实施。

第六步，C——检查阶段，收集数据进行复盘分析，根据计划的要求，检查、验证实际落地执行的效果，看是否达到预期。

第七步，A——处置阶段，对结果进行总结，把成功的经验和失败的教训都纳入制度中。

第八步，启动新一轮 PDCA 循环，并将遗留未得到有效解决的问题纳入新一轮 PDCA 循环的第一步。

大数据时代，我们可以通过运用更高级的算法和机器学习，提高对于新增信息的分析能力，使得公司可以更快更好地进行迭代循环。收集数据和反馈信息的速度越快，效果越好。

（3）循环思维在数据分析中的作用。

对于数据分析而言，也需要形成一个不断针对需求、发现问题、提取数据、观察变化、多维分析、修正问题、预测发展变化趋势、生成分析报告、给出合理策略、推动落地、复盘的闭环,并进入下一个循环。

一件复杂的事,往往是由多个流程步骤组成的,将每个业务流程步骤整理出来,通过分析进行提高和优化,一次次迭代进步的过程,就像资金时间价值中的复利计算,不断地产生复利效应,从而形成良性循环。

案例分析 1　审计数据分析

在审计工作中也常常会用 PDCA 循环思维进行审计数据的分析,分析模型如图 2.2-33 所示。

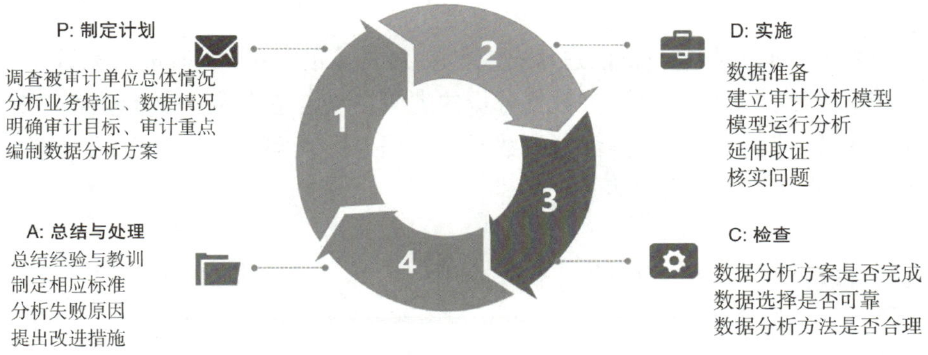

图 2.2-33　审计数据分析 PDCA

我们可以看到,循环思维中很重要的是及时的反馈回应,以此实现一环接一环以终为始的阶梯式进步。

大数据分析需要循环思维,用数据来发现问题、诊断问题,进而提出解决方案、落地实施,最后通过数据反映问题解决的程度和效果,始于数据、终于数据。循环思维固然重要,但更重要的是用循环思维把大数据分析后要落实的事项落到实处。循环思维的背后,更重要的是整体循环的质量。

数据分析中的循环思维,不仅是一种思维方式,更是一种落地实践。高质量的数据分析应用循环体系,可以帮助企业打造强大的数字化转型能力,从而在大数据时代实现高效的数字化运营。

项目三

大数据分析的基本框架

项目描述

前面我们了解了大数据分析的思维，然而，针对具体的问题，如何进行大数据分析呢？本项目先介绍大数据分析的环境、大数据分析的类型以及典型的数据分析包含的六个步骤。通过本项目的学习，学习者可以加深对大数据分析框架的理解，通过对分析步骤的学习，可以梳理思路，找到最佳的解决方案。

学习目标

1. 了解大数据的环境。
2. 掌握大数据分析的四种类型。
3. 掌握大数据分析的六个步骤。

任务一　大数据分析的环境与类型

任务描述

在进行大数据分析时，首先要了解大数据分析技术的环境，也就是我们所说的业务。深入理解业务，才能为建立更为准确的模型，为后续的分析奠定基础。

理解业务，同时掌握为什么要做数据分析及数据分析的类型，能够让我们在数据分析时明确思路，确定分析目标和方向。

案例导入

在一项人力资源公司关于当前商业环境中财务人员必备能力的调查中，2 100 多名首席财务官中至少有61%认为,商业智能分析及数据挖掘分析能力是会计和财务从业人员必不可少的能力(图3.1-1)。

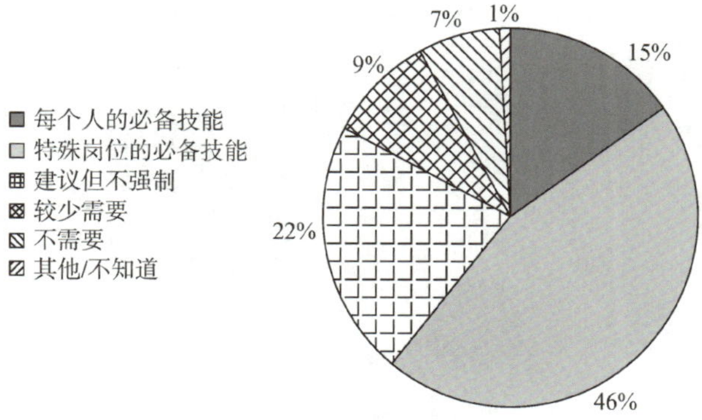

图3.1-1　商业智能分析及数据挖掘分析能力对会计和财务人员的重要性

知识储备

一、业务

业务指的是应用大数据分析技术的环境。数据是为业务服务的,大数据分析是将原始形式的数据处理成业务信息。

准确地定义问题是大数据分析的前提条件。例如,如果我们要搭建一个在线购物平台推荐系统,必须先了解用户如何使用购买商品的流程,结合相应的业务知识,这样才能搭建一个能增加收入的推荐系统。如果对电子商务购物业务流程有足够了解的话,则可以清晰地将数据收集聚焦于用户年龄、用户点击率等,比如哪些用户在什么时间点击了什么商品;也可能会加入时间特征因素,类似儿童节、母亲节相关节日推荐。

对所属业务领域知识的了解,会使你的数据分析模型更加准确。看看领域专家如何帮助我们更好地进行大数据分析(图3.1-2)。

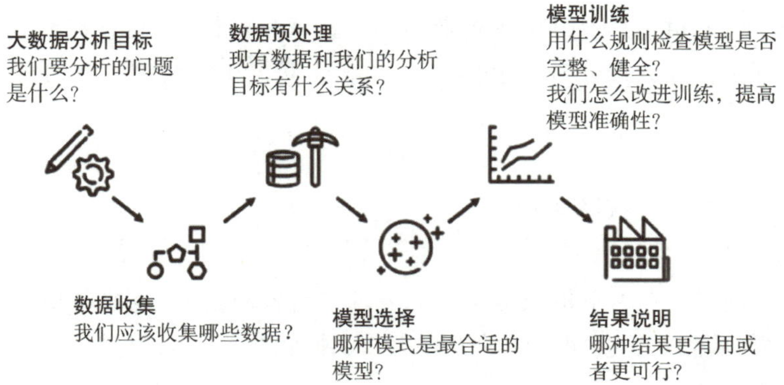

图3.1-2　领域专家进行的大数据分析

二、数据分析类型

为了更好地说明数据分析技能，我们首先将数据分析分为四种类型，如图 3.1-3 所示。

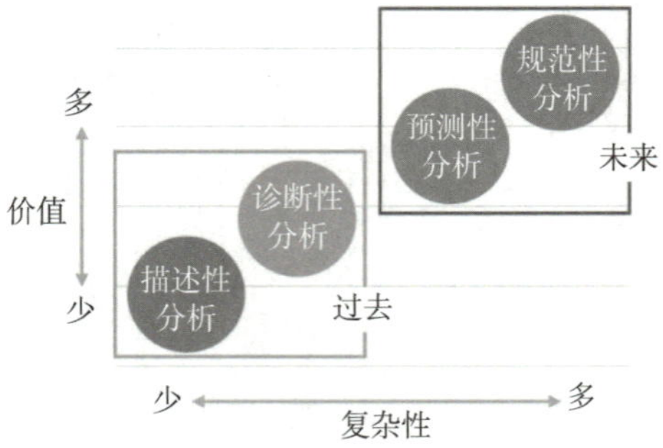

图 3.1-3　四种数据分析类型

理解大数据分析类型的一种便捷方法是根据它可以为我们做的事情：

（1）描述性分析（Descriptive）——已经发生了什么？

（2）诊断性分析（Diagnostic）——为什么会发生？

（3）预测性分析（Predictive）——未来可能发生什么情况？

（4）规范性分析（Prescriptive）——我们应该做什么？

首先要注意的是，“D”字母开头的两种分析代表分析过去，“P”字母开头的两种分析代表预测未来。

大数据分析常常被人们误解为仅是描述性分析（是什么）。但是，数据真正的价值在于预测性分析（将会发生什么）和规范性分析（我们应该做什么）。随着公司和行业转型以利用数据分析技术进行创新，监管机构和投资者对数据可用性分析的期望也日益提高。

（一）描述性分析

许多会计人员已经在日常工作中使用了描述性分析。他们在日常工作中会使用简单的数学和统计工具（如算术、平均值和百分率）计算历史销售额、成本、费用等。同时财务经理也会经常运用一些分析工具及分析仪表来解释经营成果。但是，这并没有充分利用大数据的所有功能。其实在大数据分析领域，描述性分析也是会被广泛用到的，我们来看看什么是描述性分析。

案例分析 1　**财务运营数据报告**

很多公司会通过一些常规的关键指标的表现来对公司过去一段时间或现阶段的整体运营情况进行分析，从而掌握公司目前的发展趋势，比如图 3.1-4，就是某公司对现阶段公司运营数据的一个整体展现。

比如电商公司，在进行描述性分析时，会形成对应的日常报表，以日报、周报、月报来统计分析订单数量、新增用户数、活跃用户数、用户留存比率等。同时，还可以按分支业务构成、公司产品销售区域等进行进一步细分。通过对现阶段的经营情况进行描述性分析，公司管理层就可以很清楚地掌握公司各分支业务的发展及变动情况、公司产品在不同地区的销售情况等，以便为后续的经营提供研判和决策支持。

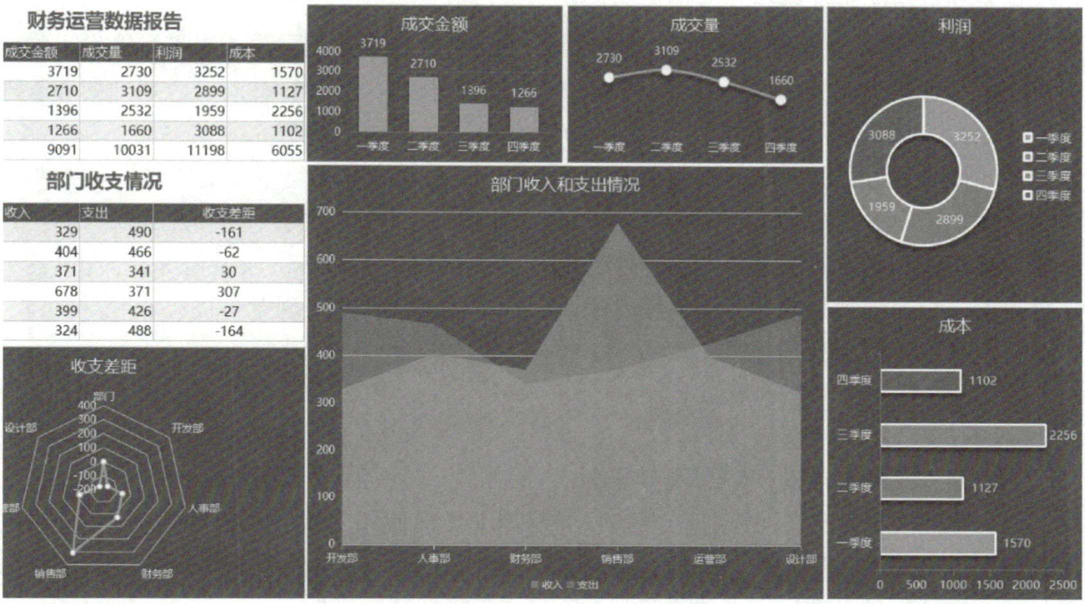

图 3.1-4　某公司现阶段运营数据

（二）诊断性分析

诊断性分析采用描述性分析生成的数据，结合历史数据与其他数据进行更进一步的分析，能够回答为什么会发生某事的问题。诊断性分析一般采用数据发现、数据挖掘的技术去挖掘问题的根本原因。

案例分析 2　在线购物网站利润下降的原因分析

以我们日常使用的在线购物网站为例，在线购物公司的 CEO 可能会问：“为什么十月投入了更多的市场营销费用，销售额却同比下滑 10% 呢？”通过对数据进行诊断分析，发现一些用户将商品加入购物车，但并未付款。通过数据分析发现在付款界面的退出率非常高。可能的原因是：

（1）表格未正确加载。

（2）运费太高。

（3）表格过长且不适合移动。

（4）没有足够的付款方式。

诊断分析可帮助深入了解特定的业务问题。

（三）预测性分析

描述性分析及诊断性分析专注于历史数据，顾名思义，预测性分析则专注于预测和了解未来可能发生的情况。

预测性分析的具体操作是将历史数据传入可以预测未来趋势的机器学习模型，使用数据挖掘、统计、建模、机器学习及人工智能等技术，通过分析现有数据预测未来可能发生的情况。此过程可以为业务的许多方面提供信息，包括设定切合实际的目标、有效地计划和管理绩效预期并避免风险等。

预测性分析可以预测企业未来可能发生的情况，因此该方法使企业能够采取数据驱动的方法来制定业务战略和进行决策。企业可以将预测性分析用于任何事情，从预测客户行为和购买模式到确定销售趋势。预测性分析还可以帮助企业预测供应链情况，进行运营和库存需求分析。越来越多的行业使用它来改善日常业务运营并实现竞争优势。

案例分析 3　预测性分析

下面通过举例来帮助理解预测性分析。

（1）预测客户流失的可能性。假如一个瑜伽工作室使用了预测性分析模型，系统预测某一客户很可能不会进行会员续费，并根据历史数据建议一种可能使该客户续签的激励措施。预测性分析可以通过实时预测在客户流失之前采取补救措施。

（2）有针对性的营销活动。如果公司只有 50 000 元的营销活动预算，但公司拥有 300 万客户，那么显然无法为每位客户都提供 10% 的折扣。预测性分析可以帮助找出最有可能购买产品的客户，可将优惠券仅发送给这些人以提高销售收入。

（3）通过预测分析改善客户服务。一家连锁酒店可以使用预测性分析来预测周末或者节假日将有多少客户预订客房，以便确保他们有足够的员工和资源来满足需求，改善客户服务。

（四）规范性分析

如果描述性分析告诉你发生了什么，诊断性分析可用来找到问题，预测性分析告诉你可能出现的情况，那么规范性分析将告诉你应该执行什么样的操作。规范性分析是业务数据分析过程的最重要阶段，它可以帮助企业根据可用的数据做出最佳决策。

规范性分析采用从描述性分析和预测性分析中得到的数据，为企业推荐最佳的可行方案。这是业务数据分析过程中最复杂的阶段，需要更多的专业业务知识做支撑。

规范性分析可以预测多个未来情况，并且给出每种情况的可能结果，帮助我们做出最佳的基于数据的决策来优化业务绩效。规范性分析能够真正影响业务战略和决策制定，以改善生产效率、客户体验和实现业务增长等。

案例分析 4　GPS 导航技术

GPS 导航技术是一种常用的规范性分析工具，它根据输入的目的地提供最佳路线。

GPS 导航技术规范性分析工具可以理解为“优化了一个目标，该目标测量了从起点到目的地的距离，并规定了距离最短/时间最短的最佳路线”。

任务二 大数据分析的基本步骤

任务描述

相信通过前面的学习，大家对数据分析的环境和分析类型已经不陌生了，那么数据分析的基本步骤有哪些？一般来讲，典型的数据分析包含六个步骤，分别是明确思路、收集数据、处理数据、分析数据、展现数据以及撰写报告。

案例导入

某大型化妆品制造企业在 2021 年确定了扩大市场规模、提高库存管理效率的经营管理目标，根据这个目标，企业经营者需要了解以往的市场占有情况（描述性分析），解决库存大、发货慢、库存管理效率低的问题（诊断性分析），同时预测未来三年的市场规模情况，以便确定自己的扩展战略（预测性分析），结合分析，制定详细的年度经营管理执行方案（规范性分析）。

在最终形成可行的年度经营管理执行方案前，需要先明确经营管理的目标是什么，然后收集为实现经营目标所需要的数据资料，对数据进行加工处理，去掉无效数据、缺失数据等，再进一步对加工后的数据进行分析和可视化展示，最后结合经营目标形成可行的年度经营管理执行方案。

知识储备

一、明确思路

明确数据分析的目的及思路是确保数据分析过程有效进行的首要条件。它可以为数据的收集、处理及分析提供清晰的指引方向。可以说思路是整个分析流程的起点，目的不明确将会导致方向性的错误。当目的明确后，就要建立分析框架，把分析目的分解成若干个不同的分析要点，即如何具体开展数据分析、需要从哪几个角度进行分析、采用哪些分析指标等。只有明确了分析目的，分析框架才能跟着确定下来，最后还要确保分析框架的体系化，使分析更具有说服力。

在大数据分析工作开始之前，必须从业务角度了解项目目标和需求，明确需要分析的问题或目标。

这一步其实就是具体化分析的内容，把一个需要进行数据分析的事件拆解成一个又一个小指标，这样一来，就不会觉得数据分析无从下手。而且拆解一定要体系化，也就是逻辑化。简单来说就是先分析什么、后分析什么，使得各个分析点之间具有逻辑联系。所以体系化就是让你的分析框架具有说服力。可以参照的方法论有用户行为理论、PEST分析法、5W2H分析法等。

案例分析1　PEST分析法（图3.2-1）

PEST分析法是从政治（Politics）、经济（Economic）、社会（Society）、技术（Technology）四个方面，基于公司战略来分析企业外部宏观环境的一种方法。公司战略的制定离不开宏观环境，PEST分析法能从各个方面比较好地把握宏观环境的现状及变化趋势，有利于企业对生存发展的机会加以利用，及早发现并避开环境可能带来的威胁。

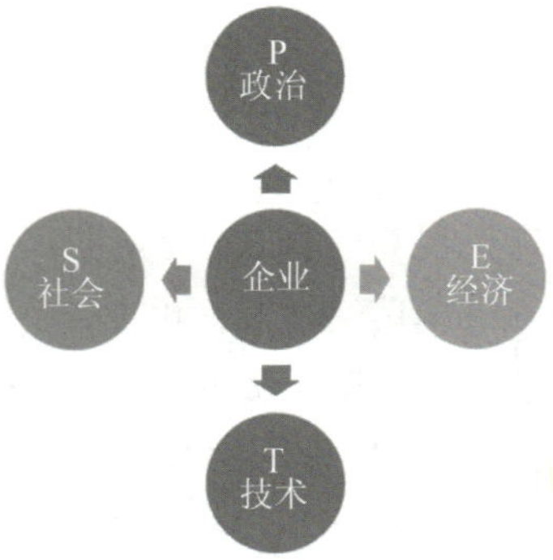

图3.2-1　PEST分析法

比如，当我们想投资一个新的产品或项目时，通常会从四个方面进行综合分析，以便更深入地了解产品或项目的未来综合发展情况。

政治方面：比如国家出台了哪些相关的政策，对新项目是促进还是制约，有哪些相关的法律条款，对未来新项目的发展有何影响。

经济方面：比如GDP增长率、消费价格指数、居民可支配收入对于新项目的发展会有什么样的影响。

社会方面：比如新项目的将来用户群体主要是哪一类人群，该人群的年龄结构、性别结构、地理分布、生活方式、购买习惯等是什么样的状态。

技术方面：比如新项目的技术投入、传播及更新速度分析，国家重点支持项目、研发费用、知识产权等相关的分析。

二、收集数据

收集数据是按照确定的数据分析框架收集相关数据的过程，它为数据分析提供了素材和依据。这里所说的数据包括第一手数据与第二手数据，第一手数据主要指可直接获取的数据，第二手数据主要指经过加工整理后得到的数据。一般数据来源主要有以下几种方式。

（一）数据库

每个公司都有自己的业务数据库，存放自公司成立以来产生的相关业务数据。这个业务数据库就是一个庞大的数据资源，需要有效地利用起来。

案例分析2　内部财务数据、公司相关报告

我们可以使用不同的数据整理手段来整理相关数据。

（1）手动输入或导出数据——手动整理对应Excel数据或者将其从现有电算化软件、

ERP系统中导出。

（2）数据采集——从外部来源收集数据。

（3）信号接收——从数字设备（包括物联网和控制系统）中捕获数据。

收集和使用正确数据对于财务大数据分析成功与否至关重要。财务建模需要收集和分析大量信息。数据的收集是创建财务数据分析模型的关键步骤。

在财务数据分析之前，我们必须确保三大报表（利润表、资产负债表、现金流量表）已准确编写，这是财务数据分析的基石。

可以通过收集公司相关资料、会议纪要、行业相关报告和专业分析师撰写的研究报告来提高数据分析预测的准确性。最后，需要估值来找到合适的输入值。

了解相关财务数据源对于大数据分析后续开发精确的数据模型至关重要。

（二）公开出版物

可以用于收集数据的公开出版物包括《中国统计年鉴》《中国社会统计年鉴》《中国人口统计年鉴》《世界经济年鉴》《世界发展报告》等统计年鉴或报告。

（三）互联网

随着互联网的发展，网络上发布的数据越来越多，特别是搜索引擎可以帮助我们快速找到所需要的数据，如国家及地方统计局网站、行业组织网站、政府机构网站、传播媒体网站、大型综合门户网站等上面都可能有我们需要的数据。

案例分析3　**上市公司报告和监管文件**

根据现行立法，上市公司必须向公众披露有关其运营和业绩的所有重要信息。这些信息包括财务数据、经营业绩、细分市场信息、新产品计划、子公司活动和研发活动。给股东的年度报告通常发布在公司网站上。也可以通过上交所或深交所获得对应公司及其运营的基本信息。

出于财务数据分析建模的目的，我们应该更加关注表3.2-1中的内容。

表3.2-1　建模所需重要信息

内容	描述
财务数据	公司财产和业务的描述；待售证券的描述；有关公司管理的信息；经独立会计师认证的财务报表
年度报告	概述公司业务和财务状况的年度报告。10－K包括经审计的财务报表
季度报告	持续通报公司年内的财务状况。10－Q包括未经审计的财务报表
8－K	通过时事报告宣布股东应了解的重大事件
股本股东	股本结构、主要股东

一些在线的财务数据库能够提供对各种类型的财务信息的访问，包括财务报表中的历

史财务信息。金融数据库可以用来分析历史数据，并将数据轻松导出到 Excel。但是，从这些数据库中检索的财务报表往往采用标准化格式，因此，如果公司使用其业务运营独有的会计系统，你将无法从检索到的数据中掌握它，这将影响你的分析。

（四） 市场调查

市场调查是指运用科学的方法，有目的地系统收集、记录、整理有关市场营销的信息和资料，分析市场情况，了解市场现状及其发展趋势，为市场预测和营销决策提供客观、正确的数据资料。市场调查可以弥补其他数据收集方式的不足。

三、处理数据

处理数据是指对收集到的数据进行加工整理，形成适合数据分析的样式，它是数据分析前必不可少的阶段。数据处理的基本目的是从大量的、杂乱无章的、难以理解的数据中抽取并推导出对解决问题有价值、有意义的数据。数据处理主要包括数据清洗、数据转化、数据提取、数据计算等方法。一般拿到手的数据都需要进行一定的处理才能用于后续的数据分析工作，即使再“干净”的原始数据也需要先进行一定的处理才能使用。

（一） 数据整理与清洗

我们可以使用多种工具来组织数据。当显示一个小的数据集时，你可以使用 Excel，但是对于更复杂的工作，你可能希望使用更严格的工具来探索和准备数据。我们建议使用 R 语言、Python（图 3.2-2）、商业 Bi 等工具来帮助准备清理数据。

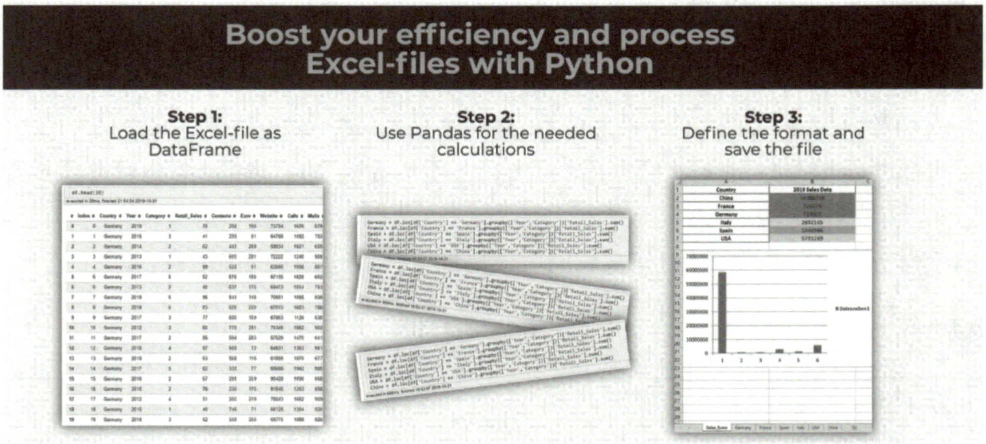

图 3.2-2 使用 Python 进行数据整理与清洗

你应该确定关键要素以帮助对数据进行分类。

浏览数据集时，请查找数据中的错误。它可以是遗漏的数据、逻辑上没有意义的数据、重复的数据甚至拼写的错误。这些缺失的变量需要进行修改，以便正确清除数据，如图 3.2-3 所示。

提取、转换、加载（ETL）——在将数据加载到沙箱之前，它会根据一组业务规则转换数据。

提取、加载、转换（ELT）——将数据加载到沙箱中，然后根据一组业务规则对其进行转换。

提取、转换、加载、转换（ETLT）——它是 ETL 和 ELT 的组合，具有两个转换级别。

	商品	数量	金额
1	苹果	3	12.00
2	香蕉	2	3.80
3	芒果	5	41.25
4	石榴	NaN	NaN

数据集 A

→

	商品	数量	金额
1	苹果	3	12.00
2	香蕉	2	3.80
3	芒果	5	41.25
4	石榴		

数据集 B

图 3.2-3

（二）数据合并

数据可能分布在多个数据集上，需要通过公共字段（如日期或账号）将数据连接在一起。在其他情况下，相同的数据字段可能出现在多个数据中，如业务日期。在此阶段需要考虑未来的数据分析要求，来衡量是否合并数据集，如图 3.2-4 所示。

	部门	员工	工龄
1	办公室	张三	3
2	销售部	李四	2
3	销售部	王五	5
4	生产部	赵六	4

数据集 A

+

年月	员工	工龄工资
2021-03	张三	300
2021-03	李四	200
2021-03	王五	500
2021-03	赵六	400

数据集 B

=

年月	部门	员工	工龄工资
2021-03	办公室	张三	300
2021-03	销售部	李四	200
2021-03	销售部	王五	500
2021-03	生产部	赵六	400

数据集 C

图 3.2-4

图 3.2-5 显示了以两种不同格式存储的同一条数据。数据集 A 包含省、市、区字段，但它是存储为 Blob 对象的，在后续的数据分析时不容易进行查询和分析。数据集 B 把它转化成一个结构化的表格数据，使得每个字段都可以单独查询。

编号	客户名称	省，市，区
1001	华联工贸	福建省，厦门市，思明区
1002	杰德酒店	福建省，福州市，鼓楼区
1003	安泰化工	江苏省，常州市，天宁区
1004	诚峰集团	吉林省，长春市，南关区

关键字　值

编号	客户名称	省，市，区
1001	华联工贸	福建省，厦门市，思明区

数据集A

编号	客户名称	省	市	区
1001	华联工贸	福建省	厦门市	思明区
1002	杰德酒店	福建省	福州市	鼓楼区
1003	安泰化工	江苏省	常州市	天宁区
1004	诚峰集团	吉林省	长春市	南关区

数据集B

图 3.2-5

四、分析数据

分析数据是指用适当的分析方法及工具，对处理过的数据进行分析，提取有价值的信息，形成有效结论的过程。由于数据分析多是通过软件来完成的，这就要求数据分析师不仅要掌握各种数据分析方法，还要熟悉数据分析软件的操作。而数据挖掘其实是一种高级的数据分析方法，就是从大量的数据中挖掘出有用的信息，它是根据用户的特定要求，从浩如烟海的数据中找出所需的信息，以满足用户的特定需求。

案例分析 4　设计模型

我们可通过构建模型以测试数据并寻找给定目标的答案。使用不同的统计建模方法，可以确定最适合的数据。常见的模型包括线性回归模型（图 3.2-6）、决策树模型和随机森林模型等。

在做大数据分析的同时使用数据挖掘手段找出一些尚未被充分考虑的业务，我们可能会有意外的收获。

	电视销售量	电视销售额
1	230.1	22.1
2	44.5	10.4
3	17.2	9.3
4	151.5	18.5
⋮		
197	94.2	9.7
198	177	12.8
199	283.6	25.5
200	232.1	13.4

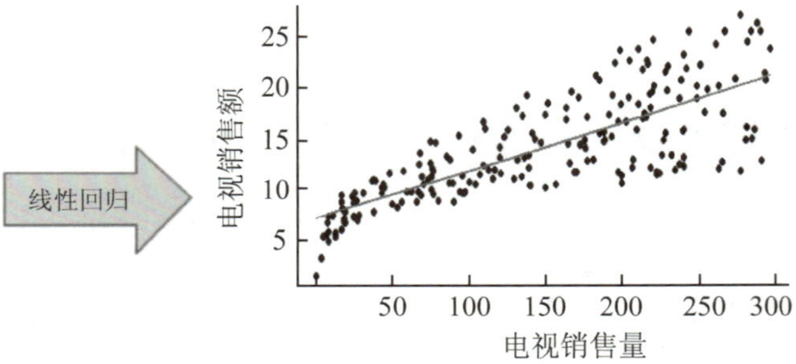

图 3.2-6　线性回归模型

设计完模型后，需要评估数据并确定是否具有适用于交付物的正确信息：这些模型工作正常吗？数据需要更多清理吗？找到想要的结果了吗？如果没有达到要求，则可能需要再次执行前面的步骤。我们还应尝试不同数据模型横向对比并用专业知识来判断模型输出结果是否符合预期。

五、展现数据

一般情况下，数据是通过表格和图形的方式来呈现的，我们常说用图表说话就是这个意思。常用的数据图表包括饼图、柱形图、条形图、折线图、散点图、雷达图等，当然可以对这些图表进一步整理加工，使之变为我们所需要的图形，如金字塔图、矩阵图、漏斗图等。大多数情况下，人们更愿意接受图形这种数据展现方式，因为它更加有效和直观。

案例分析 5　**居民消费价格指数的可视化展示(表 3.2-2、图 3.2-7)**

表 3.2-2　居民消费价格指数变化

指标	2020 年	2019 年	2018 年	2017 年	2016 年
全国居民消费价格指数(上年为 100%)	102.5	102.9	102.1	101.6	102.0
城市居民消费价格指数(上年为 100%)	102.3	102.8	102.1	101.7	102.1
农村居民消费价格指数(上年为 100%)	103.0	103.2	102.1	101.3	101.9

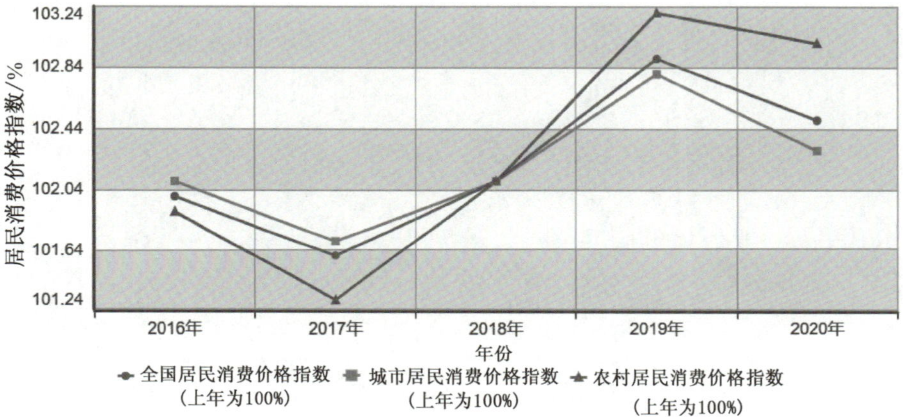

图 3.2-7　居民消费价格指数可视化效果图

六、撰写报告

数据分析报告是对整个数据分析过程的一个总结与呈现,通过报告,把数据分析的起因、过程、结果及建议完整地呈现出来,供决策者参考。一份好的数据分析报告,首先需要有一个好的分析框架,并且图文并茂、层次明晰,能够让阅读者一目了然。另外,数据分析报告需要有明确的结论,没有明确结论的分析称不上分析,同时也失去了报告的意义,因为我们最初就是为寻找或者求证一个结论才进行分析的,所以千万不要舍本求末。最后,好的分析报告一定要有建议或解决方案。

案例分析 6　**财务分析报告撰写(预算完成情况分析)**

例如,针对预算完成情况所做的财务分析报告一般分为以下几个模块:

(1) 报告的背景和目的。主要说明财务分析报告能够解决什么问题,即分析预算完成情况,找到预算与实际数据之间的差异,分析形成差异的原因,制定预算改进及预算控制改善方案,进行预算考核。

(2) 财务数据基本情况。主要说明数据采集的过程以及数据质量如何。

（3）主要的数据分析图表。这一块一般包括主要会计数据摘要、基本财务情况分析、预算完成情况分析及每部分对应的分析结论等。

（4）各部分小结及最终结论。包括预算差异的主要原因、最终预算执行情况结论、预算考核结论等。

（5）下一步改进策略。针对主要原因，提出具体的改进建议或方案。

项目四

数据库设计基础与设计步骤

项目描述

本项目首先介绍数据库的含义，通过与 Excel 比较，体现出数据库的优势与强大。重点讲解关系数据库的表结构与表间关系。通过本项目的学习，学习者可以对数据库形成基础的认知与理解，掌握数据库的基础知识，进而合理地设计出数据表及表间的关系。

学习目标

1. 理解数据库的含义。
2. 掌握关系型数据库中表的设计。
3. 理解并掌握表间关系。
4. 根据业务需求，设计出合理的数据库。

任务 掌握数据库设计基础知识与设计步骤

任务描述

当今世界是一个充满了数据的互联网世界。越来越多的行业、企业通过挖掘大数据，运用大数据分析来制定和优化企业战略。数据库是大数据技术体系中的一个环节，主要用于数据的存储，以及部分数据管理任务。大数据系统中的数据往往有非常复杂的数据结构，其中既有结构化数据，也有大量的非结构化数据和半结构化数据，所以目前大数据技术体系不仅采用传统的数据库来存储数据，也采用非关系型数据库（NoSQL）来存储数据。未来传统的关系型数据库和 NoSQL 数据库会长期并存，共同完成数据管理任务。学习关系型数据库是非常有必要的。

案例导入

大家可以想象一下常用的“淘宝网”中的数据存储在什么地方，存在 Excel 中吗？在大数据量的情况下，一般都是用数据库来存储数据，然后根据需要进行提取处理，以特定的格式输出。某公司由于业务的发展，以 Excel 表管理数据的模式已经远远不能满足需求，公司决定使用数据库来代替 Excel，大家先来学习一下数据库。

知识储备

一、数据库设计基础知识

（一）什么是数据库

数据库是“按照数据结构来组织、存储和管理数据的仓库”，是一个长期存储在计算机内的、有组织的、可共享的、统一管理的大量数据的集合。

我们常用到的数据，比如员工每个月的工资条，可以存入数据库中，之后可以快速地进行查询统计。我们每天使用余额宝查看自己的账户收益，就是从数据库中读取数据。

数据库相对于 Excel 有更多的优势：

（1）数据库共用性更强，Excel 文件通常是一个人用，很难多人同时操作，而数据库可以多人共用。

（2）存储的数据量更大，一个 Excel 文件能存放的数据有限，而数据库则无这个顾虑。

（3）在数据库中查询数据可以一次查出多个关联的所需信息。例如，一个 Excel 文件中有三张 Sheets（表页）：一张存放员工信息，一张存放员工工资，一张存放员工考勤，要查询这三项信息需要打开三张 Sheets 分别查询后再统计，而数据库则只需一次查询就能将三个信息全部查出。

（二）关系型数据库

数据库有很多种类，在数据库的发展历史上，先后经历了层次数据库、网状数据库和关系数据库等阶段。随着云计算的发展和大数据时代的到来，越来越多的非关系型数据库开始出现，这类数据库一般被称为 NoSQL（Not only SQL）数据库，而传统的关系型数据库在一些传统领域依然保持着强大的生命力，这里我们重点学习使用最广泛的关系数据库。

关系型数据库是由多个表组成的，如果你用过 Excel，就会知道 Excel 是一张一张的二维表，每张表都是由行和列组成的。同样的，关系型数据库里存放的也是一张一张的二维表，一张表表示一个关系，各张表之间是有联系的。所以，简单来说：关系型数据库 = 多张表 + 各表之间的关系（图 4-1）。

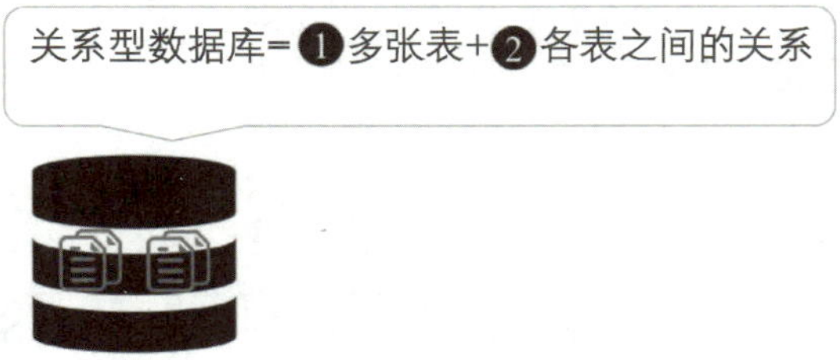

图 4-1　关系型数据库的结构

综上,学会关系型数据库需要掌握两点:

(1) 多张表里面每一张表的结构。

(2) 各表之间的关系。

(三) 表结构与表间关系

1. 表的结构

表的结构是指数据库中每张表是怎样组成的。每张表有一个名字标识,包含带有列名的列和记录数据的行。例如,我们使用名为“员工表”的表结构(图 4-2)存放员工的基本信息。

主键　列　员工表　列名　行(记录)

员工号	姓名	性别	年龄	祖籍
XXX001	张三	男	30	福建
XXX002	李四	女	21	湖北
XXX003	王五	男	30	福建
XXX004	李四	男	32	江苏

图 4-2　员工表结构

表中每一列都有一个名字来标识该列,共 5 列,列名分别是“员工号”“姓名”“性别”“年龄”“祖籍”。从列名上就可以知道这一列对应的是什么数据。表中每一行就是一条数据记录。

这里的一行表示该员工的基本信息,比如第 5 行记录的是员工号为“ ×××004”的员工的信息,姓名是“李四”,性别是“男”,年龄是“32”,祖籍是“江苏”。

在数据表中,行和列的逻辑顺序无关紧要。为了保证表结构的完整性,表的记录必须有能唯一区分记录的列,这个列被称为“主键”。如图 4-2 所示的表中的“员工号”就是主键。

主键由一列或多列组成,其值标识了表中的特定记录,确保表中没有重复的记录,实现了表级完整性。此外,它还被用来和数据库中其他表之间建立关系。

一张表中除了主键,还可能设置外键,用来在两张表之间建立关系,通过创建约束确保关系级完整性。例如,“员工表”中不存在员工号“ ×××008”,故无法在“员工表”中插入此员工信息。

一张表中的某个字段不能够唯一地标识记录,但是它与另一张表中的主键相对应,则称这个列为外键。通常复制第一张表（称为主表）的主键，将其插入第二张表中（称为从表），在第二张表中，这个主键被称为外键，如图 4-3 所示。从表中的外键列名可以不与主表中主键的列名相同。

主键

员工表

员工号	姓名	性别	年龄	祖籍
XXX001	张三	男	30	福建
XXX002	李四	女	21	湖北
XXX003	王五	男	30	福建
XXX004	李四	男	32	江苏

外键

考勤记录表

编号	员工号	年月	迟到	早退	旷工
1	XXX001	202106	1	0	0
2	XXX002	202106	0	1	0
3	XXX003	202106	1	0	0
4	XXX004	202106	0	0	0
5	XXX001	202107	2	0	0
6	XXX002	202107	0	0	0

图 4-3　表中主键与外键

2. 表间关系

首先，我们创建三张表，然后观察这三张表之间的关系（图 4-4）。

工资表

编号	员工号	姓名	年月	实发工资
1	XXX001	张三	202106	8000
2	XXX002	李四	202106	5000
3	XXX003	王五	202106	19000
4	XXX004	李四	202106	5000
5	XXX001	张三	202107	8000
6	XXX002	李四	202107	6000

员工表

员工号	姓名	性别	年龄	祖籍
XXX001	张三	男	30	福建
XXX002	李四	女	21	湖北
XXX003	王五	男	30	福建
XXX004	李四	男	32	江苏

考勤记录表

编号	员工号	年月	迟到	早退	旷工
1	XXX001	202106	1	0	0
2	XXX002	202106	0	1	0
3	XXX003	202106	1	0	0
4	XXX004	202106	0	0	0
5	XXX001	202107	2	0	0
6	XXX002	202107	0	0	0

图 4-4　员工表、工资表和考勤记录表结构

我们先看“员工表”跟“工资表”这两张表之间的关系（图 4-5）。

员工表

员工号	姓名	性别	年龄	祖籍
XXX001	张三	男	30	福建
XXX002	李四	女	21	湖北
XXX003	王五	男	30	福建
XXX004	李四	男	32	江苏

工资表

编号	员工号	姓名	年月	实发工资
1	XXX001	张三	202106	8000
2	XXX002	李四	202106	5000
3	XXX003	王五	202106	19000
4	XXX004	李四	202106	5000
5	XXX001	张三	202107	8000
6	XXX002	李四	202107	6000

图 4-5　员工表与工资表之间的关系

假如你想知道“员工表”中员工号为“×××001”的员工 2021 年 6 月、7 月的工资是多少，那么就可以去工资表中查找员工号为“×××001”的员工的工资，从中可找到其这两个月的工资。

因为姓名可能出现重名，而员工号则不会，所以很容易观察到这两张表是通过员工号进行关联的。

通过这个例子，我们就对表之间的关系有了大概了解。关系就是表之间的联系，数据能够对应地匹配，在关系数据库中叫作连接，对应的英文名为 join。上面的例子中，我们就是通过“员工号”进行连接的。

那么关系分为哪些种类呢？我们通常说的表跟表之间的关系包括：

（1）一对一的关系，专业写法是 1 ∶ 1。

在关系中第一张表中的单个行仅仅可以与第二张表中的单个行相关，第二张表中的一个行也只能与第一张表中的一个行相关。比如员工表和员工现任配偶表，就是一条记录对应一条记录。

（2）一对多的关系，专业写法是 1 ∶ n。

在关系中第一张表中的单个行可以与第二张表中的一个或多个行相关，但第二张表中的一个行只可以与第一张表中的一个行相关。比如一个员工可以有多个薪资记录（每个月都有一条），这就是一对多。

（3）多对多的关系，专业写法是 n ∶ m。

在关系中第一张表中的单个行可以与第二张表中的一个或多个行相关，同时第二张表中的一个行也可以与第一张表中的一个行或多个行相关。比如产品与产品月售表，一种产品每个月可能有很多售出记录，同时，每个月也都会有各种产品的销售记录而不是只有一种产品的销售记录。

二、数据库设计基本步骤

（一）认识 SQL

数据库就是一个“仓库”，对于仓库，我们很少直接操作，而是间接地通过“仓管员”进行管理。数据库的仓管员就是结构化查询语言（Structured Query Language，SQL）。

SQL 是为操作数据库而开发的一种语言，它可以对数据库进行操作，比如创建数据库、创建表、修改数据、查找数据等。

我们使用一幅图来加深对 SQL 的印象（图 4-6）。

图 4-6 用户使用 SQL 操作数据库

有了 SQL 我们就能很友好、直观地操作数据库。

(二)表结构与关系设计

设计数据库有如下四个步骤。

第一步,明确需求,整理需求。如果是业务上的需求,要创建数据库及表,要多次沟通讨论,获取较为全面的资料。如果是自己的需求,那么要多考虑是否有漏掉的需求。多次确认后,将需求明细列出来。

第二步,根据需求整理出各个表的结构。从自己的需求明细中找出需要设计的表,进行表结构的确定。假如现在的需求是“记录下你所在公司的每个员工每个月的个税,方便以后的查询”,根据这一需求,我们明确到需要记录的是“员工 + 每个月个税缴费情况”,这时应该创建两张表:员工表,每个月个税表。

案例分析 1 员工表与个税表字段设计

首先设计员工表(图 4-7)。

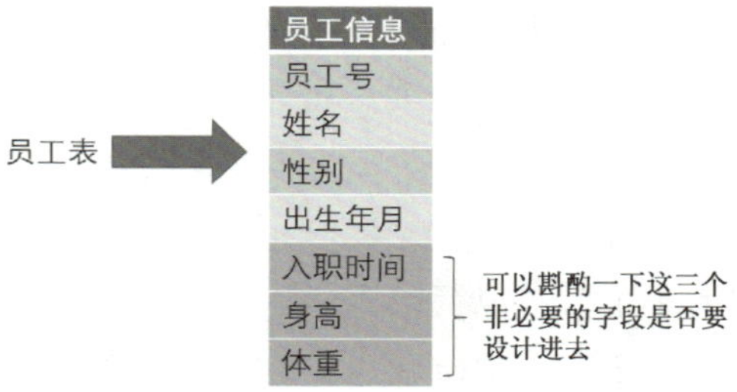

图 4-7 员工表字段设计

然后设计个税表(图 4-8)。

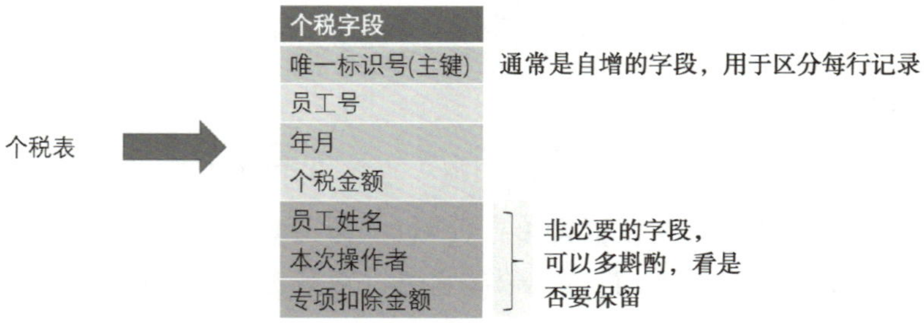

图 4-8 个税表字段设计

第三步,确定表间的关系,确定连接字段。

案例分析 2　确定表间关系

员工表和个税表之间有什么联系呢？仔细观察,可以发现两张表共有的字段必有的是"员工号",有的可能还有"员工姓名"。但是因为"员工姓名"不是唯一的,可能出现重名,所以很明确地知道这两张表之间的连接字段是"员工号"(图4-9)。

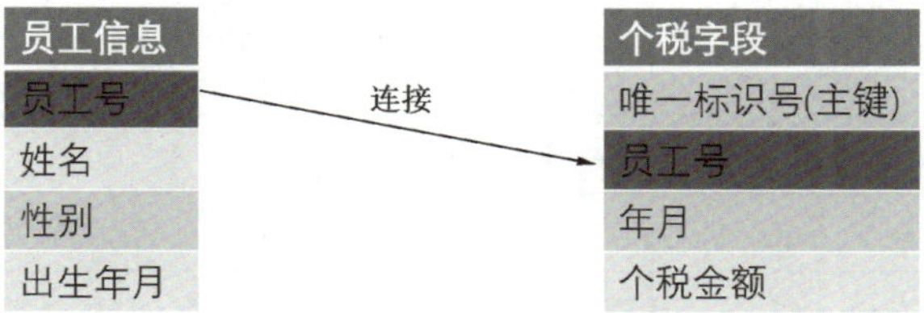

图4-9　员工表和个税表通过员工号连接

第四步,设计好数据库中各表结构与确立表间关系后,就可以把数据库与表创建出来。一般我们会使用建模工具来设计数据表结构与它们之间的关系,然后生成对应的物理数据库模型。

本任务中我们不介绍建模方法(之后有详细介绍),先学习如何手动编写 SQL 语句来创建数据库与表。

(1) 创建数据库。

① 创建数据库的语法：CREATE DATABASE 数据库名称。

例：创建个人所得税(income_tax)数据库

```
CREATE DATABASE income_tax
```

执行完后就创建了一个名为"income_tax"的空数据库。

(2) 在数据库中创建数据表。

① 要先打开数据库。

② 创建表的语法：CREATE TABLE 表名(列名 1 列类型 1,列名 2 列类型 2,[……])。

例 1：创建员工表(staffinfo)。

根据设计,员工表结构如表 4-1 所示(备注列是为了描述列名称的意义而增加的)。

表 4-1　　员工表结构

列名称	数据类型	备注
staffid	varchar(32)	员工号
name	varchar(32)	姓名
sex	char(2)	性别
birthday	date	出生年月

上表中 varchar()表示变长字符串类型,32 代表的是长度,varchar(32)表示能存储 32 个字符的数据;char()表示定长字符串类型,2 代表长度;date 表示日期型。

根据上表结构，书写如下 SQL 语句，并运行，语句成功执行后，创建一个 staffinfo 表：

CREATE TABLE staffinfo(staffid varchar(32),name varchar(32),sex char(2),birthday date)

例 2：创建个税表(tax)。

根据设计，个税表结构如表 4-2 所示(备注列是为了描述列名称的意义而增加的)。

表 4-2　　　　个税表

列名称	数据类型	备注
id	int	ID 号
staffid	varchar(32)	员工号
paytax_date	date	交税年月
amount	float	个税金额

上表中，int 表示整型数值，不包含小数；float 表示浮点型数值，可以包含小数。

根据上表结构，书写如下 SQL 语句，并运行，语句成功执行后，创建一个 tax 表：

CREATE TABLE tax(id int,staffid varchar(32),paytax_date date,amount float)

创建一个表的时候，至少要提供表的名称，表中列名称以及列能存储的数据类型。如果创建多个列，需要用逗号隔开。

项目五

应用 MySQL 数据库建立财务模型

项目描述

MySQL 数据库作为目前最流行的开源关系型数据库，已经有了适用于云计算环境的产品。本项目介绍 MySQL 数据库的安装与操作，使用 MySQL Workbench 进行数据库与数据表的创建与管理；讲解 MySQL 中与财务具有相关性的函数及使用方法；最后介绍如何使用 MySQL Workbench 进行数据建模及关系创建，并生成对应数据表。

学习目标

1. 掌握 MySQL 的安装。
2. 掌握 MySQL 中函数语法及财务相关函数应用。
3. 掌握数据表的创建与删除。
4. 掌握数据表的增、删、改、查操作。
5. 掌握数据建模方法并生成数据表。

任务一　初始 MySQL 数据库

任务描述

了解关系型数据库管理系统 MySQL，掌握其安装方法，并使用 Workbench 工具完成数据库的建库、建表及对数据表的操作。

案例导入

不少公司在众多的关系型数据库管理系统中选择了 MySQL，那么，它有哪些优点呢？MySQL 如何安装？如何使用 MySQL 进行数据库的管理？掌握 MySQL 的基本使用操作将会对我们以后进行大数据的存储管理提供帮助。

知识储备

任务实施

一、MySQL 数据库介绍与安装

MySQL 是最流行的关系型数据库管理系统之一，由瑞典 MySQL AB 公司开发，目前属于 Oracle 公司，分社区版和商业版，社区版是免费的，商业版要收费。MySQL 使用标准的 SQL 语言用于访问数据库，具有以下特点：

（1）MySQL 性能卓越、服务稳定，可以同时处理几乎不限数量的用户。

（2）MySQL 是一个高性能且相对简单的数据库系统，与一些更大系统的设置和管理相比，其复杂程度较低。同时，MySQL 体积小，安装方便，易于管理。

（3）MySQL 是开源的，且提供免费版本，对大多数用户来说大大降低了使用成本。

（4）MySQL 可移植性强，能够运行在多种系统平台上，如 Windows、Linux、Unix 等。

首先下载 MySQL 数据库。MySQL 的下载网址：https://www.mysql.com/cn/Downloads/。

可以参考提供的安装教程一步一步进行安装。MySQL 安装文档的下载地址：https://qb.99onez.com/questionbank/apiWithOut/pythonDownload?fileName=mysqlinstall.docx。

上文中提到 SQL 是仓管员，我们需要安装一个执行 SQL 语句的工具，即在安装 MySQL 的同时安装一个 Workbench 工具。MySQL Workbench 为数据库管理员、程序开发者和系统规划师提供可视化的 SQL 开发、数据库建模以及数据库管理功能。我们可以在已安装程序中找到并打开它，使用 Workbench 管理和操作 MySQL。

二、数据库的创建与操作

（一）创建数据库

MySQL 安装完成后，打开 Workbench。在 Workbench 主界面上点击本地“数据库连接”，使用 root 用户连接到 MySQL，然后创建一个数据库（图 5.1-1）。

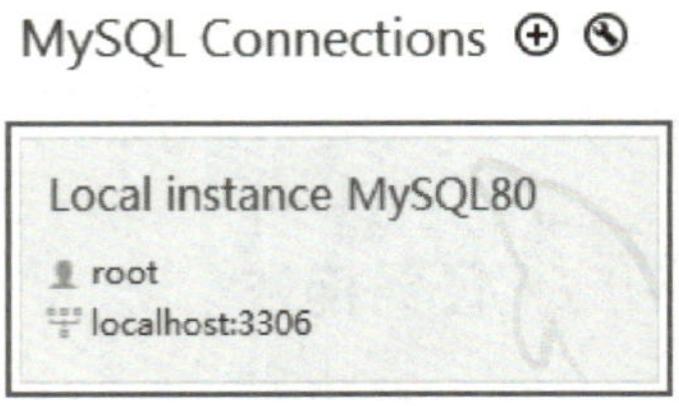

图 5.1-1　Workbench 中以 root 身份建立的 MySQL 连接

案例分析 1　**创建数据库**

下面我们创建一个应收账款核算数据库：

```
CREATE DATABASE accounts_receivable;
```

如图 5.1-2 所示，在 Workbench 中执行创建数据库语句。

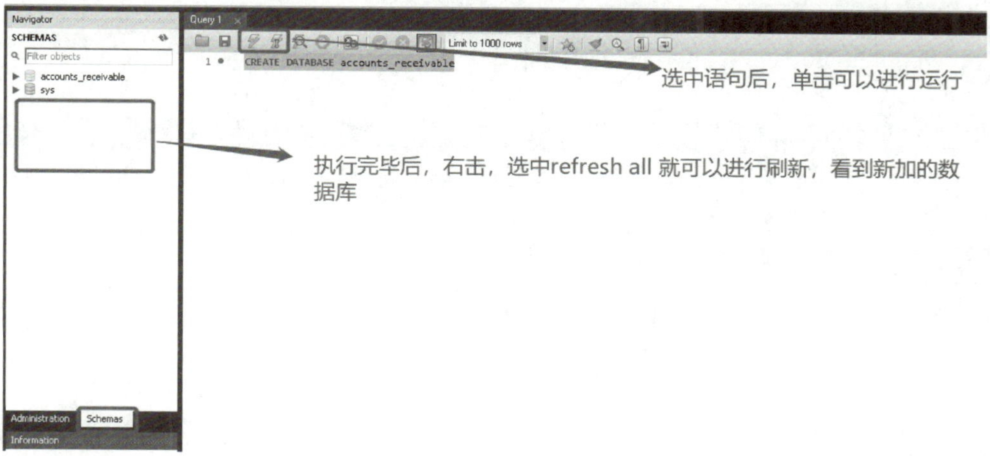

图 5.1-2 Workbench 中创建数据库

（二）创建数据表

在 Workbench 中，双击指定的数据库，数据库底色变成淡蓝色后，表示已经选中了这个数据库。选中数据库后，就可以创建表等。

创建表的通用语法：

```
CREATE TABLE table_name (column_name column_type);
```

案例分析 2 创建数据表

例如，我们在 accounts_receivable 数据库中创建一个核算信息表 accounts_info：

```
create table accounts_info(
uuid varchar(32)PRIMARY KEY comment '主键',
product_name varchar(32) comment '产品名称',
income float comment '收入',
cost float comment '成本',
sale_date varchar(32) comment '销售日期',
sale_num float comment '销售数量',
sale_price float comment '销售单价',
cost_price float comment '销售成本'
);
```

“PRIMARY KEY”表示这个字段是主键，“comment”表示是注释。执行完后，用右键单击数据库，选中 refresh all 进行刷新即可，如图 5.1-3 所示。

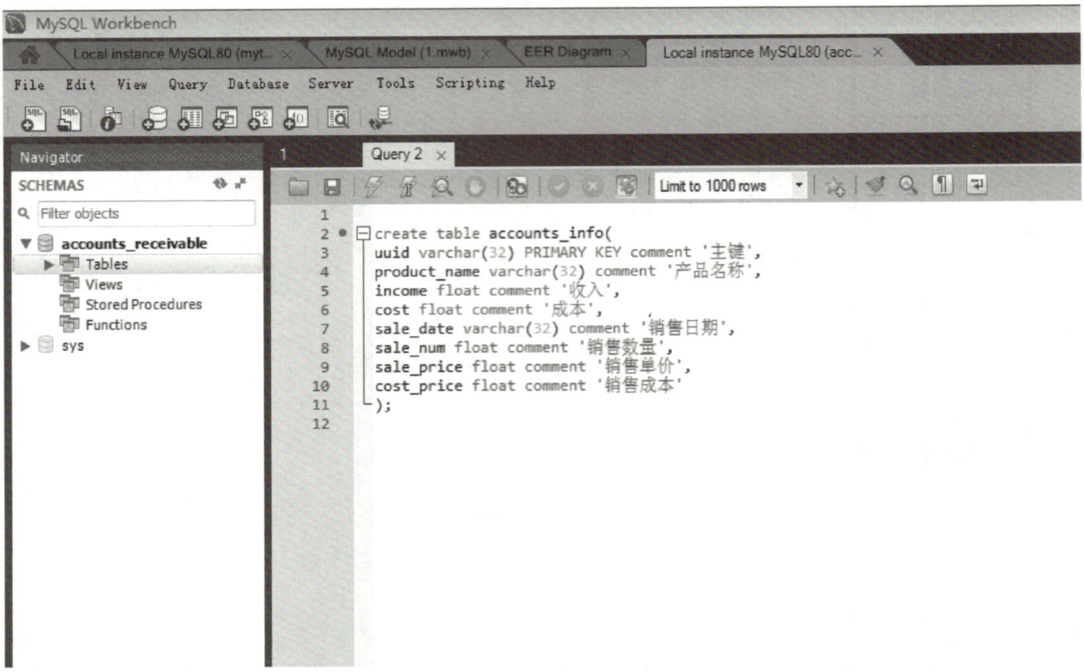

图 5.1-3　Workbench 中创建数据表

（三）插入数据

创建完表后，就可开始向表中插入数据。

插入语句的语法如下：

INSERT INTO table_name (field1, field2,... fieldN) VALUES (value1, value2,... valueN);

案例分析 3　向表中添加数据

例如，我们往 staff_info 中插入一条记录：uuid 为“00001”，收入为 1 379.87，销售成本为 238.24，销售数量为 84.67，销售价格为 16.3，单位成本为 2.81，销售日期为“20201021”，产品名称为“产品 A”。SQL 语句为

INSERT INTO accounts_info (uuid, product_name, income, cost, sale_date, sale_num, sale_price, cost_price) VALUES ('00001','产品 A', 1379.87,238.24, '20201021',84.67,16.3,2.81);

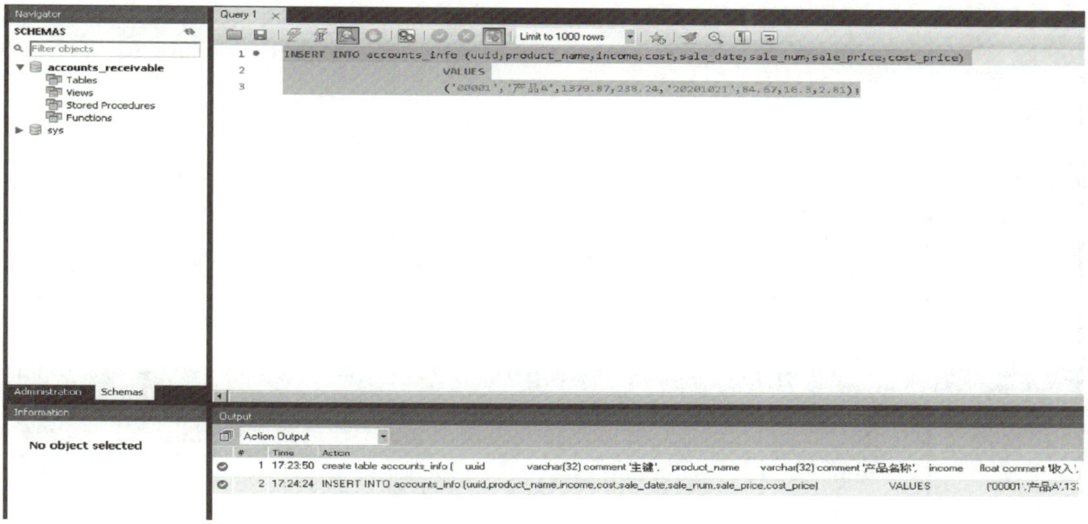

图 5.1-4 向 accounts_info 表中插入数据

（四）查询语句

在表里插入刚才的语句后，假如刚好有人要查“产品 A”在“20201021”这一天的销售情况，我们就可以直接从数据库中查询出来。

查询语句的语法如下：

SELECT column_name, column_name FROM table_name [WHERE Clause]

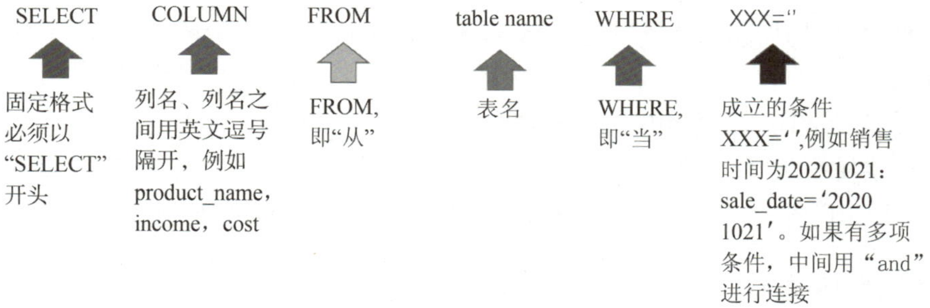

图 5.1-5 SELECT 查询语法示意图

案例分析 4 在表中查询所需数据

如果要查询“20201021”这一天“产品 A”的销售情况，SQL 语句为

SELECT uuid, product_name, income, cost, sale_date, sale_num, sale_price, cost_price from accounts_info where sale_date = '20201021' and product_name = '产品 A';

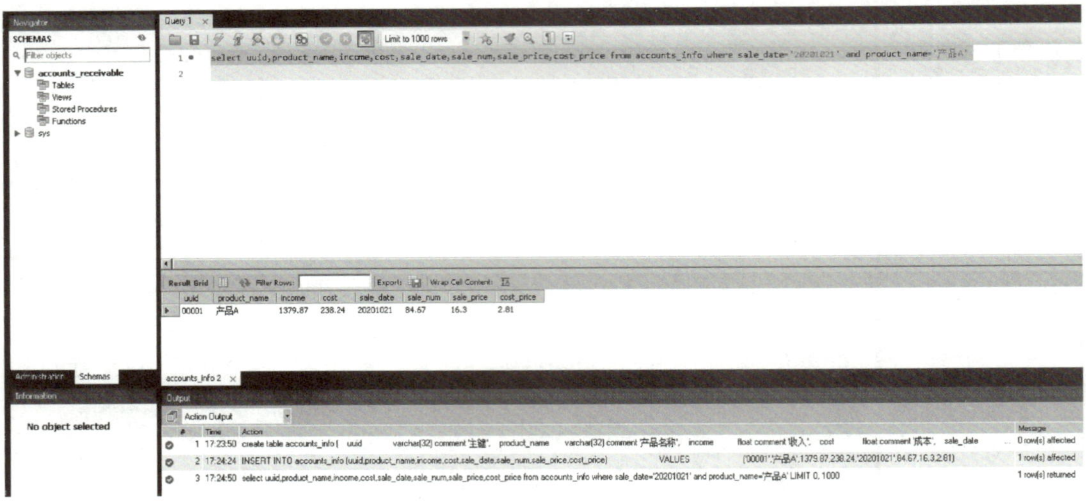

图 5.1-6　查询日期为“20201021”并且产品名称为“产品 A”的记录

这样，我们就能将刚才插入的记录查询出来。

（五）WHERE 子句

使用 SQL SELECT 语句可以从表中读取数据，但更多的时候我们不是读取全表数据，而是有条件地从表中选取数据，这时可将 WHERE 子句添加到 SELECT 语句中。语法如下：

SELECT field1, field2,…,fieldN FROM table_name1, table_name2…

[WHERE condition1 [AND [OR]] condition2…

（1）查询语句中可以使用一张或者多张表，表之间使用逗号分隔，并使用 WHERE 语句来设定查询条件。

（2）可以在 WHERE 子句中指定任何条件。

（3）可以使用 AND 或者 OR 指定一个或多个条件。

（4）WHERE 子句也可以运用于 SQL 的 DELETE 或者 UPDATE 命令。

（六）更新语句

如果我们发现输入有误，如“20201021”那天“产品 A”的收入应该是 1 380，那么我们该怎么修改记录呢？

修改语句的语法如下：

UPDATE table_name SET field1 = new – value1, field2 = new – value2 [WHERE Clause]

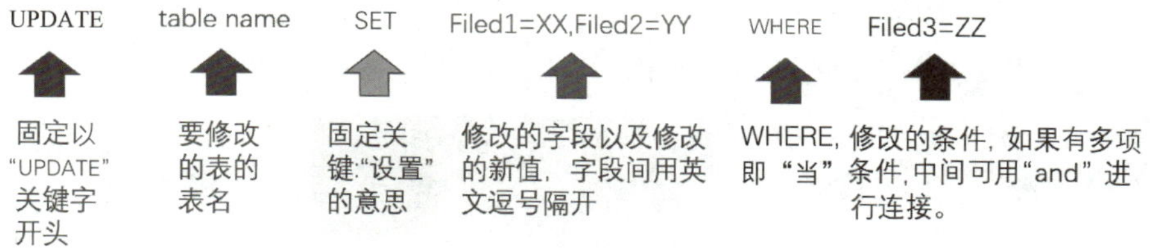

图 5.1-7　UPDATE 更新语法示意图

案例分析 5　更改表中记录数据

如果要将 20201021 这天“产品 A”的收入改成 1 380，SQL 语句为

UPDATE accounts_info set income = 1380.0 where sale_date = '20201021' and product_name = '产品 A';

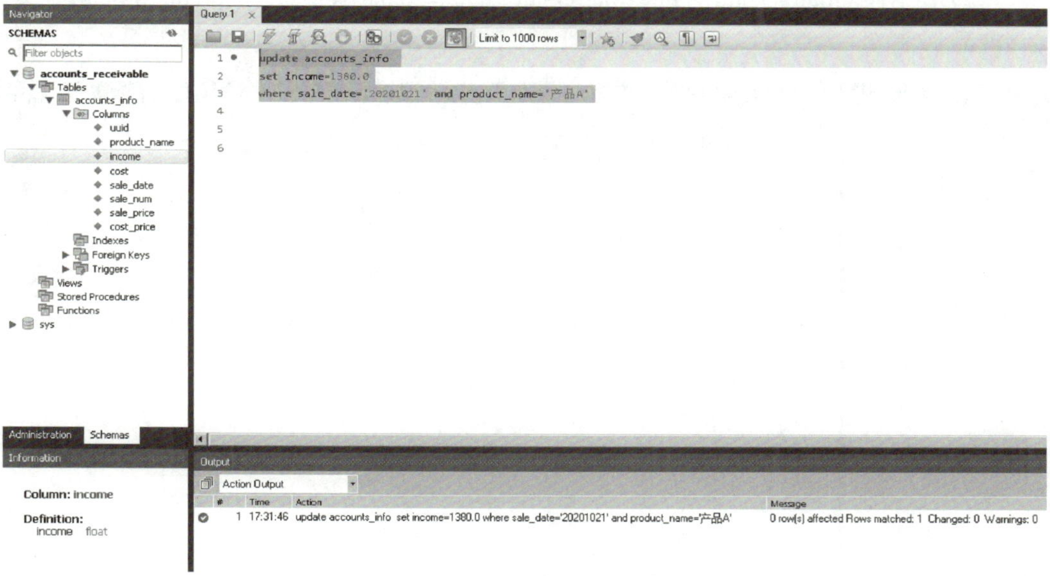

图 5.1-8　更新产品名称为“产品 A”的收入记录

如果出现报错“you are using safe update model”，那是因为数据库安全级别比较高，UPDATE 的 where 后面必须要有主键。这时候可以先降低安全级别，先执行“SET SQL_SAFE_UPDATES = 0;”语句，然后执行 UPDATE 语句。

（七）删除语句

有时候我们会发现输入了一条不需要的数据，想要删除它，该怎么做呢？

删除语句的语法如下：

DELETE FROM table_name [WHERE Clause]

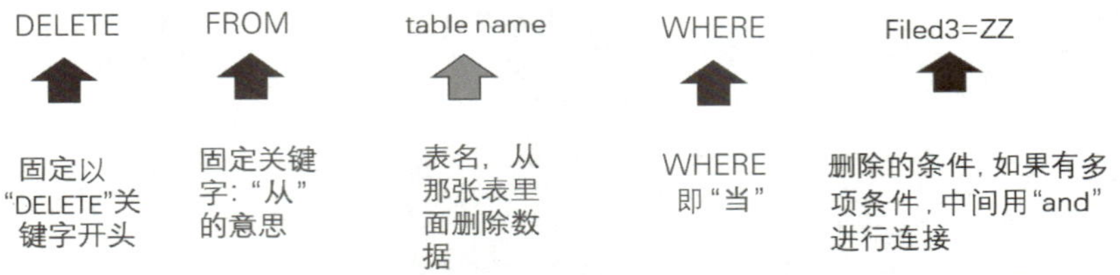

但是在进行删除表操作时要非常小心，因为执行删除命令后符合条件的数据都会消失。

图 5.1-9　DELETE 删除语法示意图

案例分析 6　删除表中记录

如果要将“20201021”这一天“产品 A”的收入记录删除，那么删除语句为

DELETE from accounts_info where sale_date = '20201021' and product_name = '产品 A'；

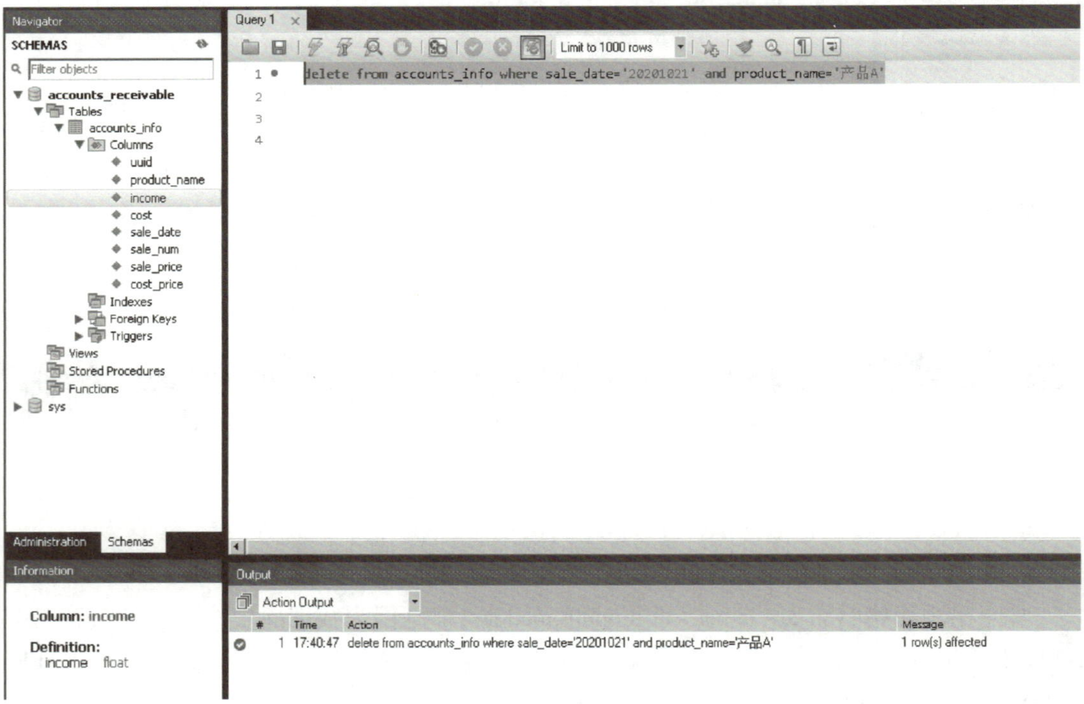

图 5.1-10　删除日期为“20201021”并且产品名称为“产品 A”的记录

这时候我们再次执行查询记录命令就会发现，已经查不到“20201021”这一天“产品 A”的收入记录了。

任务二 财务数据整理及分析常用的函数

任务描述

MySQL 提供了丰富的函数,包括数学函数、字符串函数、日期和时间函数、条件判断函数、系统信息函数、加密函数、格式化函数等。掌握 MySQL 中的函数语法以及理解与运用和财务有关的常用函数,对我们以后在财务工作中进行数据处理有很大的帮助。

案例导入

在 Excel 中,我们经常使用一些内置的函数来进行数据处理,那么在 MySQL 中有没有处理数据的函数呢? MySQL 也提供了与数据处理相关的函数,如计数、最大值、最小值、求和、分组和排序等。掌握这些函数,可以帮助我们提高工作效率。

知识储备

任务实施

一、MySQL 函数通用语法

鉴于需要较多的数据才能更好地体现出数据的分析与整理,这里我们就在产品销售表中插入 20 条语句。大家可以从以下地址下载后复制在自己计算机中的"Workbench 执行"文件夹下:https://qb.99onez.com/questionbank/apiWithOut/pythonDownload? fileName = insertSql.txt。

在 MySQL 中,函数的使用语法如下:

select 函数名(字段名称) from 表名 where XXX ='yyy'

其中视业务需求加 Where 条件。

二、财务整理与分析常用的函数

(一) 计数 (count)

最重要的聚合函数之一是 count( )函数,它从表中的列返回记录数。可以用 count( )函数来获取总共销售过几笔,SQL 语句为

select count(product_name) from accounts_info;

当然，count()函数里面的字段可以任意使用，这里我们只是统计销售过的交易数。

如果这时候我们要统计卖出多少种产品，会发现统计出来的产品有重复。那么怎么去重呢？这里介绍一个经常与 count()函数搭档使用的 distinct()函数——去重函数。参考代码为

select count(distinct(product_name)) from accounts_info;

结果为 10，因为将重复的“产品 A”去除了。

（二） 求和（sum）

每当处理与数字有关的列时，必然要检查它们的总和。MySQL 中统计总和用 sum()函数。大家可以先试着在自己的 Workbench 上写 SQL 语句，算出 accounts_info 表中收入总和是多少。

“select sum(income) from accounts_infosum;”语句中括号里面放的就是要统计的字段名，这样就能算出收入总和了。

（三） 最大（max）与最小（min）

在会计中，我们经常会碰到要统计最大值和最小值，例如，我们来统计一下 accounts_info 表中的最大销售量和最小销售量。

MySQL 求最大用的函数是 max()，求最小用的函数是 min()。大家可以先在自己的 Workbench 上练习，算出最大销售量和最小销售量。

首先，销售量的字段是“sale_num”，所以很快就能写出“select max(sale_num) from accounts_info;”单击“运行”，得出销售最好成绩是 100 件；写出“select min(sale_num) from accounts_info;”单击“运行”，销售最差成绩是 12.97 件。

（四） 分组（group by）和排序（order by）

很多时候我们要统计的不是一条条记录，而是一个个组别的数据。例如，我们要统计每种产品的销售量，就像“产品 A”有两条记录，就应该用分组的形式。

先介绍分组的语法，分组通常用“group by”字段名，“group by”通常是放在表名后面，如果有 where XXX = 'yyy'，则放在 where 条件后面。以查询所有产品的销售量为例，大家可以先尝试在 Workbench 上写代码。

参考代码：

select sum(sale_num) as sale_sum, product_name from accounts_info group by product_name;

分组 SQL 语句解析如图 5.2-1 所示。

图 5.2-1 分组 SQL 语句解析示意图

这时候就会发现每个产品的销售总和出现了，但是还不能一眼看出哪个销售量最高，所以还要进行排序。MySQL

的排序语法为“order by 字段名称”，“order by”需要放在表名之后，如果有 where 条件要放在“where”之后。大家可以先在自己的 Workbench 上尝试写代码。

参考代码：

```
select sum(sale_num) as sale_sum, product_name from accounts_info group by product_name order by sale_sum;
```

现在排序效果有了，但是我们需要把最高的销售量排在第一位，那怎么办呢？排序有两种，升序和降序。我们默认的是升序。升序使用关键字“asc”，降序使用关键字“desc”，具体语法为：order by 字段名 asc/desc。这里我们用刚才的语句写一个降序的 SQL。

参考代码：

```
select sum(sale_num) as sale_sum, product_name from accounts_info group by product_name order by sale_sum desc;
```

（五）绝对值（abs）

在实际工作中，很多地方需要用到取绝对值，那么在 MySQL 中如何使用绝对值函数呢？

MySQL 绝对值函数为 abs(字段名)，这样就能对针对的字段取绝对值了。因为我们的数据没有负数，所以取销售量减去 100 作为尝试。先看看销售量减去 100 的结果是怎样的。

参考代码：

```
select sale_num - 100 as newSale from accounts_info;
```

结果全部是负值(图 5.2-2)。

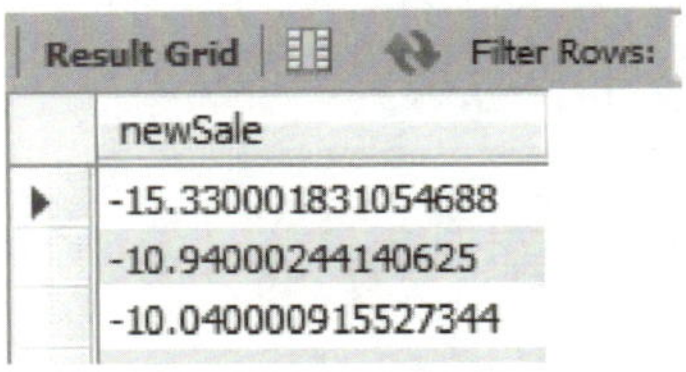

图 5.2-2　查询销售量减 100 的结果

现在来看绝对值怎么写。先尝试在本地的 Workbench 上写 SQL 语句。

参考代码：

```
select abs(sale_num - 100) as newSale from accounts_info;
```

使用了 abs()函数后，结果就都是正值了。

很多时候我们需要将数据进行小数点截取，不要小数，这时候通常有三种做法：

(1) 向上取整，比如 84.67 变成 85。

(2) 向下取整，比如 84.67 变成 84。

(3) 进行四舍五入，比如 89.06 变成 89，89.50 变成 90。

这三种做法分别对应的是向上取整函数 ceil()、向下取整函数 floor()、四舍五入函数 round()。

如果对 accounts_info 表中的销售数量 sale_num 进行向上取整，那么代码为

```
select ceil(sale_num) from accounts_info;
```

如果对 accounts_info 表中的销售数量 sale_num 进行向下取整，那么代码为

```
select floor(sale_num) from accounts_info;
```

如果对 accounts_info 表中的销售数量 sale_num 进行四舍五入取整，那么代码为

```
select round(sale_num) from accounts_info;
```

这里我们着重讲一下四舍五入 round()方法，这个方法不像向上、向下取整的结果只能

是整数，而是可以用于取指定位数的小数。例如，我们在取销售数量的时候，结果总是有很多位小数点，如果只想取两位小数点，那么该怎么写呢？

保留指定小数位并进行四舍五入的语法为：round（字段名，保留的小数位），大家可以在本地的 Workbench 上尝试写 SQL 语句。

参考代码：

```
select round(sale_num,1) from accounts_info;
```

任务三　工资表数据建模及关联关系设置

任务描述

数据库物理建模并建立表之间的关系是数据库设计中的重要环节。数据库建得怎么样，关系到以后系统的扩展、性能方面的优化以及后期的维护。本任务中我们学习如何使用 Workbench 进行 MySQL 数据库建模，并在建模完成后导出 SQL 脚本，再通过执行 SQL 脚本的方式进行数据库及表的创建。

案例导入

设计良好的数据库必然会包含许多表与表之间的关系，如果没有规划地逐个手动去创建，常常会导致表中字段的不合理和表间关系的错误。我们要学会使用专门的建模工具去完成数据库物理设计的工作，这会让我们快速高效地建立、部署、更新数据模型。

知识储备

任务实施

一、关联表建模

我们用上面的 SQL 工具——Workbench 来进行建模。

案例分析1　使用 Workbench 创建数据库模型与数据库表

（1）打开 Workbench，找到建模的图标，然后单击“Models”旁边的“⊕”，如图 5.2-3 所示。

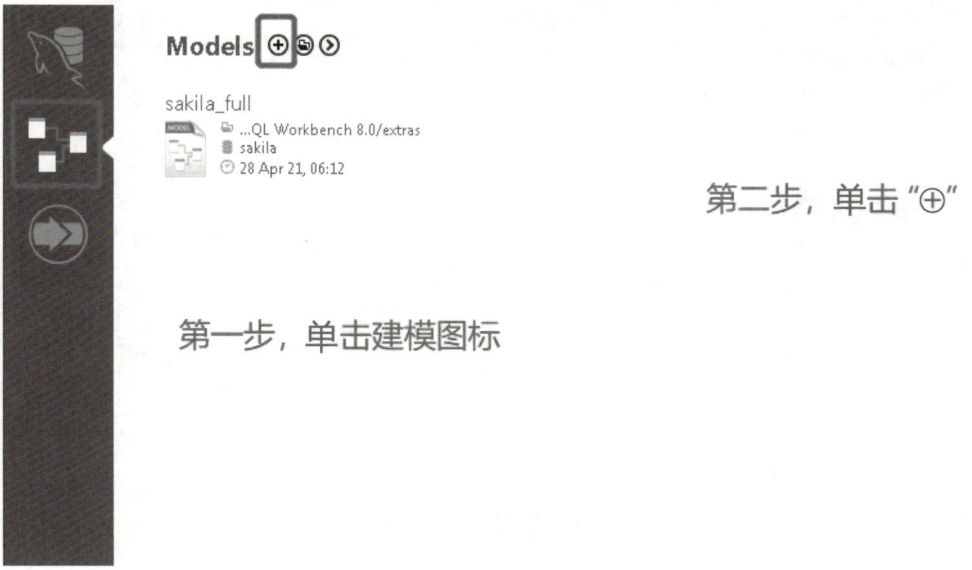

图 5.2-3 使用 Workbench 创建模型

（2）这时我们看到如图 5.2-4 所示的界面，双击“Add Diagram”。

图 5.2-4 添加图表

（3）这样就打开了模型编辑器，单击新建表的按钮，然后在编辑区任意位置单击一下，就会出现一张表了，如图 5.2-5 所示。

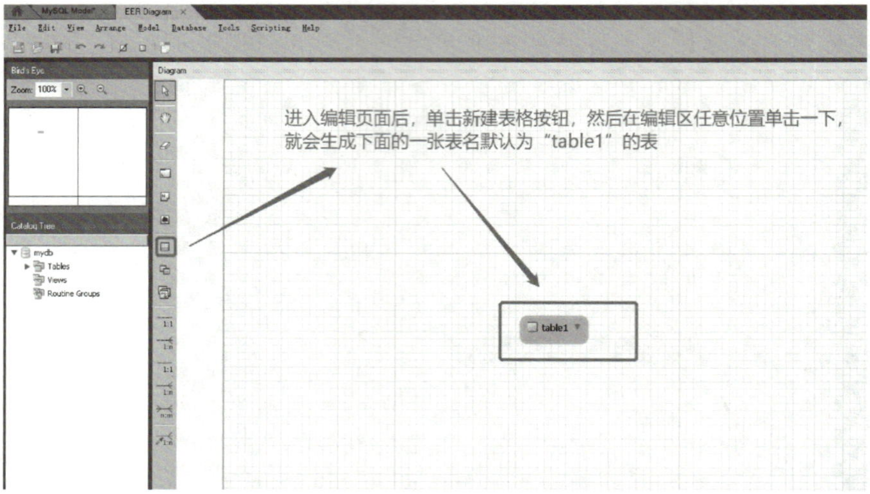

图 5.2-5　模型设计主界面

（4）我们先创建“员工薪资表”，双击“table1”图标，出现修改表名和字段的区域，表名和字段如表 5.2-1 所示。最终完成界面如图 5.2-6 所示。

表 5.2-1　员工薪资表字段

Salary_info		
字段	类型	描述
uuid	VARCHAR(32)	员工薪资 ID(主键)
Staffed	VARCHAR(32)	员工 ID
date	VARCHAR(32)	年月
saraly	FLOAT	工资

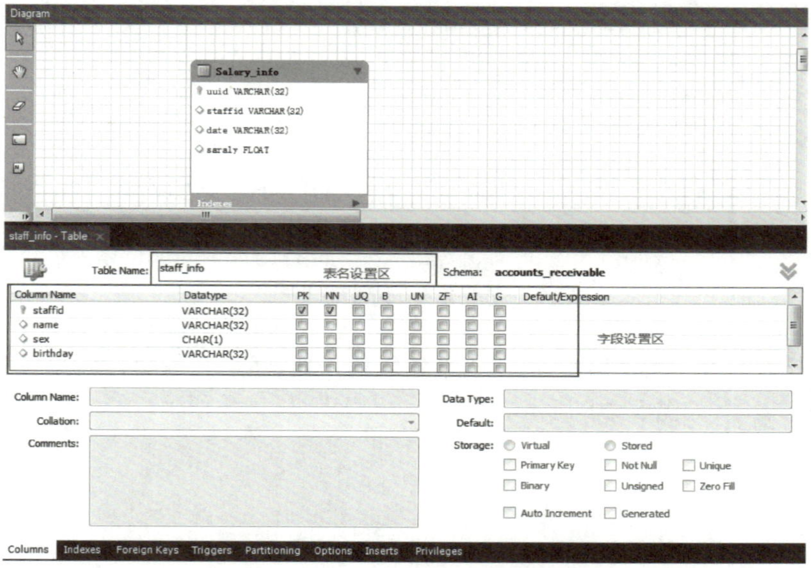

图 5.2-6　创建 Salary_info 表模型

（5）用上一步骤的方法新建另一个表——员工表（Staff_info），字段如表 5.2-2 所示，界面如图 5.2-7 所示。

表 5.2-2　员工表字段

Staff_info		
字段	类型	描述
StaffId	VARCHAR(32)	员工 ID(主键)
name	VARCHAR(32)	员工姓名
sex	CHAR(1)	员工性别
Birthday	VARCHAR(32)	员工生日

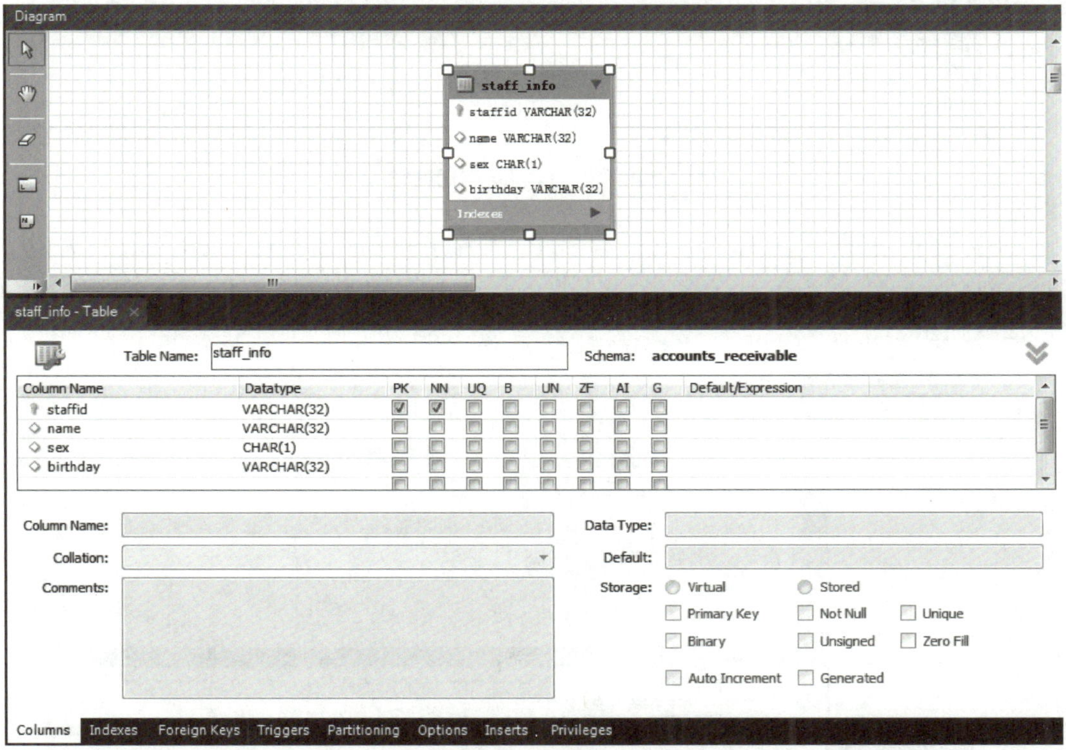

图 5.2-7　创建 Staff_info 表模型

二、表间关联设置

数据表创建完成后，需要设置各表之间的关联。

案例分析 2　使用 Workbench 设置表间关联

（1）分析表间关系。通过“staffed”进行关联，一个员工可以有多个薪资记录，比如

“202101”“202102”等月份，所以关系应该是一对多，也就是1:n。单击“1:n”按钮，然后单击Salary_info表，再单击Staff_info表，Salary_info表会自动添加一个“staff_info_staffid”字段作为Salary_info表的外键，用来与staff_info表的主键“staffid”建立关联，如图5.2-8所示。

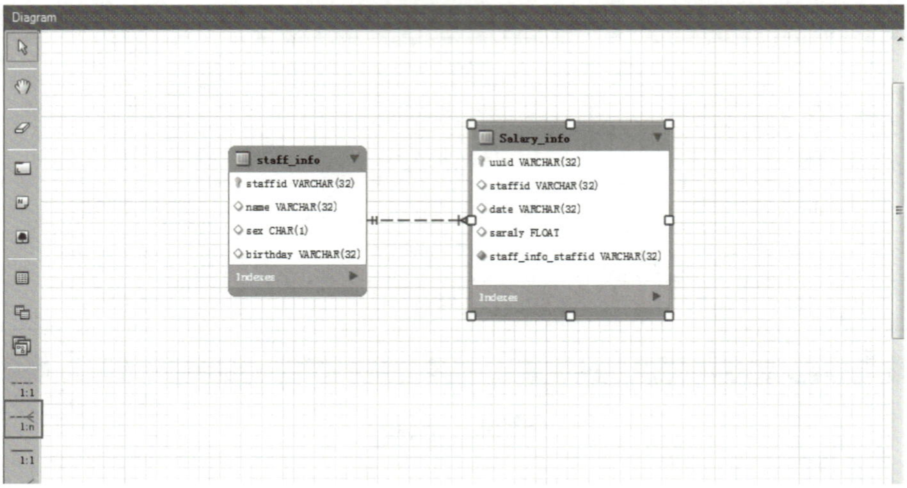

图5.2-8　模型间建立关联

（2）修改数据库名称，改成目标数据库名字——accounts_receivable，在左边的“accounts_receivable”上单击右键，出现“Edit Schema…”，单击鼠标左键，然后修改名字，如图5.2-9所示。

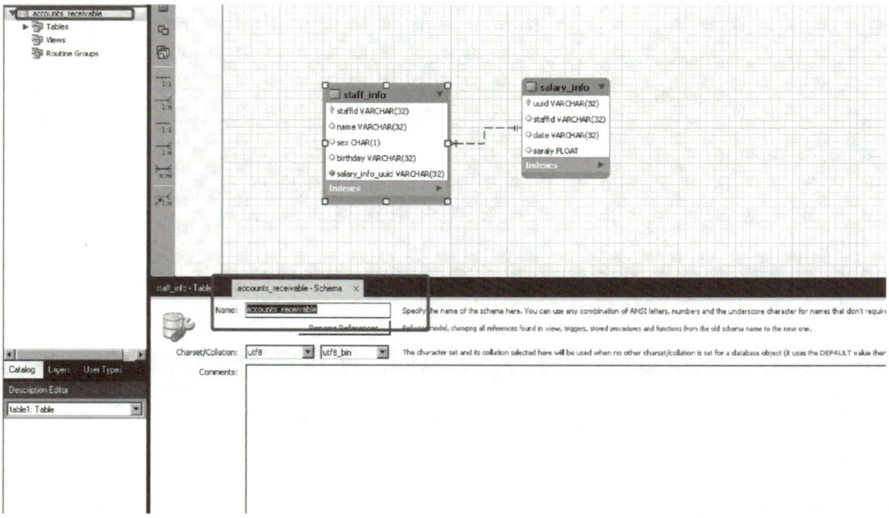

图5.2-9　修改数据库名称

三、SQL导出与执行

数据库模型建立完成后，要把这个模型生成对应的SQL脚本，然后在数据库中创建对应的表。

案例分析3　根据模型生成数据库

（1）在模型设计界面，执行"File→Export→Forward Engineer SQL CREATE Script"命令，如图5.2-10所示。

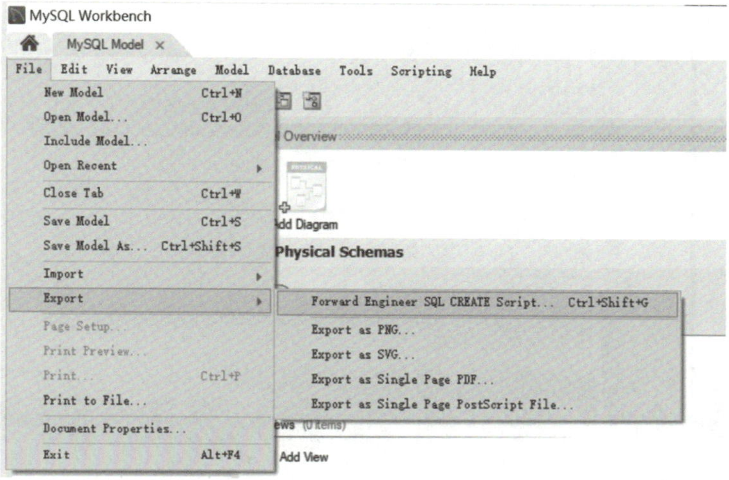

图5.2-10　将模型导出为SQL脚本

（2）选择SQL生成的文件夹位置，单击"Next"按钮，然后在新窗口中再次单击"Next"按钮（图5.2-11），最后单击"finish"按钮，建模生成SQL完毕。

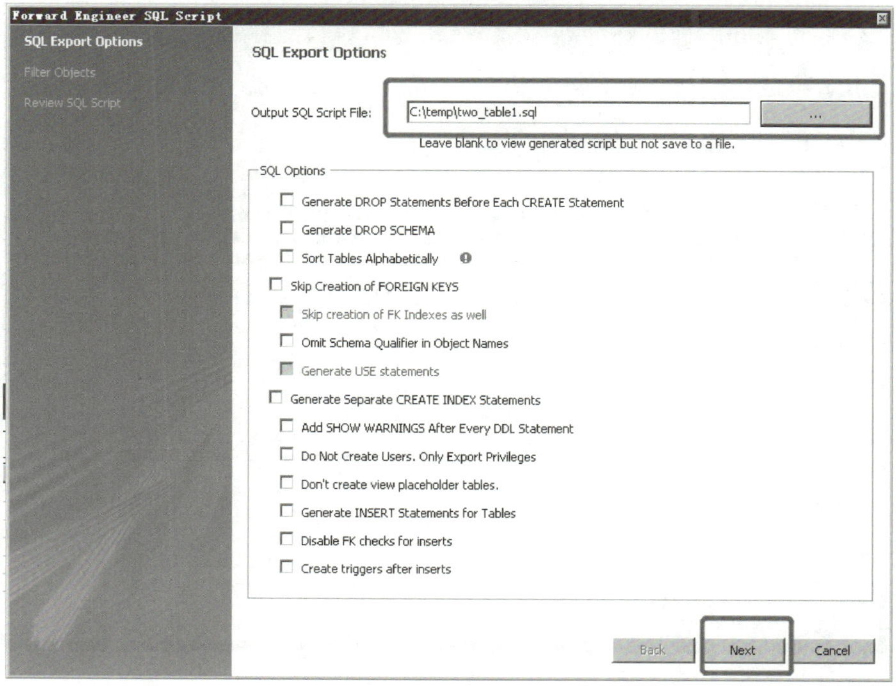

图5.2-11　指定SQL脚本文件存储位置

（3）单击左上角的“Home”按钮，登录到我们之前创建的数据库中，如图 5.2-12 所示。

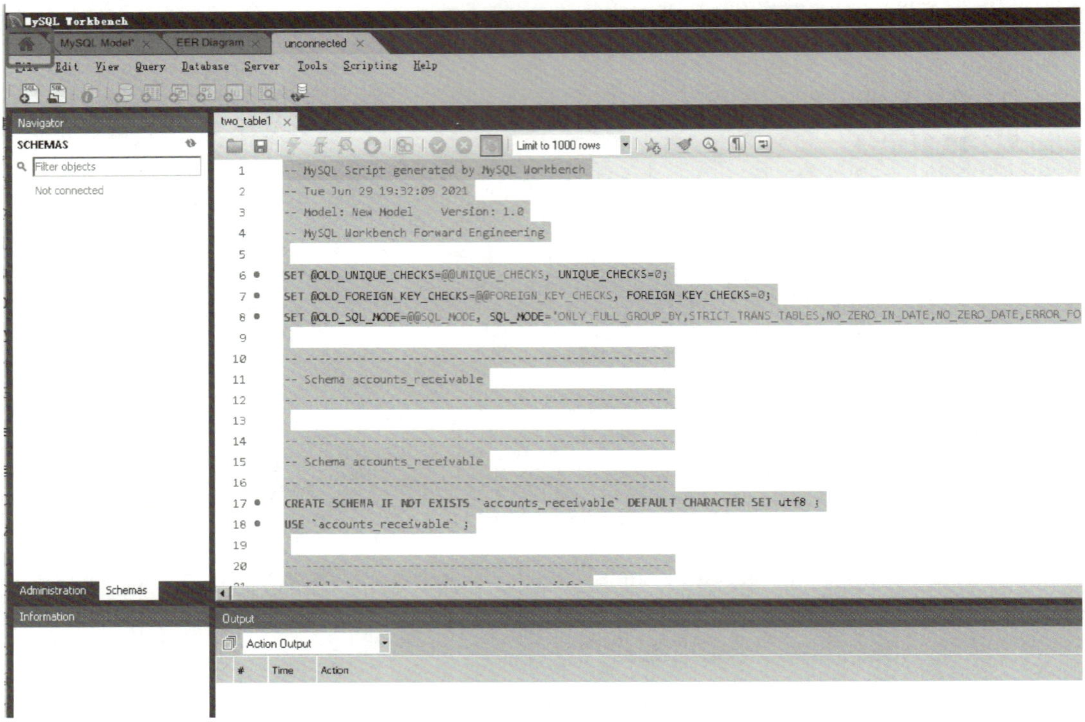

图 5.2-12　通过 Home 界面登录到 MySQL

（4）使用“打开”按钮打开刚才保存的 SQL 文件并执行，如图 5.2-13 所示。

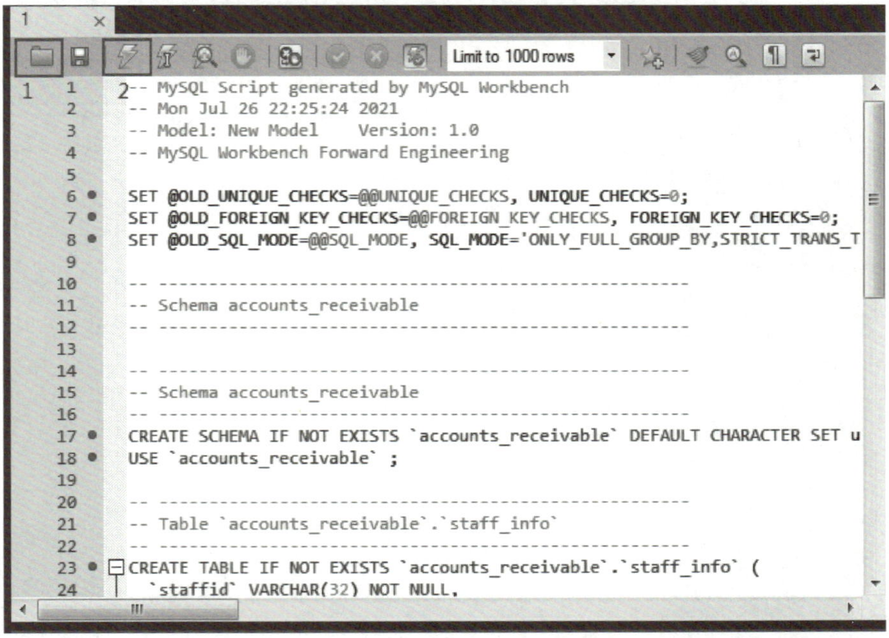

图 5.2-13　打开 SQL 文件并执行

单击“刷新”按钮刷新一下表，就能看到新增的两张表了（图 5.2-14），从建模生成 SQL 到生成表的步骤就此完成。

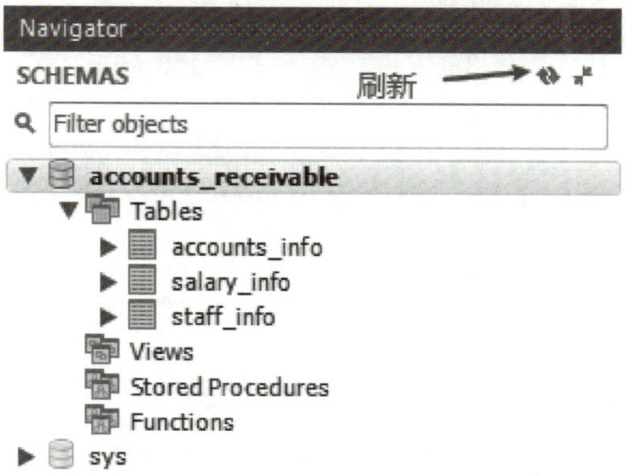

图 5.2-14　通过刷新显示新增的表

项目六

Python 语言基础

项目描述

在学习大数据之前，我们要先选择一门合适的开发语言。Python 具有 20 多年的发展历史，成熟且稳定。它包含了一组丰富而强大的标准库和大量的第三方库，能够轻松完成很多常见的任务，被应用在很多领域，如科学计算、图形处理、自动化运维、云计算、Web 开发、网络爬虫、数据分析、人工智能等。Python 的语法简洁清晰，不但入门容易，而且深入学习之后可以编写非常复杂的程序。

Python 在数据分析处理方面已经有很完备的生态环境。大数据分析中涉及的分布式计算、数据可视化、数据库操作等，Python 中都有成熟的模块可以选择完成。掌握 Python 这门语言，并将其应用到工作中去，这对于我们是十分有益的。

学习目标

1. 了解 Python 及其在财务工作中的意义。
2. 掌握 Python 运行环境的搭建与项目的创建。
3. 掌握 Python 基本语法与函数的运用。
4. 掌握 Python 数据类型与表达式。
5. 掌握 Python 的数据结构。
6. 掌握 Python 的控制语句。

任务一　财会人员为何要学习 Python

任务描述

作为财会人员要了解当下的前沿信息技术，并与时俱进、不断学习。本任务介绍 Python 在大数据应用方面的优势，并比较 Python 与 Excel 在数据处理方面的差异。掌握 Python 语言并让其为我们的工作服务,将会为我们带来很大的价值提升。

案例导入

有了数据库用于大数据的存储,那么如何使用这些大数据呢?如何挖掘这些大数据并进行可视化分析?如何根据分析结果进行行为预测?如何制作财务模型?传统的 Excel 处理手段已经满足不了需求,我们需要一个简单易用、在大数据方面有较强能力的处理方式。目前越来越多的 Excel 数据分析师都在转向使用 Python 的 Pandas 库。

知识储备

一、Python 语言在大数据应用方面的优势

要想将数据变为信息资产,需要两个步骤,第一步是获取数据源,第二步是进行数据处理。要实现这两步,首选就是 Python。在获取数据源方面,很多企业和个人除了挖掘自身有限数据外,都会通过挖掘互联网上的相关数据来形成自己的数据资料。

Python 网络爬虫正是获取互联网数据的利器。爬虫框架 Scrapy,HTTP 工具包 Urlib2,HTML 解析工具 Beautiful Soup,XML 解析器 Lxml,等等,都是很好用的类库。

同时,在数据处理方面,Python 强大、简便、灵活的数据处理能力也是非常受欢迎的。作为财务人员,技术的发展带来了新的机遇和挑战,我们在适应技术、应用技术实现自身价值的过程中,首先要有一个切入点,去了解技术世界的一些运行规则。而 Python 就是非常适合的一个切入点。同时,对于经常与 Excel 打交道的财务人员而言,Python 也是在实际工作中提高工作效率的一个利器。

很多财会人员在初学 Python 时都会问一个问题:Python 中常用的数据处理功能用 Excel 也能实现,二者实现的功能是一样的,为什么还要学习 Python 呢?学习 Python 对于财务人员究竟有哪些必要性呢?

(1) 在处理海量数据、进行复杂的逻辑计算方面,Python 的效率都高于 Excel。

当数据量不大,数据以数值为主,且是较为简单的逻辑计算处理时,我们用 Excel 基本就够了。而当我们需要一些更强大的功能,比如对多张数据表灵活切换、分组、聚合、索引、排序,并且要嵌套使用各种函数时,或者用到一些复杂的财务模型、统计方法时,经常会发现数据表格使用不便的情况。这个时候,如果是用 Python 的 Pandas 库进行更高阶的表格处理就会高效、方便很多。

(2) 运用 Python 可以方便实现数据可视化。

Python 在数据可视化图表展示方面非常灵活方便。数据可视化对于发现有价值数据和展示结果是非常重要的,除了财务人员,几乎所有人在面对密密麻麻的数据时都很烦恼,如果把密密麻麻的数据直接呈现给决策者或数据使用者,这些数据可能会被当作废纸,那么财务人员的价值就没有得到体现。

目前市面上有一些现成的商业智能分析软件,比如 Power BI,可以运行 Python 脚本,有

图形化的操作界面，可以更加直观地展现分析结果，能够帮助数据使用者抓取数据本质。Python 语言在数据可视化方面也有很多功能强大的库，比如 Pyecharts。使用编程语言相比现成的软件的好处就在于更灵活，可以更好地适应个性化、特殊化的需求。Python 的其他库，如 Plotly 和 D3 可以将数据可视化为交互式图表和图形，这些图表和图形比 Excel 可以使用的少数图表和图形更具创意和视觉效果。

（3）运用 Python 可以轻松实现自动化。

运用 Python，可以很轻松实现对 Excel、Word、PPT、PDF 的批量操作。比如运用 Python 可以很方便地处理 Excel 表格数据，对表格进行读取、写入、批量修改格式等。同时，在财务工作中，我们经常需要写一些工作总结、分析报告等，通过 Python 可以对 Word 和 PPT 文档进行批量读写和生成。随着电子发票的普及，很多业务中都会涉及通过电子邮件收取发票，这样大量重复的日常工作，财务人员可以用 Python 实现自动化收取，轻松搞定。

Python 中数据操作和数据分析代码可以保存为脚本，多次重复使用。

Python 可以自动处理重复性任务，当我们写好一个 Python 脚本后，可将其用于所有相似的 Excel 文档的处理。

例如，我们需要制作一份包含销售业绩的各种细分维度的月度报告，这意味着每个月需要做 10 个以上不同的图表。如果我们想每个月在 Excel 中重新制作该报告，就必须提取数据，制作 10 个以上数据透视表或图表，然后将它们复制到 PowerPoint 演示文稿中。Python 让我们无须每个月从头制作这些 Excel，而是可以进行自动化处理，每月只需要单击运行，便可以生成对应的 Excel 文档。

（4）运用 Python 可以灵活制作财务模型，进行预测分析。

在财务工作中，我们经常会用 Excel 创建各种各样的财务模型，以便满足不同的财务预测、分析、决策需要，应用 Python 能够更加轻松灵活地进行财务建模，实现财务核算及报告、财务预测及分析等。Python 的强大之处在于可以直接使用人工智能和机器学习的库，生成对应预测和预测模型，这一点 Excel 很难做到。

二、掌握 Python 语言，能让会计人员在企业数字化转型过程中拥有主动权

在技术飞速发展的今天，企业数字化转型已经成为其顺利发展的必然选择，而在数字化转型过程中，势必会有越来越多的企业要么引入外部标准数字化平台，要么自行开发数字化平台。财务人员如果掌握了 Python 语言，一方面是多了一分职业竞争力；另一方面，如果能自己亲自编写一个符合需要的程序，则可以主动控制其运行方式，特别是在遇到特殊情况时，自主编写代码可实现外部标准数字化平台所没有的功能，不需要再单独安装和学习使用其他数字化平台，也不必等待外部平台供应商来解决问题。

任务二 财会人员的第一行 Python 代码

任务描述

工欲善其事，必先利其器，本任务先介绍搭建本地环境与使用线上教学平台学习 Python 的方法，接着介绍 Python 中输出函数及函数参数的概念，最后介绍输入函数的应用。

案例导入

如何写出 Python 代码并运行？学习 Python 必须要先有 Python 环境。理解并掌握 Python 代码书写及函数有助于进一步深入学习。

知识储备

一、环境的搭建

学习 Python，要有对应的环境来编写、运行代码。我们可以自己一步步地进行 Python 环境的搭建：官网下载安装 Python，安装集成开发环境（IDE），安装各种第三方库。整个过程进行下来比较烦琐，而且第三方库的下载可能会遇到各种问题。为了降低环境搭建的复杂性，我们使用 Anaconda，在 Windows 下仅仅通过点点鼠标就可以完成 Python 环境的搭建。

（一）Anaconda 介绍

Anaconda 是一个开源的 Python 发行版本，其包含了 Conda、Python，Numpy、Pandas 等 180 多个科学包及其依赖项，还包含了 Jupyter notebook、JupyterLab、Spyder 等编辑器。Jupyter notebook 以网页的形式打开使用，可以在页面中直接编写代码和运行代码，代码的运行结果也会直接在代码块下显示，用于数据分析非常方便。JupyterLab 是包括了 Notebook 的下一代用户界面，功能较 Notebook 更强大，更像是一个 IDE。

（二）Anaconda 安装

Anaconda 可以在 Windows、macOS、Linux 系统平台中安装和使用，我们下面以 Windows 平台为例进行安装。

1. 下载

可以通过以下两个地址进行 Anaconda 的下载：

官方网站：https://www.anaconda.com/products/individual#windows（图 6.2-1）

图 6.2-1　官网中下载 Anaconda

在网站中，找到上图位置，点击“Download”，即可下载 Windows 最新版本。也可以点击下面的三个图标  ，进行更多的版本选择，进行下载。

清华镜像：https://mirrors.tuna.tsinghua.edu.cn/anaconda/archive/（图 6.2-2）

网站中从上到下包含了 1.4 版本至最新版本的各平台下的安装包，可以拖动浏览器滚动条至最底端，选择适合自己系统的安装包下载。

Anaconda3-5.3.1-Linux-x86.sh	527.3 MiB	2018-11-20 04:00
Anaconda3-5.3.1-Linux-x86_64.sh	637.0 MiB	2018-11-20 04:00
Anaconda3-5.3.1-MacOSX-x86_64.pkg	634.0 MiB	2018-11-20 04:00
Anaconda3-5.3.1-MacOSX-x86_64.sh	543.7 MiB	2018-11-20 04:01
Anaconda3-5.3.1-Windows-x86.exe	509.5 MiB	2018-11-20 04:04
Anaconda3-5.3.1-Windows-x86_64.exe	632.5 MiB	2018-11-20 04:04

图 6.2-2　清华镜像网站中下载 Anaconda

以框中的文件名为例，Anaconda3 -5.3.1 代表了版本，Windows 代表了操作系统，x86_64 代表的是 64 位平台。

2. 安装

以管理员身份运行下载完成的文件，启动安装程序（图 6.2-3）。

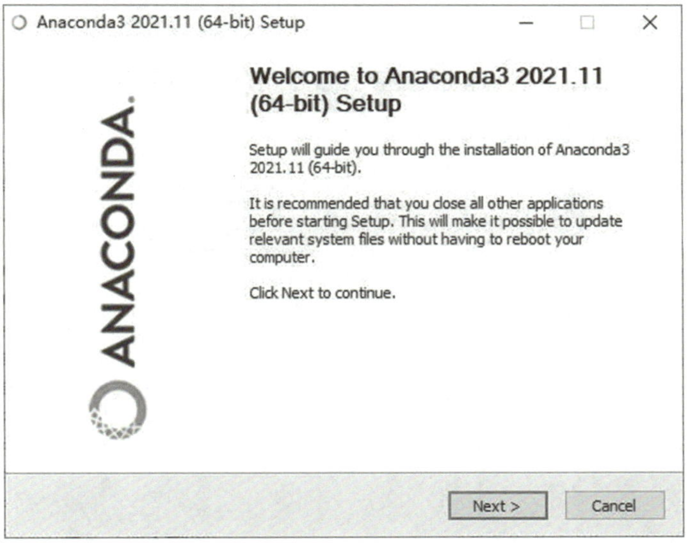

图 6.2-3 Anaconda 安装界面 1

依次点击“Next”→“I Agree→“Next” →“Next” →“Install”，安装程序开始安装文件，安装完成后显示如图 6.2-4 所示界面。

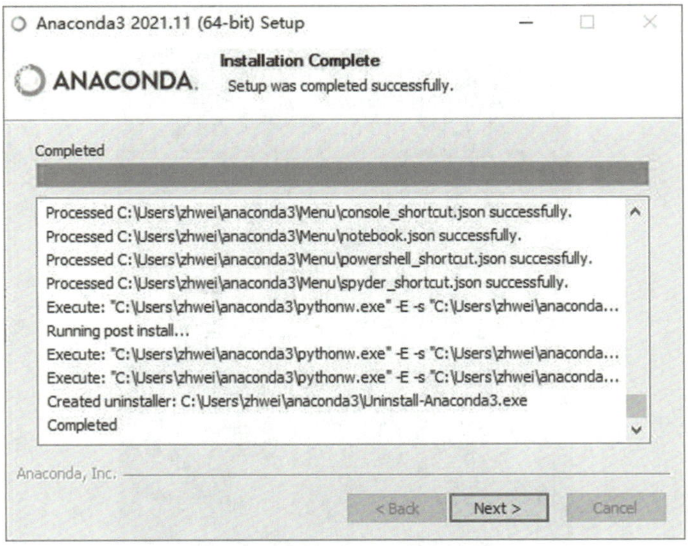

图 6.2-4 Anaconda 安装界面 2

然后依次点击“Next”→“Next”，来到安装最后一个界面（图 6.2-5）。

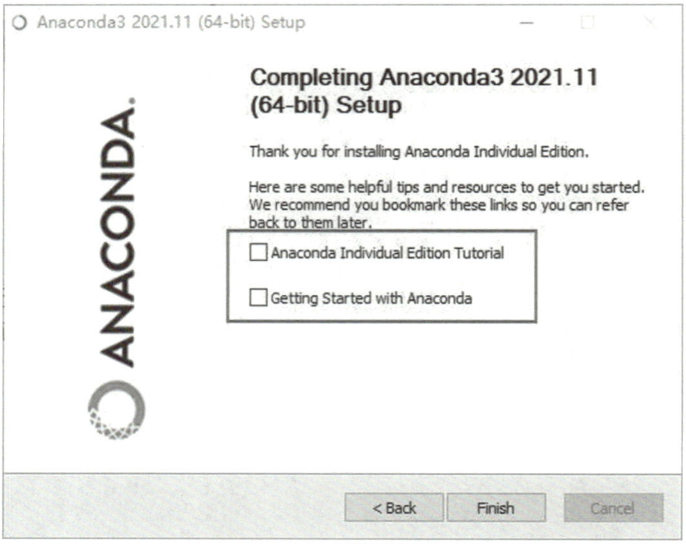

图 6.2-5　Anaconda 安装完成界面

在这里,取消框中的两个选择,点击“Finish”,安装程序结束,完成安装。

3. 运行

点击“开始”→“Anaconda3(64 – bit)”→“Anaconda Navigator(anaconda3)”(图 6.2-6)。

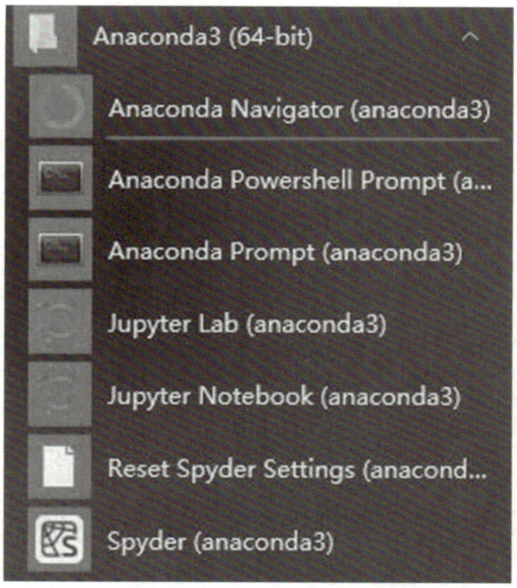

图 6.2-6　运行 Anaconda Navigator 程序

启动成功后出现如图 6.2-7 所示界面,表示 Anaconda 安装成功。

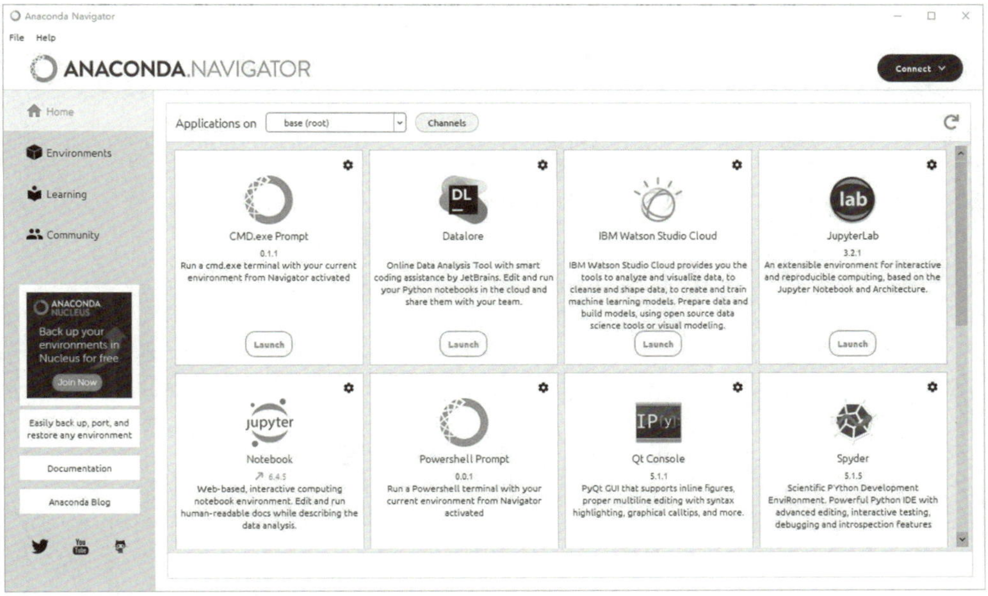

图 6.2-7 Anaconda Navigator 主界面

（三）JupyterLab 的使用

1. 运行

点击 Anaconda 主界面中“JupyterLab”下的“Launch”按钮，启动 Jupyterlab（图 6.2-8），程序会自动在浏览器中打开 Lab 页面地址：http://localhost:8888/Lab。

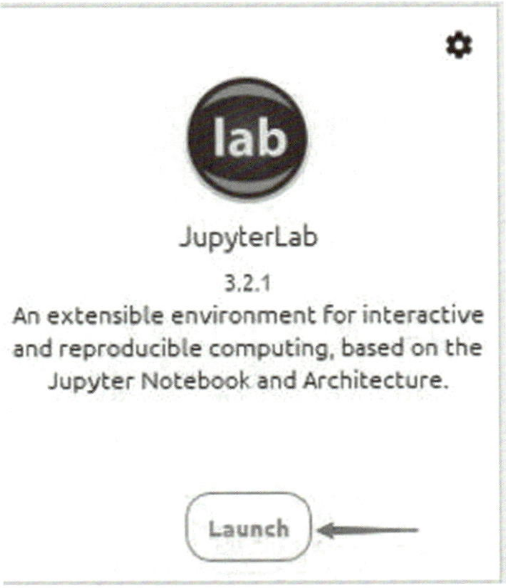

图 6.2-8 运行 JupyterLab

点击“Notebook”下的“Python3”按钮，新建一个文件，我们可以在这个文件中书写并运行代码（图 6.2-9、图 6.2-10）。

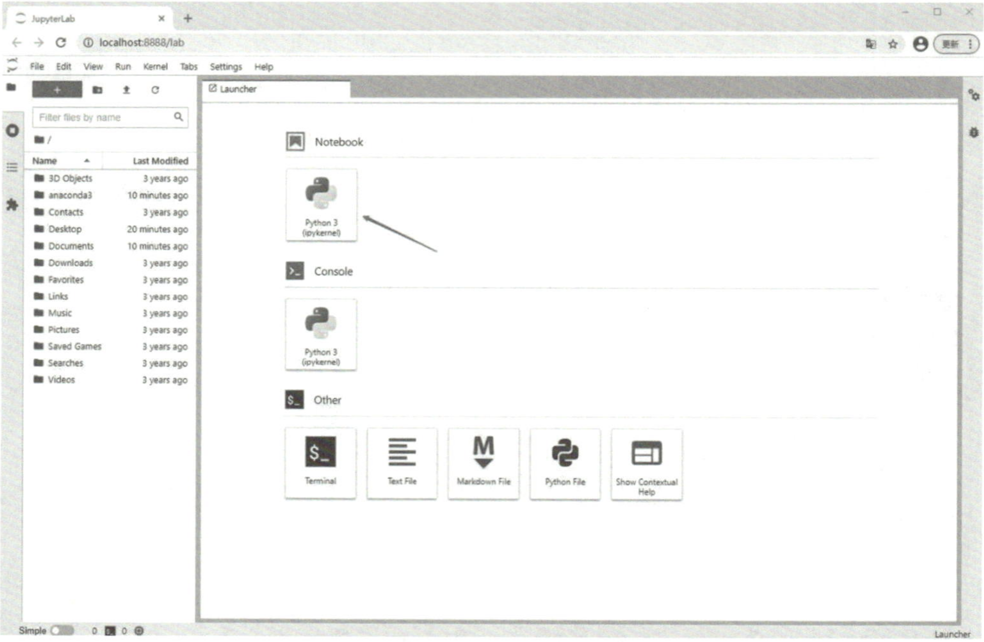

图 6.2-9　JupyterLab 运行成功主界面

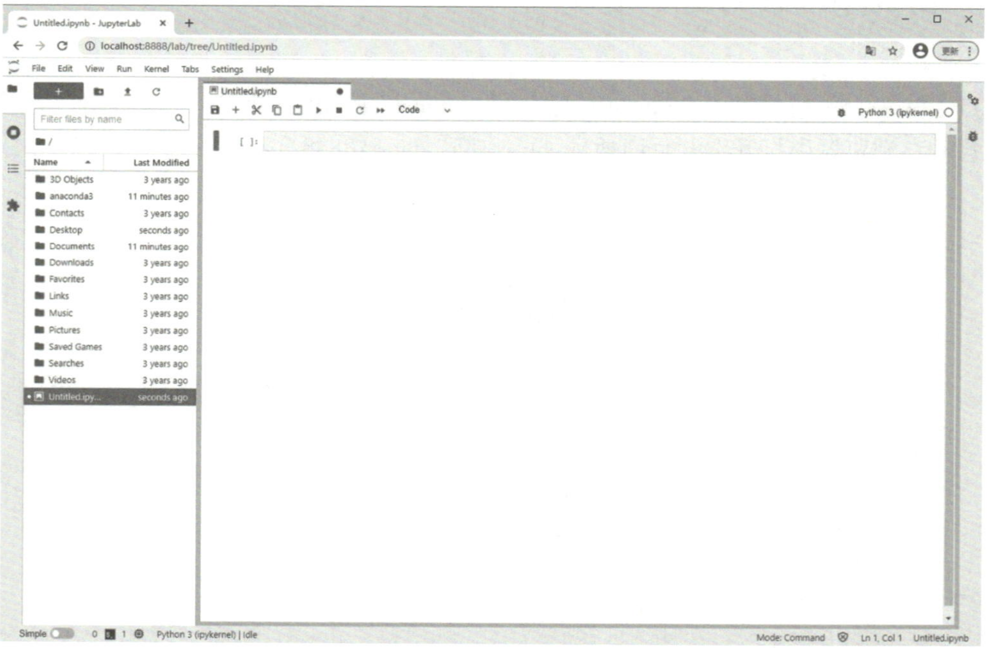

图 6.2-10　JupyterLab 创建 Python 文件后界面

2. JupyterLab 界面及主要功能(图 6.2-11)

(1) 各菜单功能。

文件：与文件和目录相关的操作。

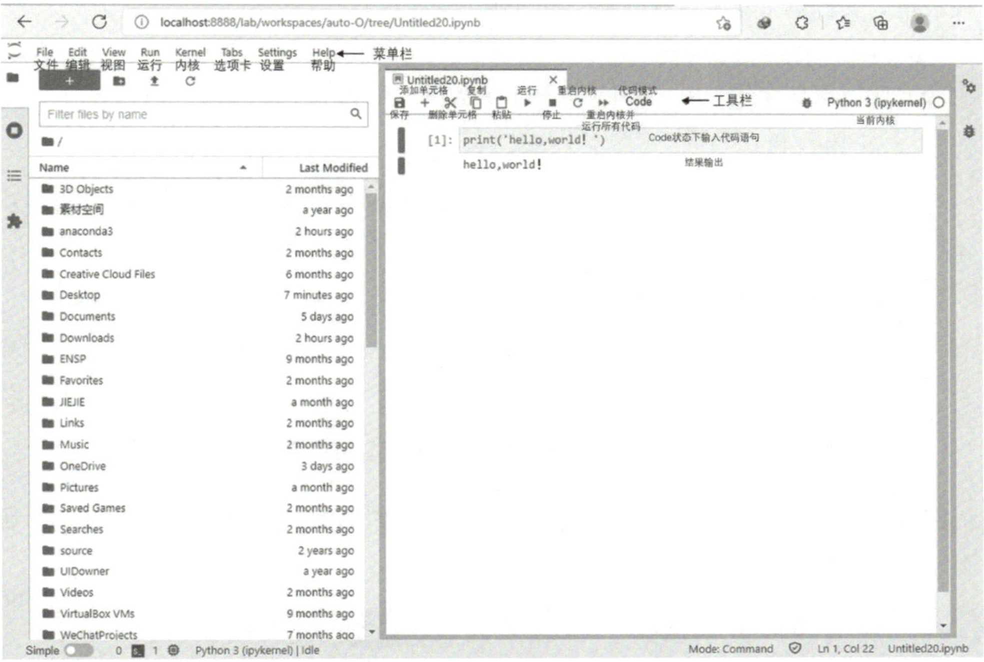

图 6.2-11 JupyterLab 创建 Python 文件后界面功能介绍

编辑：与编辑文档和其他活动相关的操作。

视图：改变 JupyterLab 外观的操作。

运行：用于在不同活动（如笔记本和代码控制台）中运行代码的操作。

内核：管理内核的操作，内核是运行代码的独立进程。

选项卡：停靠面板中打开的文档和活动的列表。

设置：常用设置和高级设置编辑器。

帮助：JupyterLab 和内核帮助链接列表。

（2）工具栏按钮功能。

点击“ ”保存当前文件，写代码时要随时注意保存，以免发生意外，使代码丢失。

点击“+”号会新增一个单元格供我们书写代码。

点击“ ”号会删除一个单元格，如意外删除，可在保存前使用 Ctrl + Z 键进行撤销。

点击“ ”号会运行当前单元格内代码，并跳到下一单元格，如当前是最后一个单元格，则新增一个单元格。可使用快捷键 Ctrl + Enter 来仅运行当前单元格。

点击“ ”，会重新启动内核，当不能正常运行代码或出现内核错误时使用。

二、第一行 Python 代码

对于初学者来说，能够编写和运行 Python 代码是小有成就的一件事，那么让我们一起来试一下吧！

首先，打开 JupyterLab。打开步骤：开始→Anaconda3（64 - bit）→Anaconda Navigator（anaconda3）→点击 JupyterLab 下的“launch”→点击 Notebook 下“Python3”。

在新建的文件第一个单元格中输入以下代码：

print(‘hello accountant’)

输入完成后按快捷键 Ctrl + Enter 或▶按钮来执行单元格中的代码。运行通过后的结果如图 6.2-12 所示。

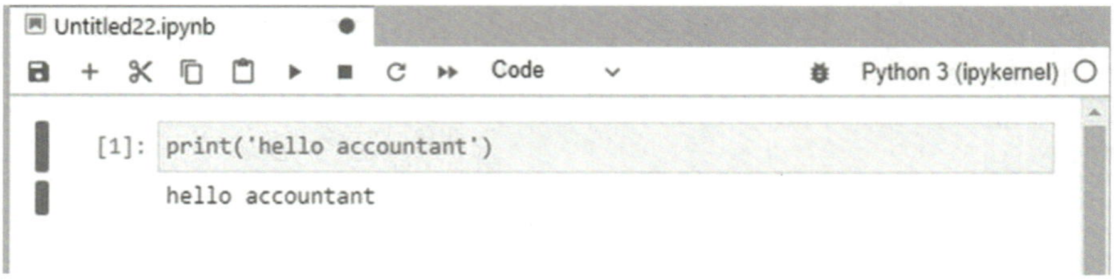

图 6.2-12　编写代码并运行成功界面 1

下面可以试着把“hello accountant”换成任意的字符或汉字，再执行看看结果。例如：

print(‘您好，会计’)（图 6.2-13）

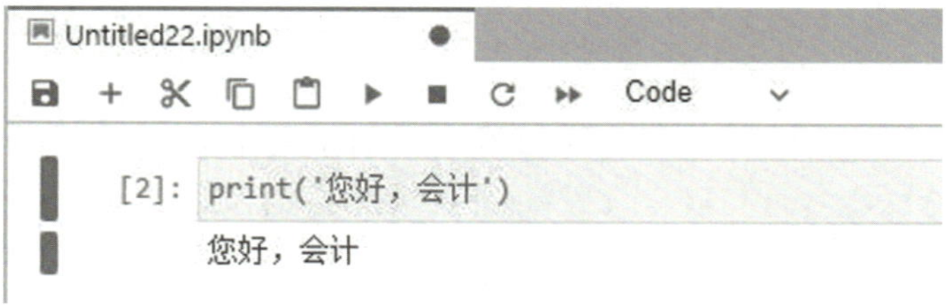

图 6.2-13　编写代码并运行成功界面 2

运行通过，则会显示中文的‘您好，会计’。如果有错误，请仔细检查代码。在 Python 中，代码的书写要注意：

（1）区分大小写，“Print()”与“print()”是不同的，要正确书写。

（2）避免不必要的空格。

（3）要在英文状态下输入，代码中除了汉字，其他如符号、标点都应在英文状态下输入。

三、函数和参数

我们来分析一下刚才的这条代码，代码中的“print()”是 Python 的内置函数，括号里的‘您好，会计’则是我们根据自己的需求去设置的参数。

什么是函数呢？函数是一种组织好的，可重复使用的，实现一定功能的代码段。

在 Python 中，函数有内置函数与自定义函数两种。内置函数是 Python 提供的已经实现好功能的函数。上面运行的 print() 函数就是内置函数，我们只需要按它的格式简单地使用它，就能完成一定的功能，无需了解它的实现过程，类似于 Excel 中提供的函数。

很多函数的调用是需要输入参数的，参数就是输入到函数中让其处理的数据。可以把函数想象为一个加工机器，把数据（参数）输入进去，经过函数内部处理，输出来的就是我们想要的数据。

当内置函数无法满足我们处理数据的需求时，可以自定义一个函数，自己写代码实现想要的功能，这被叫做自定义函数。

例如：我们自定义一个函数，实现在用户输入的数据后面加上“你好，会计！”，再返回给用户的功能。代码参考如图 6. 2-14 所示。

```
1 #自定义函数myprint
2 def myprint(str):
3     print(str+"你好，会计！")
4     return
5 
6 #使用自定义函数myprint
7 myprint('会计大数据基础。')
```

```
会计大数据基础。你好，会计！
```

图 6.2-14 自定义函数及调用演示

我们分析一下上述代码：

(1) 第一行，#开头代表这是一个注释，是给阅读代码的人看的，Python 并不执行它。

(2) 自定义函数从第 2 行开始，以 def 关键字开头，后接的是自定义函数的名称 myprint 和小括号( )。如果函数需要获取用户提供的数据，则在小括号里面给它命名，如本例中的 str。本例中要接收用户输入的一个数据，接收后的数据放到 str 中。

(3) 第 3 行至第 4 行，以四个空格缩进，代表了它们是 myprint( ) 函数下面的语句，属于 myprint( ) 函数体。其先是调用了内置函数 print( ) 输出用户的数据加上“你好，会计！”，然后使用 return 语句返回。

(4) 第 6 行是个注释语句。

(5) 第 7 行是在程序中调用我们的自定义函数，并给它输入一个参数“会计大数据基础。”

最后经过 myprint 函数处理后，输出的是“会计大数据基础。你好，会计！”。

在学习之初，我们可以仿写代码，随着学习的不断深入以及练习的积累，我们很快就会掌握 Python 的基础语法规则。

四、输入函数

有输出就有输入，接下来，我们学习输入函数。如果我们想要用更加灵活的程序输出我们想要的东西，就需要用输入函数 input( ) 与计算机对话，将对话的结果输出。

案例分析 3　input 函数的使用

首先，让我们通过一段代码来看看 input( ) 函数是如何使用的。

在教学平台自带的在线编辑器中输入

```
rule = input('请输入借贷记账法的记账规则(按 Enter 结束输入)')
print(rule)
```

单击“运行”按钮，可看到运行通过后的结果（图 6.2-15）。

```
rule=input('请输入借贷记账法的记账规则(按Enter结束输入)')
print(rule)
```

运行

请输入借贷记账法的记账规则(按Enter结束输入)

图 6.2-15　input 函数示例代码及运行结果

在函数括号内写出“请输入借贷记账法的记账规则”这一问题，input( )函数会将此问题原样显示在屏幕上，并在终端区域等待你针对此问题的回答。

我们发现当输入我们认可的记账规则之后，不会有任何提示，那么怎么找到刚刚输入的回答？答案其实已经存储到了 rule 变量里。

这个时候我们把 input 和 print 组合在一起，可形成一段完整的对话（图 6.2-16）。

```
rule=input('请输入借贷记账法的记账规则(按Enter结束输入)')
print('借贷记账法的记账规则为'+rule)
```

运行

请输入借贷记账法的记账规则(按Enter结束输入)
借贷记账法的记账规则为

图 6.2-16　input 函数和 print 函数组合示例代码及运行结果

如果我们不回答会怎样呢？input( )就像大门一样，一直处于敞开状态，只有当我们输入信息之后，它才会继续执行下面 print 的命令。

在后续的内容讲解中，可能会经常用到 print( )和 input( )两个函数，请大家多练习，掌握它们。

任务三　会计信息与 Python 数据类型

任务描述

理解并掌握 Python 中数字与字符串数据类型、常用的运算符、数据类型之间的转换函数以及日期和时间的处理。

案例导入

最简单的加减乘除运算在 Python 中如何实现？一些文本字符如何处理？比如“hello, python”一共有多少个字符？第 5 个字符是什么？获取到的字符“123”，如何把它变为数字？在 Python 中如何处理日期和时间？下面我们学习这些基本而重要的内容。

知识储备

一、数字

数字可以分为整数和浮点数两种。

（一）整数

这里的整数相当于数学中的整数概念，包括正整数、0、负整数。整数的英文为 integer，简写作 int。图 6.3-1 代码中的数字都是整数。

```
a = 1
b = 0
c = -15250
```

运行

图 6.3-1　将整数赋值给变量示例代码

（二）浮点数

浮点数，相当于数学中的小数，不受长度的限制，它比整数多了一个小数点。浮点数的英文是 float，与整数（int）不同，浮点数没有简写。图 6.3-2 代码中的数字都是浮点数。

```
a = 1.0
b = -21.9
c = 0.0
d = -90.
```

图 6.3-2　将浮点数赋值给变量示例代码

二、字符串

字符串，顾名思义，就是由一个个字符连接起来的组合。组成字符串的字符可以是数字、字母、符号、汉字等。字符串的内容须置于引号内，引号可以是单引号、双引号或三引号，且必须是英文状态下的引号（图 6.3-3）。Python 三引号允许一个字符串跨多行，字符串中可以包含换行符、制表符及其他特殊字符，其写法是一对连续的单引号或者双引号（通常都是成对使用）。字符串的英文为 string，简写为 str。

```
print('hello,accountant')
print('您好，会计')
```

运行

```
hello,accountant
您好，会计
```

```
entry='''借：货币资金  3000
贷：银行存款  3000'''
print(entry)
```

运行

```
借：货币资金  3000
贷：银行存款  3000
```

图 6.3-3　字符串应用示例代码及运行结果

（一）字符串截取

字符串是一种字符的序列，序列中的每个元素都会分配一个数字，称为索引值，也可以叫作下标（图 6.3-4）。

图 6.3-4　字符串“PYTHON”

如图 6.3-4 所示，字符串是“PYTHON”，一个字符就是长度 1。从左到右索引视为正索引，默认从 0 开始，依次往下排；从右到左索引视为负索引，默认从 -1 开始。所有的字符都按照这个规律去排列，即索引值。

通过公式 name_new = name[开始索引:结束索引]，就可以读取字符中的任意片段。

具体看代码，就可以很好地理解，如图 6.3-5 所示。

```
s = '中国建设银行'
print(s[0])
print(s[-1])
```

运行

```
中
行
```

图 6.3-5　字符串按位截取示例代码及运行结果

在读取时，截取的字符串包含左边界，也就是开始索引的位置，但是不包括右边界，也就是结束索引的位置。

那如果只写开始索引或者结束索引可以运行吗？我们来看看代码的运行结果（图 6.3-6）。

```
s = '中国建设银行'
print(s[0:])#结束字符位为空，表示取到尾。
print(s[:6])#开始字符位可以为空，表示取到头。
```

运行

```
中国建设银行
中国建设银行
```

图 6.3-6 字符串范围截取示例代码及运行结果

（二）字符串合并

字符串的合并是使用运算符“+”进行连接的，可以使用“+”进行多个字符串的连接（图 6.2-7）。

```
a = '财务报表编制'
b = '分析'
print(a + b)#两个字符串赋值给对应的变量，然后变量相加
print(a+'分析')#变量和字符串也可以用+连接起来
```

运行

```
财务报表编制分析
财务报表编制分析
```

图 6.3-7 字符串合并示例代码及运行结果

（三）字符串的一些常用内建方法

除了字符截取、合并，在 Python 中还可以使用字符串的内建函数对指定的字符串进行处理。

案例分析 1 字符串的大小写（表 6.3-1）

表 6.3-1 字符串大小写转换函数

序号	内置函数	描述
1	. upper( )	字符串内英文字符全部大写
2	. lower( )	字符串内英文字符全部小写
3	. title( )	字符串标题化，即将每个英文单词的首字母变成大写，其余部分小写
4	. capitalize( )	字符串第一个英文字符大写，其余英文字符小写

代码运行结果如图 6.3-8 所示。

```
a = 'hello accountant'#a变量中的字符串全是小写英文
b = 'HELLO ACCOUNTANT'#b变量中的字符串全是大写英文
print(a.upper())#字母全部转换成大写
print(b.lower())#字母全部转换成小写
print(a.title())#每个单词的首字母转为大写
print(b.title())
print(a.capitalize())#第一个单词的首字母转为大写
```

运行

```
HELLO ACCOUNTANT
hello accountant
Hello Accountant
Hello Accountant
Hello accountant
```

图 6.3-8 字符串大小写转换方法示例代码及运行结果

案例分析 2　字符串的插入、去除、替换(表 6.3-2)

表 6.3-2　字符串插入、去除、替换等函数

序号	内置函数	描述
1	. join('sequence')	将前面的字符串插入序列 sequence 中的每个元素之间并拼接为新字符串
2	. len('str')	计算字符串的长度
3	. strip('str')	去除两边指定字符,若不指定字符则去除两边空格,包括换行\n或制表符\t
4	. lstrip('str')	去除左边指定字符,若不指定字符则去除左边空格,包括换行\n或制表符\t
5	. rstrip('str')	去除右边指定字符,若不指定字符则去除右边空格,包括换行\n或制表符\t
6	. replace('oldstr','newstr',time)	用 newstr 替换 oldstr,共替换 time 次,若不指定 time 则全部替换

代码运行结果如图 6.3-9 所示。

```
a = ('p','y','t','h','o','n')
b = '-'
c = ' python '
print(b.join(a))#将序列中的元素以-连接成一个新的字符串
print(' '.join(a))#将序列中的元素以空格连接成一个新的字符串
print(len(c))#显示字符串的长度
print(c.lstrip())#去掉尾部的空格
print(len(c.lstrip()))#显示字符串的长度
print(c.rstrip())#去掉头部的空格
print(len(c.rstrip()))
print(c.strip())#去掉头部和尾部的空格
print(len(c.strip()))
print(c.replace(' ','p'))#将空格全部用p替代
```

运行

```
p-y-t-h-o-n
p y t h o n
8
python
7
 python
7
python
6
ppythonp
```

图 6.3-9　字符串插入、去除、替换示例代码及运行结果

案例分析 3　字符串的查找(表 6.3-3)

表 6.3-3　字符串查找、统计函数

序号	内置函数	描述
1	. find('str')	在字符串中搜索指定字符串,从字符串左边开始找,找到第一个之后,获取其位置,若未找到则返回 -1
2	. count('str',start,end)	在字符串的(start,end)区间内统计指定字符串的出现次数,返回数字,若不指定区间则默认区间为整个字符串

代码运行结果如图 6.3-10 所示。

```
a = 'hello accountant'
print(a.find('o'))#检测字符串里是否包含o,并且显示的是出现第一个o的索引位置
print(a.count('o'))#返回字符串里有几个o
```

运行

```
4
2
```

图 6.3-10 字符串查找、统计示例代码及运行结果

案例分析 4 字符串的格式化(表 6.3-4)

表 6.3-4 字符串格式化符号和内置函数

序号	符号和内置函数	描述
1	%s	任意字符占位符
2	%f	浮点数(有小数点数字)占位符
3	%d	整数占位符
4	.format()	替代%的占位格式化方式,基础语法是通过{}和:

代码运行结果如图 6.3-11 所示。

```
print('我正在学习%s, 准备参加%d年考试, 去年的参加考试人数约%.2f万, 通过率约%.2f%%'%('注册会计师',2021,130.75,20.9515))
print('我正在学习{}, 准备参加{}年考试, 去年的参加考试人数约{:.2f}万, 通过率约{:.2%}'.format('注册会计师',2021,130.75,0.209515))
```

运行

```
我正在学习注册会计师, 准备参加2021年考试, 去年的参加考试人数约130.75万, 通过率约20.95%
我正在学习注册会计师, 准备参加2021年考试, 去年的参加考试人数约130.75万, 通过率约20.95%
```

图 6.3-11 字符串、格式化示例代码及运行结果

三、Python 中的运算符

运算符的作用是通过给出的一个或多个值来产生另一个值。举个简单的例子,1 + 2 = 3,例中"1"和"2"被称为操作数,"+"被称为运算符。运算符用于对变量和值执行操作。

Python 计算常用的运算符有算数运算符、赋值运算符、比较运算符、逻辑运算符。

(一) 算数运算符(表 6.3-5,设 x = 10,y = 3)

表 6.3-5 算数运算符

运算符	描述	示例	结果
+	加	x + y	13
-	减	x - y	7

续表

运算符	描述	示例	结果
*	乘	x * y	30
/	除	x/y	3.33……
%	取余	x%y	1
//	向下取整	x//y	3
**	x 的 y 次幂	x ** y	1 000

（二）赋值运算符（表 6.3-6）

表 6.3-6　　赋值运算符

运算符	示例	等同于
=	x = 5	x = 5
+=	x += 3	x = x + 3
-=	x -= 3	x = x - 3
*=	x *= 3	x = x * 3
/=	x/= 3	x = x/3
%=	x%= 3	x = x%3
//=	x//= 3	x = x//3
**=	x **= 3	x = x ** 3

（三）比较运算符（表 6.3-7，设 x = 10，y = 3）

表 6.3-7　　比较运算符

运算符	描述	示例	结果
==	等于	x == y	False
!=	不等于	x != y	True
>	大于	x > y	True
<	小于	x < y	False
>=	大于或等于	x >= y	True
<=	小于或等于	x <= y	False

（四）逻辑运算符（表 6.3-8，设 x＝10，y＝3）

表 6.3-8　逻辑运算符

运算符	描述	示例	结果
And	布尔“与”	x and y	False
Or	布尔“或”	x or y	True
Not	布尔“非”	not(x and y)	True

（五）成员运算符（表 6.3-9）

上面我们学习了基本的运算符，运算符的计算是有先后顺序的，Python 的运算优先级可以简化记忆为：从左往右看，括号优先算，先乘除后加减，再比较，再逻辑。

例 1：print(6＋(2＊8)/4)　　输出结果为：10.0

例 2：print("hello"＋"world!")　输出结果为：hello world!

表 6.3-9　成员运算符

运算符	描述	示例	结果
in	如果在指定的序列中找到值，则返回 True，否则返回 False	a＝6 b＝[1,2,3,4,5,7] a in b	False
not in	如果在指定的序列中没有找到值，则返回 True，否则返回 False	a＝6 b＝[1,2,3,4,5,7] a not in b	True

四、数据类型转换

字符串(str)、整数(int)、浮点数(float)这三种数据类型之间是可以相互转换的。

（一） str()函数

str()函数能将其他数据类型转成字符串，就意味着这个数据不管是整数还是浮点数，只要放到括号里，这个数据就能变成字符串类型(图 6.3-12)。

图 6.3-12　str()函数示例代码及运行结果

我们只需通过 str()函数就可以将整数 7 转为字符串类型的 7，然后以“＋”成功拼接。

（二） int()函数

int( )函数能把符合整数规范的字符串类数据转为整数(图 6.3-13)。言下之意，文字形式、小数形式的字符串是不能用 int( )函数强制转换的。

注意：浮点形式的字符串不能使用 int( )函数，但是浮点数是可以被 int( )函数强制转换的。对于浮点数用 int( )函数取整处理时，计算机可不是同我们平时对小数四舍五入的处理方法一样，它直接抹零，输出整数部分。

```
a = '5000'#整数字符串
b = '2000'#整数字符串
print(int(a)+int(b))
```

运行

```
7000
```

图 6.3-13 int( )函数示例代码及运行结果

（三） float()函数

float( )函数可以将整数和数字形式的字符串转为浮点类型(图 6.3-14)。

```
a = '5000'#整数字符串
b = '5000.0'#浮点数字符串
c = 5000#整数
print(float(a)+float(b)+float(c))
```

运行

```
15000.0
```

图 6.3-14 float( )函数示例代码及运行结果

五、日期和时间

在 Python 中处理日期和时间比较麻烦，所幸，Python 提供了一种内置的方式来简化这种操作：datetime 模块。

datetime 模块可以帮助我们识别并处理与时间相关的元素，如日期、小时、分钟、秒、星期、月份、年份等，还可以处理时间戳数据，解析星期几、每月几号，以及通过字符串格式化日期和时间等。简而言之，datetime 模块是 Python 中处理日期和时间的一大利器。我们现在来深入了解一下。

在编写代码之前，有必要先了解一下 datetime 模块中提供的四个主要对象类(表 6.3-10)。根据具体需要执行的操作，我们可能需要使用其中的一个或多个类。

表 6.3-10 日期和时间类

类名	功能	说明
datetime	日期时间对象	允许我们同时操作时间和日期(月、日、年、时、秒、毫秒)
date	日期对象	允许我们排除时间仅操作日期(月、日、年)

续表

类名	功能	说明
time	时间对象	允许我们排除日期仅操作时间（时、分、秒、毫秒）
timedelta	时间间隔	一个用于操作日期以及测量的时间跨度

（一）Python 的 datetime 类

1. 创建 datetime 对象

首先，我们来仔细看看 datetime 对象。由于 datetime 既是模块名也是模块内的类名，所以我们要从 datetime 模块内引用 datetime 类（from datetime import datetime）。

然后，通过打印当前日期和时间来查看 datetime 对象中都包含什么。可以使用 datetime 类的. now( )函数创建一个 datetime 对象，然后打印这个对象，之后再使用 type( )函数打印这个对象的类型。如此，我们可以看到更详细的信息（图 6.3-15）。

```
#从 datetime模块内引用 datetime 类
from datetime import datetime

#获取当前日期和时间
datetime_object = datetime.now()
print(datetime_object)
print('类型： ',type(datetime_object))
```

运行

```
2021-06-27 10:04:06.706753
类型： <class 'datetime.datetime'>
```

图 6.3-15 datetime 类应用示例代码及运行结果

从上面的结果中我们可以看到 datetime_object 是 datetime 类的对象实例，对象中包含了年、月、日、时、分、秒及毫秒。

我们根据代码结果来总结一下如何构造 datatime 对象：

datetime(year, month, day, hour =0, minute =0, second =0, microsecond =0)

datetime 是函数名，year、month、day 都是必需参数，hour、minute、second、microsecond 是非必需参数，如果不指定则默认为 0。以下是示例代码：

```
from datetime import datetime
print( datetime(2021, 6, 23, 15, 36, 28) )
```

输出结果：2021 -06 -23 15：36：28

2. 从 date 中获取年份和月份

我们现在已经理解了 datetime 对象的构成，date 对象可以理解为 datetime 去掉了时间数据，而 time 对象可以理解为 datetime 去掉了日期数据。我们希望的是从日期中分离出年份和月份用于分析。一个办法是使用 datetime 对象内置的类属性，如 . month 或 . year（图 6.3-16）。

```
my_date = datetime(2021,6,23,9,15,20)#创建日期时间2021年6月23日9时15分20秒

print('年份：',my_date.year)#提取年份
print('月份：',my_date.month)#提取月份
```

运行

```
年份：2021
月份：6
```

图 6.3-16　获取年份和月份示例代码及运算结果

3. 从 date 中获取每月的某一天和一周的某一天

此时，我们尝试从 my_date 对象中获取月份中某一天以及一周中的某一天。通过 datetime 对象的. weekday( ) 函数可以得到一个星期几的数字，但是我们可以通过使用 calendar 模块中的 day_name 方法将其转化为文本格式（如 Monday、Tuesday、Wednesday 等）。我们首先会导入 calendar，之后会用到 my_date 对象的. day 属性以及. weekday( ) 方法，这样就可以获取星期几的文本格式（图 6.3-17）。

```
#导入calendar
import calendar

print('一个月的某天：',my_date.day)
print('一周的星期几（数字）：',my_date.weekday())
print('一周的星期几（名称）：',calendar.day_name[my_date.weekday()])
```

运行

```
一个月的某天：23
一周的星期几（数字）：2
一周的星期几（名称）：Wednesday
```

图 6.3-17　获取某一天示例代码及运行结果

这里看起来有一点奇怪，一周的第二天应该是 Thursday 而不是 Wednesday 啊。这里我们使用一个循环来仔细看一下 day_name 变量中的信息（图 6.3-18）。

```
j = 0
for i in calendar.day_name:
    print(j,'-',i)
    j+=1
```

运行

```
0 - Monday
1 - Tuesday
2 - Wednesday
3 - Thursday
4 - Friday
5 - Saturday
6 - Sunday
```

图 6.3-18　打印出 day_name 变量中的信息

现在我们知道 Python 中的星期是从 Monday 开始的，其计数下标则是从 0 开始而不是从 1 开始。这就解释了我们上面看到的数字 2 为什么转换成了“Wednesday”。

4. 从 Python 的 datetime 对象中获取小时和分钟

我们现在来关注一下时间以及从 datetime 对象中提取小时和分钟。与上面处理月份和年份相似，我们可以使用类属性. hour 和. minute 获取一天中小时与分钟信息（图 6.3-19）。

```
from datetime import datetime
todays_date =datetime.now() #使用 .now() 函数来设置一个新的日期和时间。

print('获取小时: ',todays_date.hour)
print('获取分钟: ',todays_date.minute)
```

图 6.3-19 获取小时和分钟示例代码及运行结果

5. 从 Datetime 对象中获取一年中的星期数(图 6.3-20)

我们还可以使用 datetime 做很多有趣的事。例如,我们可能想知道现在是一年中的第几个星期。使用 datetime 对象的 isocalendar 函数,我们可以获取年份、一年中的星期数和一周中的第几天。特别注意,isocalendar 返回的是带有 iso 年份、星期数和工作日的元组。但是出于现在的目的,我们只需要知道它是作为一种常规日历,且每星期是从星期一开始的就可以了。

```
from datetime import datetime
date =datetime(2021,6,25,15,9,8)#创建日期时间2021年6月25日15时09分08秒
date.isocalendar()#获取变量date一年中的星期数
```

图 6.3-20 获取一年中的星期数示例代码及运行结果

(二) Python 的 timedelta 类

1. 使用 timedelta 对象测量时间跨度

很多时候,我们可能希望使用 Python 中的 datetime 来测量一段时间跨度,或者一段持续的时间,这个可以使用 datetime 模块内置的 timedelta 类来实现。一个 timedelta 对象可以表示两个日期或时间的差值。有了这个我们就可以测量时间跨度,或者对日期及时间进行加减操作等。

要使用 datetime 模块内置的 timedelta 类,需要先引入"from datetime import timedelta"语句,其参数包含 days、hours、minutes、seconds、microseconds。以下是构造语法:

timedelta(days = 0, seconds = 0, microseconds = 0, milliseconds = 0, minutes = 0, hours = 0, weeks = 0)

将所有参数置为 0 即可创建一个默认的 timedelta 对象。现在我们来创建一个时间跨度为两周的 timedelta 对象(图 6.3-21)。

```
from datetime import timedelta
date = timedelta(weeks=2)

print(date)
print('类型: ',type(date))
print(date.days)
```

运行

```
14 days, 0:00:00
类型:  <class 'datetime.timedelta'>
14
```

图 6.3-21 创建时间跨度为 14 天的示例代码及运行结果

注意:这里我们使用 timedelta 类的. days 属性来获取以天为单位的持续时间。现在创建另一个 timedelta 持续时间再练习一次(图 6.3-22)。

```
from datetime import datetime,timedelta
year = timedelta(days=156)
print(year)
```

运行

```
156 days, 0:00:00
```

图 6.3-22　创建时间跨度为 156 天的示例代码及运行结果

现在我们结合使用 datetime 对象和 timedelta 对象来做一些数学计算。比如说在当前日期和时间上加上一些不同的时间跨度,来看看十五天后的日期,或者是两周前是哪天。为此,我们可以使用运算符“ + ”或“ - ”来对 datetime 对象增加或减去 timedelta 对象实现。得到的结果是 datetime 加上或减去 timedelta 对象所代表的时间跨度后的新时间(图 6.3-23)。

```
from datetime import datetime,timedelta
now=datetime.now()
print('当前日期和时间: ',str(now))
future_date_after_15days = now +timedelta(days=15)
print('当前日期和时间往后推15天的日期和时间: ',future_date_after_15days)


two_weeks_ago = now-timedelta(weeks=2)
print('当前日期和时间往前推2周的日期和时间: ',two_weeks_ago)
print('当前时间两周前日期类型: ',type(two_weeks_ago))
```

运行

```
当前日期和时间: 2021-06-25 16:26:42.423701
当前日期和时间往后推15天的日期和时间: 2021-07-10 16:26:42.423701
当前日期和时间往前推2周的日期和时间: 2021-06-11 16:26:42.423701
当前时间两周前日期类型: <class 'datetime.datetime'>
```

图 6.3-23　结合使用 datetime 和 timedelta 示例代码及运行结果

注意:这里计算后输出的结果仍然是一个 datetime 对象。

2. 比较两个日期或时间之间的差值

与上面的操作类似,我们还可以使用 datetime 为一个日期加上或减去另一个日期,来得到一个时间跨度。由于计算的结果是一个时间片,当我们将一个日期对象减去另一个日期对象时得到的就是一个 timedelta 对象。这里,我们创建了两个日期对象(注意,它们与 datetime 对象相比,除了不包含时间信息外,其他都是一样的),并且让其中一个减去另一个得到一个时间跨度(图 6.3-24)。

```
from datetime import date
date1=date(2021,5,15)
date2=date(2021,5,10)
delta = date2-date1
print('两日期差值: ',delta.days)
print('类型: ',type(delta))
```

运行

```
两日期差值: -5
类型: <class 'datetime.timedelta'>
```

图 6.3-24　使用 date 对象计算日期差值示例代码及运算结果

上述代码,为了简单起见仅使用了日期 date,同样也可以使用 datetime 对象做同样的操作,以获得包含小时、分钟和秒的精确量度(图 6.3-25)。

```
from datetime import datetime
date1=datetime(2021,6,15,18,25,30)
date2=datetime(2021,6,10,15,21,10)
diff = date1-date2
print('两日期差值：',diff)
```

运行

```
两日期差值： 5 days, 3:04:20
```

图 6.3-25 使用 datetime 对象计算日期差值示例代码及运算结果

(三)格式化日期:使用 strptime()和 strftime()处理日期和时间字符串

在大多数数据集中,日期和时间信息是以字符串格式存储的,如果使用 datetime 从字符串中提取我们实际想要的元素,需要对日期进行格式化处理。幸运的是,datetime 提供了两种方法,strptime( )和 strftime( ),可以在字符串与 datetime 对象之间互相转换。

strptime( )可以读取字符串中的日期与时间信息并将其转换为 datetime 对象,而 strftime( )则是将 datetime 对象转换为字符串。当然,strptime( )并没有魔法,它不能将任意字符串转换为日期和时间,它需要一些人为的帮助来解释它究竟识别到了什么。

strptime( )只能识别大多数常规的日期和时间字符串格式。我们现在给定一个日期格式的字符串“YYYY－MM－DD”,来看看 strptime( )方法能做什么(图 6.3-26)。

```
#把日期格式字符串转为时间类型
my_string='2020-12-31'
my_date = datetime.strptime(my_string,'%Y-%m-%d')

print(my_date)
print('类型：',type(my_date))
```

运行

```
2020-12-31 00:00:00
类型： <class 'datetime.datetime'>
```

图 6.3-26 字符串转为日期示例代码及运行结果 1

可以看到,strptime( )方法接收两个参数:字符串 my_string 以及“%Y－%m－%d”,多出来的这个字符串告诉 strptime( )方法如何解释传入的字符串 my_string。比如,“%Y”表示期望从字符串的前四个字符中读取年份。你可能注意到日期后面还跟着时间信息 00:00:00,这是因为我们创建了一个 datetime 对象,必然会包含日期和时间。如果我们在输入的字符串中没有指明时间,将会用 00:00:00 作为默认时间。

我们已经使用过 strptime( )方法,你可以将一个格式化后的日期和时间转换为一个 datetime 对象,函数格式为:time. strptime(string,format)。

值得注意的是,这里有两个参数:

- string——格式化后待转化的字符串。
- format——指定时间字符串的格式,以便 strptime( )可以正确解析。

现在来试着转换一个其他类型的日期字符串(图 6.3-27)。

```
from datetime import datetime
date_string = '2 August,2020'
date_object = datetime.strptime(date_string,'%d %B,%Y')

print('date_object:',date_object)
```

运行

date_object: 2020-08-02 00:00:00

图 6.3-27　字符串转为日期示例代码及运行结果 2

现在来做一些更高级的操作，验证一下目前所学。从一个格式化后的字符串开始，将其转换为 datetime 对象，并且看看不同的格式化方式（dd/mm 和 mm/dd）得到的结果。现在来试着转换一个其他类型的日期字符串（图 6.3-28）。

```
from datetime import datetime
dt_string = '12/11/2020 15:38:00'
dt_object1 = datetime.strptime(dt_string,'%d/%m/%Y %H:%M:%S')
print('dt_object1:',dt_object1)

dt_object2 = datetime.strptime(dt_string,'%m/%d/%Y %H:%M:%S')
print('dt_object2:',dt_object2)
```

运行

dt_object1: 2020-11-12 15:38:00
dt_object2: 2020-12-11 15:38:00

图 6.3-28　字符串转为日期示例代码及运行结果 3

常用的 strftime（）和 strptime（）模式见表 6.3-11。

表 6.3-11　　时间日期格式化符号

模式	描述
%a	星期的简写。如：星期三为 Wed
%A	星期的全写。如：星期三为 Wednesday
%b	月份的简写。如：4 月份为 Apr
%B	月份的全写。如：4 月份为 April
%c	日期时间的字符串表示。如：04/07/10 10:43:39
%d	日在这个月中的天数（是这个月的第几天）
%f	微秒（范围[0,999999]）
%H	小时（24 小时制，[0,23]）
%I	小时（12 小时制，[0,11]）
%j	日在年中的天数[001,366]（是当年的第几天）
%m	月份（[01,12]）
%M	分钟（[00,59]）
%p	AM 或者 PM

续表

模式	描述
%S	秒(范围为[0－61])(60 或 61 是闰秒)
%U	周在当年的周数(是当年的第几周),星期天作为周的第一天
%w	今天在这周的天数,范围为[0,6],6 表示星期天
%W	周在当年的周数(是当年的第几周),星期一作为周的第一天
%x	日期字符串。如:04/07/10
%X	时间字符串。如:10:43:39
%y	2 个数字表示的年份
%Y	4 个数字表示的年份

我们来看一下应用的代码(图 6.3-29)。

```
#获取当前时间和日期
now = datetime.now()

#从日期中获取年份
year = now.strftime('%Y')
print('年: ',year)

#从日期中获取月份
month = now.strftime('%m')
print('月: ',month)

#从日期中获取每月几号
day = now.strftime('%d')
print('日: ',day)

#从日期中获取时间 (时, 分, 秒)
time= now.strftime('%H:%M:%S')
print('时间: ',time)

#把当前时间和日期格式化调整
date_time = now.strftime('%m/%d/%Y,%H:%M:%S')
print('日期和时间: ',date_time)
```

运行

```
年: 2021
月: 06
日: 25
时间: 16:26:42
日期和时间: 06/25/2021,16:26:42
```

图 6.3-29 strftime()函数应用示例代码及运算结果

任务四 财税数据的存储

任务描述

掌握 Python 中列表、字典、元组与集合的概念及运用。

案例导入

前面我们学习了 Python 的数字与字符串，已经能够解决业务中的一些问题。但当我们遇到需要存储与处理多个值的时候，比如存储全班同学的名字，前面的数据类型就无能为力了。那么对此应该如何存储与处理呢？下面我们一起来学习。

知识储备

列表、字典、元组和集合都可以看成是能存储多个数据的容器。前两者使用频率较高，后两者用得相对较少。

一、列表

列表是 Python 内置的一种数据结构，它可以把相互之间有关联的数据保存在一起，同时这些变量可以是不同类型的，即列表的数据项不需要是相同数据类型的。

列表的基本语法，如图 6.4-1 所示，列表是用中括号表示的。创建列表时，需要用中括号将列表中的元素括起来，并将其中的元素用逗号隔开。

```
KMlist = ['库存现金','银行存款','应收账款','其他应收款']
```

图 6.4-1　创建列表

（一）列表的基本操作

1. 列表的创建操作

一种方法是用中括号创建，中括号里面的不同数据项目用逗号隔开。另一种方法是用 list( ) 函数创建，将任何可迭代的数据转换为列表（图 6.4-2）。

```
list3 = list('现金ABC')#将字符串转为列表
list4 = list(('现金', 786 , 2.23, 'ABC' ))#将元组转换为列表
print(list3)
print(list4)
```

运行

```
['现', '金', 'A', 'B', 'C']
['现金', 786, 2.23, 'ABC']
```

图 6.4-2　使 list( ) 函数创建列表示例代码及运行结果

列表创建完成后，可以通过引用索引号来访问列表项：

Print(list3[0])

Print(list3[-1])

正向索引第一项的索引为“0”。负索引表示从末尾开始，“ -1”表示最后一个项目，

“-2”表示倒数第二个项目,依此类推。

2. 列表的新增操作

(1) insert( )函数。使用 insert( )函数可以将元素添加到指定位置,根据所指定的下标将元素插入指定的位置。

代码运行结果如图 6.4-3 所示。

```
#在指定位置添加元素
list7 = ["银行存款", "库存现金", "其他货币资金"]
list7.insert(1, "存货")#在下标1处添加新元素
print(list7)
```

运行

['银行存款', '存货', '库存现金', '其他货币资金']

图 6.4-3 insert( )函数插入元素示例代码及运行结果

(2) append( )函数。使用 append( )函数增加列表项时,新增元素会自动添加到列表尾部(图 6.4-4)。

```
list7 = ["银行存款", "库存现金", "其他货币资金"]
list7.append('库存商品')      #append 在列表中追加一个元素
print(list7)
```

运行

['银行存款', '库存现金', '其他货币资金', '库存商品']

图 6.4-4 append( )函数添加元素示例代码及运行结果

我们虽然也可以使用 insert( )函数,但是在这种情况,insert( )函数要求指定下标,如果元素数量多,那么 insert( )函数明显没有 append( )函数简洁易懂,如果是在最后添加新元素的话,建议使用 append( )函数。

insert( )函数、append( )函数都用于添加单个元素,如果我们想要添加一个列表元素,可以用 extend( )函数。

(3) extend( )函数。使用 extend( )函数增加列表项时,列表末尾可以一次性追加另一个序列中的多个值,即用新的列表来扩展原来的列表(图 6.4-5)。

```
list1 = ["银行存款", "库存现金", "其他货币资金"]
list2 = [1, 2, 3]
list1.extend(list2)
print(list1)
#将列表元素(或任何可迭代的元素)添加到当前列表的末尾
```

运行

['银行存款', '库存现金', '其他货币资金', 1, 2, 3]

图 6.4-5 extend( )函数批量增加元素示例代码及运行结果

3. 列表的修改操作

如果要修改某个数据,可以通过对指定下标的元素重新赋值来对列表项进行修改(图 6.4-6)。

```
list7 = ["银行存款", "库存现金", "其他货币资金"]
list7[-1]='库存商品'      #修改最后一个位置的科目
print(list7)
```

运行

['银行存款', '库存现金', '库存商品']

图 6.4-6　修改列表元素示例代码及运行结果

4. 列表的删除操作

删除的方法有多种：del、pop( )、remove( )、clear( )。

(1) del。全称为 delete，del 可以看作是缩写。使用关键字 del 删除列表项时，需要指定列表范围，根据指定的范围删除指定范围内的列表项。

代码运行结果如图 6.4-7 所示。

```
list7 = ["银行存款", "库存现金", "其他货币资金"]
del list7[0]
print(list7)
#关键字删除指定的索引
```

运行

['库存现金', '其他货币资金']

图 6.4-7　del 删除列表元素示例代码及运行结果

del 方法既可删除一个元素，也能一次删除多个元素。

(2) pop( )函数。使用 pop( )函数与使用 del 方法一样，括号中传入的是索引。使用 pop( )函数，根据指定元素的下标删除元素（图 6.4-8）。

```
list7 = ["银行存款", "库存现金", "其他货币资金"]
list7.pop(1)
print(list7)
#删除指定位置的元素（如果未指定索引，则删除最后一项）
```

运行

['银行存款', '其他货币资金']

图 6.4-8　pop( )函数删除列表元素示例代码及运行结果

注意：pop( )函数删除的是指定位置元素，并返回指定位置元素。若不指定位置，默认删除列表末尾元素。

(3) remove( )函数。使用 remove( )函数，可删除列表中首次出现的元素（图 6.4-9）。

```
list7 = ["银行存款", "库存现金", "其他货币资金","库存现金"]
list7.remove("库存现金")
print(list7)
#删除具有指定值的项目
```

运行

['银行存款', '其他货币资金', '库存现金']

图 6.4-9　remove( )函数删除列表元素示例代码及运行结果

结合代码我们一起来看，remove( )函数会寻找列表中第一个符合括号内数据的元素，可以看到在这个例子中第二个科目“库存现金”被删除了，而最后一个“库存现金”科目还保留着。

(4) clear( ) 函数。使用 clear( ) 函数可以将列表中所有元素删除，相当于清零了(图 6.4-10)。

```
list7 = ["银行存款", "库存现金", "其他货币资金","库存现金"]
list7.clear()
print(list7)
```

运行

```
[]
```

图 6.4-10　clear( )函数清空列表示例代码及运行结果

(二) 列表的遍历

遍历用的语句为 for…in…，通过 for 循环，将列表中每个元素都与所要查找的元素进行处理(图 6.4-11)。

```
KMlist = ['库存现金','银行存款','应收账款','其他应收款']
for x in KMlist:
    print(x)
```

运行

```
库存现金
银行存款
应收账款
其他应收款
```

图 6.4-11　遍历列表中元素示例代码及运行结果

关于上述代码的解释：代码框中的 x 是临时变量，print(x) 是循环体，就是循环执行的部分。for 循环遍历列表就是把列表的每个数据分别一个个取出来处理。代码中的列表有四个科目，那么 x 就取四次，然后按照循环体内的代码执行。

(三) 列表的反转与排序

1. 列表的反转

列表的反转，是把列表的元素反过来排序，这就是倒序排序。这里我们用 reverse( ) 函数作为反向排序函数，它可以将列表中的元素逆排序(图 6.4-12)。

```
KMlist = ['库存现金','银行存款','应收账款','其他应收款']
KMlist.reverse()
print(KMlist)
```

运行

```
['其他应收款', '应收账款', '银行存款', '库存现金']
```

图 6.4-12　反转列表中元素示例代码及运行结果

列表反转排序是把原列表中的元素顺序从右到左重新存放，不会对列表中的参数进行排序整理。

2. 列表的排序

（1）sort()函数。如果需要对列表中的参数进行整理，就要用到列表的另一种排序方式——使用sort()函数正序排序。

使用sort()函数正序排序是原地址修改列表的排序方法（图6.4-13）。原地址修改列表，意思就是排序前后，列表存储地址不会改变。

```
list4=[6,3,4,2,12]
list4.sort()
print(list4)
```

运行

```
[2, 3, 4, 6, 12]
```

```
list5=['b','C']
list5.sort()
print(list5)
```

运行

```
['C', 'b']
```

图6.4-13　对列表正序排序示例代码及运行结果

通过观察上面两组代码，得到的结论是：中文没法排序，英文排序是大写字母排在小写字母前面。

（2）sort(reverse=True)。sort()默认是升序，若想将列表改为降序排列，则添加参数reverse=True（图6.4-14）。

```
list4=[6,3,4,2,12]
list4.sort(reverse=True)
print(list4)
```

运行

```
[12, 6, 4, 3, 2]
```

图6.4-14　对列表倒序排序示例代码及运行结果

（3）sorted()函数。reverse()反转和sort()排序是永久排序，是直接对原列表对象进行排序，不能用一个新的变量去接收，因为列表前后地址没变，想要得到排序好的列表，可直接打印原列表名。

有的时候需要一个排列好的列表，而又想保存原未排序的列表该怎么办呢？sorted()函数可以帮你实现。sorted()函数属于内置函数，而不是处理列表的方法。

使用sorted()函数实现的是临时排序，不影响原列表，排序后的列表存放在其他地址中，因此可以用新变量接收，其代码如图6.4-15所示。

```
list4=[6,3,4,2,12]
list5=sorted(list4)
print(list5)
```

运行

```
[2, 3, 4, 6, 12]
```

图6.4-15　sorted()函数对列表排序示例代码及运行结果

（四）处理列表的其他常用方法

上面讲了关于列表的创建、新增、修改、排序等操作，这里再介绍几个其他常用的方法（表 6.4-1）。这些方法其实与 Excel 函数都是对应的，作用也是一样的。

表 6.4-1 列表函数及方法

序号	内置函数及方法	描述
1	max( )	返回数值型列表中的最大值
2	min( )	返回数值型列表中的最小值
3	sum( )	对数值型列表中所有元素进行求和，若有非数值类型数据则会报错
4	len( )	获取列表长度
5	count( )	获取指定元素在列表中出现的次数

上述函数的代码如图 6.4-16 所示。

```
list7 = [3,7,0,12,9,7]
print(max(list7))#输出列表中元素最大值
print(min(list7))#输出列表中元素最小值
print(sum(list7))#列表中元素求和
print(len(list7))#列表中元素个数
print(list7.count(7))#列表中的7计数
```

运行

```
12
0
38
6
2
```

图 6.4-16 列表常用函数及方法示例代码及运行结果

二、字典

（一）字典的概念

字典是“键值对”形式的可变序列。字典中的每个元素都是一个“键值对”，包含“键对象”和“值对象”。可以通过“键对象”实现快速获取、删除、更新对应的“值对象”。字典是 Python 中唯一的映射类型。

列表中通过“下标数字”找到对应的对象，字典中通过“键对象”找到对应的“值对象”。“键”是唯一的不可变数据，如整数、浮点数、字符串、元组。但是，列表、字典、集合这些可变对象不能作为“键”，并且“键”不可重复。“值”可以是任意的数据，并且可重复。

我们来认识一下字典（图 6.4-17）。

```
dict1 = {'银行存款':100000.00,'库存现金':8000.00}
print(dict1)
```

运行

```
{'银行存款': 100000.0, '库存现金': 8000.0}
```

图 6.4-17 创建字典示例代码及运行结果

代码框中的“dict1”是字典名，“=”是赋值号，“{'银行存款':100000.00,'库存现金':8000.00}”就是一个字典。如“'银行存款':100000.00”，其中我们把“银行存款”叫作键(key)，把“100000.00”叫作值(value)（图6.4-18）。

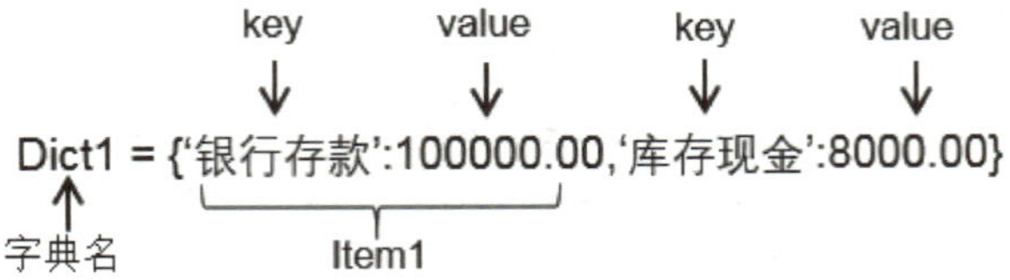

图6.4-18　创建字典语句分析

（二）字典的特性

(1) 通过键读取元素。

(2) 字典是任意对象的无序集合，而列表则是有序的。

(3) 字典可任意嵌套，如元素可以为列表、字典、列表的列表等。

(4) 字典的键必须是唯一的，不可重复，如果重复了，则以最后的键对应的值为准。不能像列表一样通过位置来索引。

(5) 字典中的键是不可变的，即键可以添加，不可以修改，可以用数字、字符串或元组充当，不可以使用列表。

（三）字典的基本操作

这一部分主要介绍字典的创建、取值、更新、删除以及其他常用操作。

1. 字典的创建操作

(1) {}。一种是用“{}”创建，用“:”来连接键和值，然后用“,”分割多个键值对（图6.4-19）。

```
dict3 = {'科目':"银行存款",'余额方向':"借",'金额':50000.00}
print(dict3)
```

运行

{'科目': '银行存款', '余额方向': '借', '金额': 50000.0}

图6.4-19　字典的创建示例代码及运行结果

(2) dict()。另一种是用dict()创建，通过关键字dict和关键字参数创建，代码如图6.4-20所示。

```
dict3 = dict(科目='银行存款',余额方向='借',金额=50000.00)
print(dict3)
```

运行

{'科目': '银行存款', '余额方向': '借', '金额': 50000.0}

图6.4-20　dict()函数创建字典示例代码及运行结果

注意：关键字dict不要加引号，关键字参数看内容，字符串要加引号，数字不用加引号。

2. 字典的新增操作

通过赋值的方式新增字典元素(图 6.4-21)。

```
dict4 = {'科目':"银行存款",'余额方向':"借",'本期借方发生额':50000.00}
dict4['本期贷方发生额'] = 40000
print(dict4)
```

运行

{'科目': '银行存款', '余额方向': '借', '本期借方发生额': 50000.0, '本期贷方发生额': 40000}

图 6.4-21 新增字典元素示例代码及运行结果

3. 字典的修改操作

通过赋值的方式修改字典元素(图 6.4-22)。

```
dict4 = {'科目':"银行存款",'余额方向':"借",'金额':50000.00}
dict4['金额'] = 40000
print(dict4)
```

运行

{'科目': '银行存款', '余额方向': '借', '金额': 40000}

图 6.4-22 修改字典元素示例代码及运行元素

注意:若键存在则是修改值,反之则是添加。

4. 字典的删除操作

删除方法同列表,也用到了 del 方法和 pop()函数。del 方法的语法为:del dict[字典的键]。pop()函数同 del 方法一样,也是通过字典的键名去删除。代码如图 6.4-23 所示。

```
dict5 = {'科目':"银行存款",'余额方向':"借",'金额':50000.00}
del dict5['科目']#del方法, 删除了科目: 银行存款这组键值对
dict5.pop('金额')#pop方法, 删除了金额: 50000.00这组键值对
print(dict5)
```

运行

{'余额方向': '借'}

图 6.4-23 删除字典元素示例代码及运行结果

5. 字典的其他操作

我们可以用 len()函数确定字典有多少个项目数(图 6.4-24)。

```
dict6 = {'科目':"银行存款",'余额方向':"借",'金额':50000.00}
print(len(dict6))
```

运行

3

图 6.4-24 获取字典元素个数示例代码及运行结果

(四) 字典的遍历

一个字典对象的长度是不确定的,可能有几个也可能有几百个元素变量,面对这么多的

数据，对字典遍历的方式有：遍历字典的键值对、遍历键和遍历值。

1. 遍历键值对

通过 for 循环遍历可以获取字典中的全部“键值对”。使用字典对象的 items( ) 方法可以获取字典的“键值对”列表（图 6.4-25）。

```
dict3 =  dict(科目='银行存款',余额方向='借',金额=50000.00)
for item in dict3.items():
    print(item)#输出所有的键和值
```

运行

```
('科目', '银行存款')
('余额方向', '借')
('金额', 50000.0)
```

图 6.4-25　遍历字典元素示例代码及运行结果

2. 遍历键

dict. keys( ) 返回字典的所有的 key，即返回一个序列，在序列中保存字典的所有的键（图 6.4-26）。

```
dict3 =  dict(科目='银行存款',余额方向='借',金额=50000.00)
for key in dict3.keys():
    print(key)#输出所有的键和值
```

运行

```
科目
余额方向
金额
```

图 6.4-26　遍历字典中键示例代码及运行结果

3. 遍历值

dict. values( ) 返回字典的所有的 value，即返回一个序列，在序列中保存字典的所有的值（图 6.4-27）。

```
dict3 =  dict(科目='银行存款',余额方向='借',金额=50000.00)
for value in dict3.values():
    print(value)#输出所有的键和值
```

运行

```
银行存款
借
50000.0
```

图 6.4-27　遍历字典中所有值示例代码及运行结果

三、元组

（一）元组的概念

元组本质上是一种有序的集合，和列表非常相似。列表使用中括号[ ]表示，元组使用小括号( )表示；使用逗号将每个元素分隔开，元组中的每个元素都有其相对应的下标，即索引。元组支持序列的基本操作，包括索引、切片、序列加、序列乘、in、len( )、max( )、min( )。

元组的代码如图 6.4-28 所示。

```
# 元祖是用小括号括号起来的
account_tuple = ('期初余额',3000,'借贷方向')
print(type(account_tuple))
print(account_tuple)
```

运行

```
<class 'tuple'>
('期初余额', 3000, '借贷方向')
```

图 6.4-28 元组示例代码

我们看到元组用 type( ) 函数输出的是“class′tuple′”。元组的结构是:由小括号包裹起来,里面可以放不同类型的数据,各数据间用逗号隔开。

(二) 元组的特性

(1) 元组不可以改变数据类型,一旦初始化,就不能发生改变,对元素没有增、删、改、查等操作。

(2) 元组内可以存储任意数据类型的元素。

(三) 元组的基本操作

1. 元组的创建操作

元组创建很简单,只需要在括号中添加元素,并使用逗号隔开即可(图 6.4-29)。

```
# 空元组
empty_tuple = ()
# 会计三要素组成的元组
account_point_tuple = ('资产','负债','所有者权益')

print(empty_tuple)
print(account_point_tuple)
```

运行

```
()
('资产', '负债', '所有者权益')
```

图 6.4-29 创建元祖示例代码及运行结果

注意:元组中只包含一个元素时,需要在元素后面添加逗号,否则括号会被当作运算符使用(图 6.4-30)。

```
tup_err = (50)
print(type(tup_err))

tup_right = (50,)
print(type(tup_right))
```

运行

```
<class 'int'>
<class 'tuple'>
```

图 6.4-30 创建只包含一个元素的元祖示例代码及运行结果

所以当只有一个元素的时候,元素后面的“,”可千万别漏了,不然它就不是元组了。

2. 元组的访问操作

元组可以使用下标索引来获取元组中的值:直接跟随某个元素的下标的值,返回元组里面的一个元素的值。

我们用一个示例来进行元组的访问的学习(图 6.4-31)。

```
account_point_tuple1 = ('资产','负债','所有者权益')

print(account_point_tuple1[1])
```

运行

负债

图 6.4-31 获取元组中元素示例代码及运行结果

3. 元组的截取操作

对元组进行截取,和列表截取方式一样。

例如:tuple = ('Taobao', 'Baidu', 'Sohu', 'Sina', 'Tianya'),如图 6.4-32 所示。我们可以用[开始下标:结束下标]截取索引中的一段元素,如 tuple[1:3]。

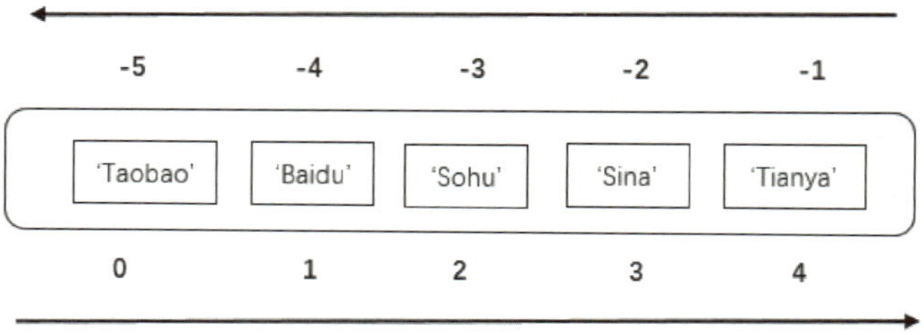

图 6.4-32 元组中元素的索引位置

结果为:('Baidu', 'Sohu')。

小贴士

tuple[1:3]是从下标为 1 的元素开始(被包含),到下标为 3 的元素为止(不被包含),结果为两个元素。这种左边(开始)的被包含,而右边(结束)的不被包含,叫作“左闭右开”。

再举一例,如图 6.4-33 所示。

```
account_point_tuple2 = ('资产','负债','所有者权益')

print(account_point_tuple2[0:2])
```

运行

('资产', '负债')

图 6.4-33 获取元组中部分元素示例代码及运行结果

4. 元组的修改操作

在定义元组时，大家都知道元组一旦初始化就不能改变，但是如果想改变元组该怎么办呢？

元组是不能修改的，但是我们可以对元组进行连接组合（图 6.4-34）。

```
tup1 = ('资产',)
tup2 = ('负债','所有者权益')
account_point_tup = tup1 + tup2

print(account_point_tup)
```

运行

```
('资产', '负债', '所有者权益')
```

图 6.4-34 组合元组示例代码及运行结果

其实我们这里用了运算符，其他运算符如表 6.4-2 所示。

表 6.4-2 元组运算符

表达式	结果	描述
(1,2,3) + (4,5,6)	(1,2,3,4,5,6)	连接
('资产',) * 3	('资产','资产','资产')	复制
'资产' in ('资产','负债','所有者权益')	True	元素是否存在

5. 元组的删除操作

其实，元组中的元素值是不允许删除的，如果要删除某个元素，就会报错。但是我们可以使用 del 语句来删除整个元组（图 6.4-35）。

```
account_point_tuple3 = ('资产','负债','所有者权益')

print (account_point_tuple3)
del account_point_tuple3
print ("删除后的元组 account_point_tuple3 : ")
print (account_point_tuple3)
```

运行

```
('资产', '负债', '所有者权益')
删除后的元组 account_point_tuple3 :

---------------------------------------------------------------------------
NameError                                 Traceback (most recent call last)
<ipython-input-11-3c58c99d6ce1> in <module>
      4 del account_point_tuple3
      5 print ("删除后的元组 account_point_tuple3 : ")
----> 6 print (account_point_tuple3)

NameError: name 'account_point_tuple3' is not defined
```

图 6.4-35 元组删除示例代码及运行结果

报错：name 'account_point_tuple3' is not defined，是说 account_point_tuple3 没有定义。这是因为 account_point_tuple3 这个元素被删除了。所以 del 成功了。

（四）元组的遍历

元组的遍历，就是按照顺序，一个一个地把元组中的元素取出来。我们要用循环的遍历

for…in…来获取，其代码如图 6.4-36 所示。

```
account_point_tuple3 = ('资产','负债','所有者权益')

for tuple_element in account_point_tuple3:
    print(tuple_element)
```

运行

```
资产
负债
所有者权益
```

图 6.4-36　遍历元组元素示例代码及运行结果

（五）使用元组的方法

我们首先了解一下这些方法应该用到的函数是什么（表 6.4-3）

表 6.4-3　元组函数

函数	说明
len(tuple)	计算元组元素个数
max(tuple)	返回元组中元素最大值
min(tuple)	返回元组中元素最小值
tuple(iterable)	将可迭代系列转换为元组

我们下面以代码来深入理解（图 6.4-37）。

```
account_point_tuple4 = ('资产','负债','所有者权益')
print('len()获取元素个数: '+str(len(account_point_tuple4))+'个')

account_point_tuple4 = ('4','1','3')
print('max()获取最大元素: '+ max(account_point_tuple4))
print('min()获取最大元素: '+ min(account_point_tuple4))

one_list = ['资产','负债']
print("tuple()将['资产','负债']转为元组: ")
print(tuple(one_list))
```

运行

```
len()获取元素个数: 3个
max()获取最大元素: 4
min()获取最大元素: 1
tuple()将['资产','负债']转为元组:
('资产', '负债')
```

图 6.4-37　元组函数示例代码及运行结果

四、集合

集合是一个无序的不重复的序列，也就是说，集合中不会有重复的元素。

之前我们讲到集合跟字典很像，如集合{'A','B'}，这跟没有 value 的字典是不是很像？

集合的特性为：① 无序；② 不重复。

不重复，就是元素间没有重复的数值。我们重点讲一下无序。无序的意思是：你如果遍历去取出集合中的数据，取出来的元素的顺序可能跟你定义的时候的顺序是不同的。

（一）集合的基本操作

1. 集合的创建操作

集合可以使用大括号{}或者 set()函数创建(图 6.4-38)。set()函数是将其他序列化的数据转成集合。

注意:创建一个空集合必须用 set()函数而不是{},{}是用来创建一个空字典。

```
# 创建一个空的集合
empty_set = set()
print('空集合：')
print(empty_set)

# 创建一个有三个元素的集合
eg_set1 = {'资产','负债','所有者权益'}
print('{}方式创建的集合：')
print(eg_set1)

# 创建一个有三个元素的集合
# 第二种方式 将字典转成元组
eg_set2 = set({'资产':1,'负债':2,'所有者权益':3})
print('set()方式将字典转成集合：')
print(eg_set2)

# 创建一个有三个元素的集合
# 第二种方式 将字符串转成元组
eg_set3 = set('abcdefg')
print(eg_set3)
```

运行

```
空集合:
set()
{}方式创建的集合:
{'负债', '资产', '所有者权益'}
set()方式将字典转成集合:
{'负债', '资产', '所有者权益'}
{'g', 'e', 'a', 'd', 'b', 'c', 'f'}
```

图 6.4-38 创建集合示例代码及运行结果

上面的代码中不仅展示了空集合的创建,也展示了 set()函数的调用。通过 set()函数可以将序列和字典转换为集合。使用 set()函数将字典转换为集合时,只包含字典中的键。

2. 集合的新增操作

元素的新增有两种方式:使用 add()函数和使用 update()函数。

(1) add()函数。例如,s. add(x):将元素 x 添加到集合 s 中。如果元素已存在,则不进行任何操作(图 6.4-39)。

```
eg_set = {'资产','负债'}
print('原来的样子：')
print(eg_set)

# 新增一个原来已经存在的元素
# 集合没有改变
eg_set.add('负债')
print('add一个原来已经存在的元素：')
print(eg_set)

# 新增一个原来已经不存在的元素
# 集合发生了改变
eg_set.add('所有者权益')
print('add一个原来不存在的元素：')
print(eg_set)
```

运行

```
原来的样子：
{'负债', '资产'}
add一个原来已经存在的元素：
{'负债', '资产'}
add一个原来不存在的元素：
{'负债', '资产', '所有者权益'}
```

图 6.4-39　新增集合元素示例代码及运行结果

（2）update( )函数。使用 update( )函数可以添加元素，且参数可以是列表、元组、字典等，语法格式为 s. update(x)，其中 x 可以有多个，用英文逗号分开(图 6.4-40)。

```
eg_set = {'资产','负债'}
print('原来的样子：')
print(eg_set)

# 插入一个都存在'负债'的集合
# 重复的部分不会重复插入
eg_set.update({'负债','所有者权益'})
print("插入一个都存在'负债'的集合：")
print(eg_set)
```

运行

```
原来的样子：
{'负债', '资产'}
插入一个都存在'负债'的集合：
{'负债', '资产', '所有者权益'}
```

图 6.4-40　添加集合元素示例代码及运行结果

3. 集合的删除操作

集合的元素删除是比较灵活的，它可以指定删除某个元素。

（1）remove( )函数。例如，s. remove(x)：将元素 x 从集合 s 中移除，如果元素不存在，则会发生错误(图 6.4-41)。

```
eg_set = {'资产','负债','所有者权益'}

# 删除'资产'这个元素
eg_set.remove('资产')
print("删除已经存在的元素'资产'后：")
print(eg_set)

# 已经没有'资产'这个元素了
# 还要再次删除 '资产'
# 就会报错
eg_set.remove('资产')
```

运行

```
删除已经存在的元素'资产'后：
{'负债', '所有者权益'}

---------------------------------------------------------------------------
KeyError                                  Traceback (most recent call last)
<ipython-input-40-0976d5da3937> in <module>
      9 # 还要再次删除 '资产'
     10 # 就会报错
---> 11 eg_set.remove('资产')

KeyError: '资产'
```

图 6.4-41　删除集合元素示例代码及运行结果 1

运行代码后,发现如果使用 remove( ) 函数删除不存在的元素,它会直接报错! 有没有更好用的方法呢? 有的,那就是使用 discard( ) 函数。

(2) discard( ) 函数(图 6.4-42)。

```
eg_set = {'资产','负债','所有者权益'}

# 删除'资产'这个元素
eg_set.discard('资产')
print("删除已经存在的元素'资产'后: ")
print(eg_set)

# 已经没有'资产'这个元素了
# 还要再次删除 '资产'
# 就会报错
eg_set.discard('资产')
print("没有'资产'后再次删除'资产': ")
print(eg_set)
```

运行

```
删除已经存在的元素'资产'后:
{'负债', '所有者权益'}
没有'资产'后再次删除'资产':
{'负债', '所有者权益'}
```

图 6.4-42　删除集合元素示例代码及运行结果 2

看来使用 discard( ) 函数比使用 remove( ) 函数容错性更强。

但是如果我们要全部清理呢? 要一个一个删除吗? 不妨试试使用 clear( ) 函数。

(3) clear( ) 函数(图 6.4-43)。

```
eg_set = {'资产','负债','所有者权益'}

# 调用clear() 清除数据
eg_set.clear()
print("调用clear()后: ")
print(eg_set)
```

运行

```
调用clear()后:
set()
```

图 6.4-43　清空集合示例代码及运行结果

使用 clear( ) 函数可以很方便地清空集合。

4. 集合的截取操作

集合在进行截取操作时,是无法像元组一样通过下标来取元素的。

在这里先介绍三个名词:交集、并集、差集,如图 6.4-44 所示。

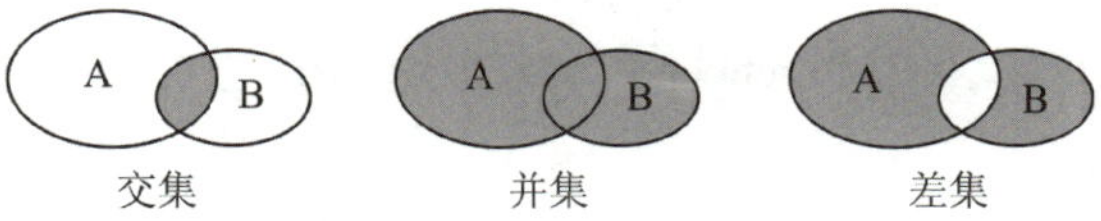

图 6.4-44　交集、并集、差集图示

它们在代码中的显示:

交集:intersection( ) 和 intersection_update( ) 。

并集:union( ) 。

差集:difference( ) 和 difference_update( ) 和 symmetric_difference( ) 。

是否在集合中：in 和 not in。

(1) 交集（图 6.4-45）。首先理解每个代码的意思。

```
eg_set1 = {'资产','负债','所有者权益'}
eg_set2 = {'资产'}

# 获取两个集合中重复的部分，新建一个集合
eg_set3 = eg_set1.intersection(eg_set2)
print('调用intersection的方法')
print('eg_set1:')
print(eg_set1)
print('eg_set3:')
print(eg_set3)

# 获取两个集合中重复的部分，并对调用这个函数的集合进行了结果赋值更新
eg_set1.intersection_update(eg_set2)
print('调用intersection_update的方法')
print('eg_set1:')
print(eg_set1)
```

运行

```
调用intersection的方法
eg_set1:
{'负债', '资产', '所有者权益'}
eg_set3:
{'资产'}
调用intersection_update的方法
eg_set1:
{'资产'}
```

图 6.4-45　取两个集合的交集示例代码及运行结果

intersection()：获取两个集合中重复的部分，新建一个集合。

intersection_update()：对原有的集合进行更新，将执行后的结果赋值到原始集合中。一个是返回新的值，一个是对旧的值进行更新。

(2) 并集（图 6.4-46）。并集没有更新原有数据的方法，它只有使用 union() 函数。union() 函数用于返回新数据。

```
eg_college1 = {'负债','所有者权益','支出'}
eg_college2 = {'负债','支出','资产'}

# 并集，将两个集合所有元素合并，去重
eg_college3 = eg_college1.union(eg_college2)
print(eg_college3)
```

运行

```
{'负债', '资产', '所有者权益', '支出'}
```

图 6.4-46　取两个集合的并集示例代码及运行结果

(3) 差集。首先理解每个代码的意思（图 6.4-47）。

difference()：单向差集，A. difference(B)，结果返回的是 A 集合不存在于 B 集合中的元素重新拼接成的新集合。

difference_update()：单向差集，同时把结果集赋值给原始数据。

symmetric_difference()：双向差集，将两者的相差部分返回给一个新的集合。

```
eg_college1 = {'负债','所有者权益','支出'}
eg_college2 = {'负债','支出','资产'}

#单向差集，是指两个集合之间差异的部分
eg_college3 = eg_college1.difference(eg_college2)
print('eg_college1相对于eg_college2的差集：')
print(eg_college3)

eg_college4 = eg_college2.difference(eg_college1)
print('eg_college2相对于eg_college1的差集：')
print(eg_college4)

# 单向差集，并修改原有的数据
eg_college2.difference_update(eg_college1)
print('eg_college2被改变了：')
print(eg_college2)

# 将eg_college2值修改回来
eg_college2 = {'负债','支出','资产'}
# 求双向差集
eg_college5 = eg_college2.symmetric_difference(eg_college1)
print('eg_college2与eg_college1的差集：')
print(eg_college5)
```

运行

```
eg_college1相对于eg_college2的差集:
{'所有者权益'}
eg_college2相对于eg_college1的差集:
{'资产'}
eg_college2被改变了:
{'资产'}
eg_college2与eg_college1的差集:
{'资产', '所有者权益'}
```

图 6.4-47 取两个集合的差集示例代码及运行结果

（4）in、not in（图 6.4-48）。in、not in 是用来判断元素是否在集合中的。in 如果存在返回 True，不存在则返回 False。not in 刚好跟 in 相反。

```
eg_college1 = {'资产','负债','所有者权益'}

print("'资产' in eg_college1:")
print('资产' in eg_college1)

print("'资产' not in eg_college1:")
print('资产' not in eg_college1)
```

运行

```
'资产' in eg_college1:
True
'资产' not in eg_college1:
False
```

图 6.4-48 判断元素是否在集合中示例代码及运行结果

（二）集合的遍历

集合是无序的，我们遍历集合，还是用 for 循环（图 6.4-49）。

```
eg_set = {'资产','负债','所有者权益'}

for set_element in eg_set :
    print(set_element)
```

运行

```
负债
资产
所有者权益
```

图 6.4-49　遍历集合元素示例代码及运行结果

多运行几次，会发现每次出来的顺序都是不同的，所以说集合是无序的。

任务五　财税核算中的判断

任务描述

理解、掌握并学会运用程序的三种基本结构：顺序结构、分支结构、循环结构。

案例导入

小李在根据业务进行代码编写的时候，发现有的业务步骤是顺序执行的（出纳小王第一次取款 10 000 元，第二次取款 10 000 元，计算两次一共取款金额），但有的需要先进行判断再处理（小赵来财务预借差旅费，出纳小王需要先看一下现金够不够，如果够，就直接借，如果不够需要先取现再借出），还有的需要处理好多次（领导要求把每位员工的姓名都打印出来），这在 Python 中如何实现呢？

知识储备

Python 解释器在执行我们写的代码的时候，通常的顺序是怎样的呢？是无规律的吗？让我们来看一段代码（图 6.5-1）。

```
a="a1"
print('第一次打印a的值：'+a)
a="a2"
print('第二次打印a的值：'+a)
```

图 6.5-1　赋值给变量 a 并打印出来示例代码及运行结果

很容易观察出代码的执行顺序是从上到下、从左到右，最终完成程序执行（图 6.5-2）。

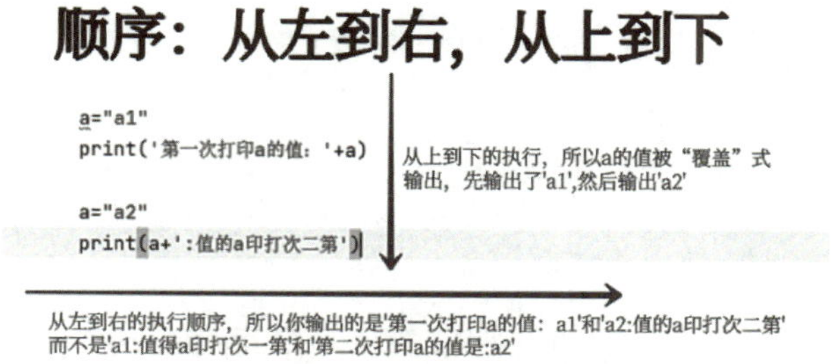

图 6.5-2　代码顺序执行示意图

而所谓的流程控制语句，就是不让代码按顺序执行的语句。如果想打破原有的从上到下的顺序，代码要怎么写呢？我们先看一个背景资料。

案例分析 5　业务处理中的选择

采购员采购了一批材料，需要支付 60 000 元，于是前往财务办公室，请求财务支付。而此时公司账户余额为 50 000 元，只有支付额度小于账户余额时，财务才会支付。代码运行结果如图 6.5-3 所示。

```
pay_money = 60000 # 采购金额
balance_money = 50000 #公司余额

print('采购员走进财务办公室，请求支付')

# 采购员跟财务进行请求支付，财务人员进行审核
if pay_money<balance_money:
    print('财务支付中...')
    print('支付成功')

print('采购员走出财务办公室')
```

```
采购员走进财务办公室，请求支付
采购员走出财务办公室
```

图 6.5-3　业务处理代码及不满足条件下运行结果

如果按照从上到下的顺序执行，打印结果似乎应该是四行：“采购员走进财务办公室，请求支付”“财务支付中...”“支付成功”“采购员走出财务办公室”。

但是结果只有两行，这是因为中间财务做出了“选择”。

财务做出了什么选择呢？当然是查看公司余额是多少，然后通过判断采购金额是否小于余额来做选择。当条件成立的时候会做出“支付”的动作。因为采购金额大于公司余额，所以财务放弃了支付，采购员只能沮丧地走出财务办公室了。

代码执行的顺序如图 6.5-4 所示。

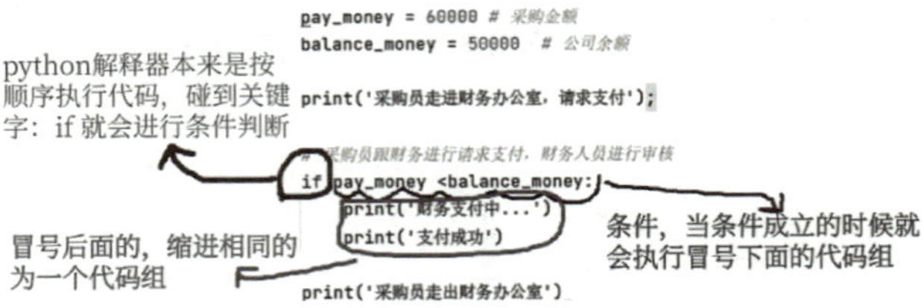

图 6.5-4　业务处理代码执行示意图

一、分支结构

（一）分支结构的概念

程序设计的三种基本结构为:顺序结构、分支结构和循环结构。任何程序的设计都是由这三种基本结构反复嵌套构成的,这就使得程序结构清晰,提高了程序设计的质量和编程效率。

分支结构也叫作选择结构,就是我们经常使用的 if 条件判断语句。在执行 if 条件判断语句时,条件成立或者不成立都有固定的流程。

（二）if 单分支结构

if 是单分支结构的关键字,是"如果"的意思。if 关键字之后为所要判断的条件,条件是用能够得到布尔类型结果的运算式表示的。在满足条件的情况下,即条件运算式的结果为 True 时,程序会继续向下执行,执行属于 if 语句的代码块。

我们继续看代码(图 6.5-5)。

```
pay_money = 30000 # 采购金额
balance_money = 50000 #公司余额

print('采购员走进财务办公室')

# 采购员跟财务进行请求支付，财务人员进行审核
if pay_money<balance_money:
    print('财务支付中...')
    print('支付成功')

print('采购员走出财务办公室')
```

```
采购员走进财务办公室
财务支付中...
支付成功
采购员走出财务办公室
```

图 6.5-5　业务处理代码及满足条件下运行结果

因为公司余额大于支付金额,所以财务选择付款,付款成功之后,采购员走出办公室。也就是说,当公司余额大于支付金额的时候,财务才会支付。

（三）if 双分支结构

如果不满足公司余额大于支付金额的条件,那么就让财务说"公司余额不足,暂不支付,谢谢"吧。代码要怎么实现呢? 我们引进了 else 这个关键字,else 直接翻译就是

“否则”。

if、else 为双分支结构的关键字,if 表示如果,else 表示否则。当 if 条件语句判断不成立时,会执行 else 语句所属模块的代码块。

代码如图 6.5-6 所示。

```
pay_money = 50000 # 采购金额
balance_money = 50000 #公司余额

print('采购员走进财务办公室')

# 采购员跟财务进行请求支付，财务人员进行审核
if pay_money<balance_money:
    print('财务支付中...')
    print('支付成功')
else:
    print('公司余额不足，暂不支付，谢谢')

print('采购员走出财务办公室')
```

运行

```
采购员走进财务办公室
公司余额不足，暂不支付，谢谢
采购员走出财务办公室
```

图 6.5-6　双分支结构业务处理代码及运行结果

我们继续看图 6.5-7 的分析,分析过后就能明白了。

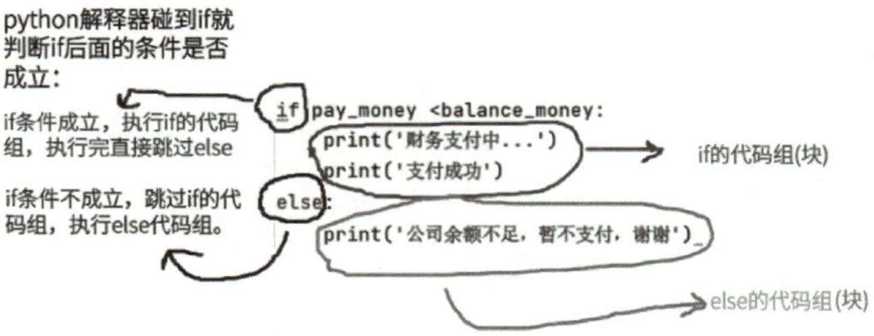

图 6.5-7　双分支结构代码执行示意图

(四) if 多分支结构

我们接着修改一下场景——修改公司制度: ① 付款金额小于公司余额,财务直接支付; ② 付款金额刚好等于公司余额,看公司今日收尾款情况,第二天告知结果; ③ 其他情况直接当场告知:公司余额不足,暂不支付,谢谢。

这里就要用到 elif 了。

if、elif 为多分支结构的关键字。在使用多分支结构时一定要梳理清晰程序的逻辑。

根据修改的公司制度来执行代码(图 6.5-8)。

```
pay_money = 60000 # 采购金额
balance_money = 50000 #公司余额

print('采购员走进财务办公室')

# 采购员跟财务进行请求支付，财务人员进行审核
if pay_money<balance_money:
    print('财务支付中...')
    print('支付成功')
elif pay_money==balance_money:
    print('看公司今日收尾款情况，回去等明天通知吧')
else:
    print('公司余额不足，暂不支付，谢谢')

print('采购员走出财务办公室')
```

```
采购员走进财务办公室
公司余额不足，暂不支付，谢谢
采购员走出财务办公室
```

图 6.5-8　多分支结构业务处理代码及运行结果

这里用流程图(图 6.5-9)来帮助大家理解。

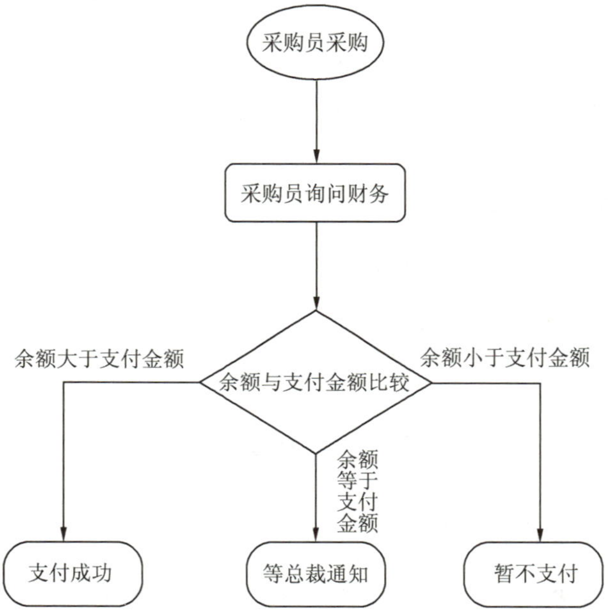

图 6.5-9　多分支结构业务流程图

分支结构的几个知识点：

(1) if elif else 后面必须跟着英文冒号“:”。

(2) if elif else 的书写顺序必须是先 if,然后 elif(可以 0 个、1 个或多个),最后才是 else。

上面的判断语句相当重要,它控制着一个分支是否执行(财务的回应)。判断条件的变量类型——bool 类型,它只有两个值,一个是 True,一个是 False。True 代表条件成立;False 代表条件不成立。

通过刚才的案例和代码,能清楚地看出条件是需要判断的,而判断就需要用到之前讲过的两种运算符。

比较运算符见表 6.4-4。

表 6.4-4　比较运算符

运算符	描述
==	等于
! =	不等于
>	大于
<	小于
>=	大于等于
<=	小于等于

比较运算符非常容易理解，例如“5 = = 5”就是问你“5 等于 5，正确吗？”如果正确你就回答 True，如果错误你就回答 False。

逻辑运算符见表 6.4-5。

表 6.4-5　逻辑运算符

运算符	描述	示例
and	前后条件都成立，结果才会成立	1 = = 1 and 2 > 1 输出 True
or	前后条件有一个成立，结果就成立	1 > 2 or 2 > 1 输出 True
not	对结果取反	not 1 = = 1 输出 False

逻辑运算符的优先级别为：not > and > or。运算符优先级别高的会先被执行。

二、while 条件循环

while 条件循环和 if 条件判断类似，执行 if 语句时，只要条件为真，属于 if 条件下的语句就会被执行一次。而执行 while 条件循环时，只要条件满足就会一直执行，一直被执行的代码块称为循环体。

注意：while 条件语句后面一定要有英文的冒号“：”。

图 6.5-10 为 while 条件循环代码示例。

```
# 定义一个客户账户里面的钱
client_money = 1000
while client_money<20000:
    # 定义一个客户收到的投资收益金额
    print('又是凑钱还尾款的一天')
    get_money=int(input('请输入客户今天收到的投资收益(按Entry键结束输入)：'))
    # 将投资收益放入客户账务余额里面
    client_money = client_money + get_money
    print('天黑了，看看储蓄卡有多少钱吧，有 '+str(client_money)+'元')
    #str方法是将数字转成字符串的方法

print('你好，尾款已经打过去了，注意查收')
```

运行

```
又是凑钱还尾款的一天
请输入客户今天收到的投资收益(按Entry键结束输入)：12000
天黑了，看看储蓄卡有多少钱吧，有 13000元
又是凑钱还尾款的一天
请输入客户今天收到的投资收益(按Entry键结束输入)：8000
天黑了，看看储蓄卡有多少钱吧，有 21000元
你好，尾款已经打过去了，注意查收
```

图 6.5-10　业务处理中 while 的应用示例代码及运行结果

如果金额没有达到 20 000(while client_money <2 0000:),那么客户每天都会感慨“又是凑钱还尾款的一天,天黑了,看看储蓄卡有多少钱吧,有 XXX 元”(循环执行的代码块)。直到账户余额大于等于 20 000 才会停止,然后打电话给销售说:“你好,尾款已经打过去了,注意查收。”

站在代码的角度解释,首先执行到 while 这边的时候,Python 解释器就知道要开始循环了,循环的条件是 client_money < 20 000。判断 client_money < 20 000 是否成立,此时 client_money =1 000,1 000 <20 000 成立。进入执行循环体:要你输入金额,将金额加到 client_money。再次判断 client_money <20 000 是否成立,成立则进入循环体,如果不成立则终止循环。

用关键字 while 就可实现:每天用户都能收到投资收益金额(数量是由你输入的),直到收入大于等于 20 000 为止。

如果用户没有收入,会导致 client_money 这个变量不会改变,循环条件永远都为 True,那么这个循环就会永无止境,直到程序崩溃。这种无限循环我们通常叫死循环。在循环执行的代码块中修改循环的判断条件就能避免死循环。

停止和跳出循环

1. break 语句

break 语句的作用是终止当前循环,跳出循环体。break 语句常用于结束整个循环。

如果在第四天的时候,用户把尾款打给销售员了,不管这是在 10 天内的第几天,销售员就应该停止给用户打电话催尾款了。

实践出真理,我们直接用代码来验证 break 的强大。第四天收到尾款,销售员不再给用户打催尾款电话的代码如图 6.5-11 所示。

```
# 定义一个计算器 用来标识天数
# 通常计算器是从0开始
index = 0
while index<10:
    print('第'+str(index+1)+'天, 接到销售催尾款的电话')
    if index == 3:
        print('投资收益到账, 给销售打尾款。')
        break;
    print('第'+str(index+1)+'天, 感慨生活不易! ')
    index = index + 1

print('循环结束, 此时index等丁: '+str(index))
```

运行

```
第1天, 接到销售催尾款的电话
第1天, 感慨生活不易!
第2天, 接到销售催尾款的电话
第2天, 感慨生活不易!
第3天, 接到销售催尾款的电话
第3天, 感慨生活不易!
第4天, 接到销售催尾款的电话
投资收益到账, 给销售打尾款。
循环结束, 此时index等于: 3
```

图 6.5-11 break 语句应用示例代码及运行结果

我们对代码进行详解:在 index 等于 0、index 等于 1、index 等于 2 时,就是完整地执行循环体。重点是在当 index 等于 3(if 的条件成立)的时候,它的执行步骤是这样的:① 打印“接到销售催尾款的电话”; ② 进行分支语句的判断,条件成立,执行分支语句的代码块“投资收益到账,给销售打尾款”和 break 语句; ③ 执行完 break 语句,终止循环; ④ 打印“循环结束,此时 index 等于:3”,也就是说没有等到 while 后面的条件语句(index <10)不成立,循环就结束了。

2. continue 语句

continue 语句的作用是跳过本轮循环中循环体的剩余语句,并开始下一轮循环。

需要注意的是在开始执行下一轮循环时,会先对循环条件进行测试,满足条件程序才会继续向下执行。

假设客户 10 天内都还不了尾款。每次接完销售的催款电话后他都要“感慨生活不易”。但是在第七天和第十天,他接完销售电话后,因为正在忙别的事情来不及感慨,那么代码该怎么实现呢? 如图 6.5-12 所示。

```
# 定义一个计算器 用来标识天数
# 通常计算器是从0开始
index = 0
while index<10:
    index = index + 1
    print('第'+str(index)+'天, 接到销售催尾款的电话')
    if index == 7 or index == 10:
        continue
    print('第'+str(index)+'天, 感慨生活不易! ')

print('循环结束, 此时index等于: '+str(index))
```

运行

```
第1天, 接到销售催尾款的电话
第1天, 感慨生活不易!
第2天, 接到销售催尾款的电话
第2天, 感慨生活不易!
第3天, 接到销售催尾款的电话
第3天, 感慨生活不易!
第4天, 接到销售催尾款的电话
第4天, 感慨生活不易!
第5天, 接到销售催尾款的电话
第5天, 感慨生活不易!
第6天, 接到销售催尾款的电话
第6天, 感慨生活不易!
第7天, 接到销售催尾款的电话
第8天, 接到销售催尾款的电话
第8天, 感慨生活不易!
第9天, 接到销售催尾款的电话
第9天, 感慨生活不易!
第10天, 接到销售催尾款的电话
循环结束, 此时index等于: 10
```

图 6.5-12 continue 语句应用示例代码及运行结果

是不是发现第 7 天和第 10 天没有“感慨生活不易”呀? continue 是不是很神奇?

三、for 循环

在编写代码过程中,经常会出现需要不断重复的操作,这时就需要用到循环结构。在 Python 中我们常常用 for 来循环列表、元组、字符串这些数据类型。

例如,我们想把“abcdefg”里面的字母一个一个地拿出来,要怎么写代码呢? 如图 6.5-13 所示。

```
temp_str = 'abcdefg'

for one_letter in temp_str:
    print(one_letter)
```

运行

```
a
b
c
d
e
f
g
```

图 6.5-13 for 循环示例代码及运行结果

可见,for 循环很容易理解,就是循环着取东西出来,它的循环体里面 continue 跟 break 是一样的用法。

项目七

数据分析与可视化

项目描述

本章主要介绍财务人员应如何学习使用 NumPy 操作数组、理解 Pandas 数据结构、查看 Excel 数据源,以及如何进行财会数据提取、财税数据连接与合并、财税数据分组集合、财税数据可视化等。

数据可视化指的是通过可视化表示来探索数据,它与数据挖掘紧密相关,而数据挖掘指的是使用代码来探索数据集的规律和关联。数据集可以是用一行代码就能表示的小型数字列表,也可以是吉字节的数据。漂亮地呈现数据关乎的并非仅仅是漂亮的图片,应以引人注目的简介方式呈现数据,让观看者能够明白其含义,并发现数据集中原本未意识到的规律和意义。

学习目标

1. 掌握 NumPy 数组的基础操作。
2. 掌握 Pandas 中 DataFrame 数据结构的使用。
3. 掌握 Matplotlib 常见图表的绘制。

任务一　使用 NumPy 操作数组

任务描述

图 7.1-1　熊猫图示

Pandas 翻译为中文是熊猫,你以为 Pandas 只是代表图 7.1-1 中憨憨的熊猫吗? 不,其实它在 Python 的世界里是一个做数据分析的 Python 库。

NumPy 是 Python 生态系统中数据分析、机器学习和科学计算的主力军。Pandas 都以 NumPy 作为其架构的基础部分。

什么是 NumPy 呢？它是 Pandas 及后续 Python 高级工具的基础，据说来自英文“Numerical Python”。顾名思义，它主要用于处理数值型数组。它是一个 Python 库，提供了对数组进行快速操作的功能，包括数学运算、逻辑判断、排序、筛选元素、统计运算等。

案例导入

数组可以理解成一组数据，通常这些数据是相同类型的，并且表示的含义是相关的。日常生活中应用数组的场景非常多，如每月统计的生活支出金额、每天记录的背诵单词的数量等。数组在数据分析应用中一样有着重要作用。Python 语言中 NumPy 库就是一个强大的数组处理工具函数库，它也是 Python 数组分析和科学计算的核心软件包。熟悉并掌握数组的处理，可为后面数据分析 Pandas 库的学习打牢基础。

知识储备

一、创建 NumPy 数组

NumPy 是一个 Python 第三方包，而在 Python 中若涉及第三方包、库的使用，则第一步就要先将其导入。

“import NumPy”是导入 NumPy 库的意思。请在使用 NumPy 库方法前务必先导入 NumPy 库，否则程序可能出现如图 7.1-2 所示的错误。

```
mylist=numpy.array([1,2,3,4])
mylist
```

```
---------------------------------------------------------------------------
------
NameError                                 Traceback (most recent call
last)
<ipython-input-1-efd1b4c9af0e> in <module>
----> 1 mylist=numpy.array([1,2,3,4])
      2 mylist

NameError: name 'numpy' is not defined
```

numpy忘记导入的报错提示

图 7.1-2　NumPy 创建数组

NumPy 库创建的数组如图 7.1-3 所示。

```
import numpy as np
mylist=np.array([1,2,3,4])
mylist
```

```
array([1, 2, 3, 4])
```

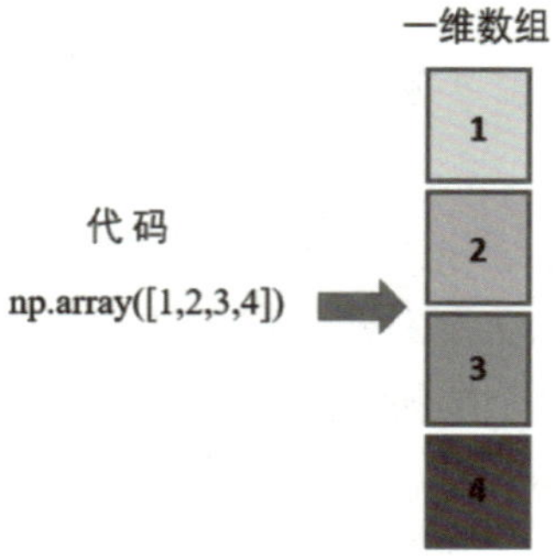

图 7.1-3　NumPy 数组

对于同样的数值计算任务，使用 NumPy 比直接使用 Python 要简洁得多。图 7.1-4 中的代码是给 Python 列表中每个元素做乘法运算，并返回。

```
#列表做乘法运算
temp_list2 = [3,5,7,9,11,13]
#创建一个新列表存储乘法运算后值
temp_list2_new = []
#循环列表temp_list2
for i in range(len(temp_list2)):
    #temp_list2[i]乘于2 =>添加到temp_list2_new列表中
    temp_list2_new.append(temp_list2[i]*2)
print(temp_list2_new)
```

```
[6, 10, 14, 18, 22, 26]
```

图 7.1-4　使用 Python 列表做乘法运算

可见，Python 列表必须去 for 遍历列表元素，逐一做乘法运算，过程还是挺烦琐的。以下代码是 NumPy 数组做乘法运算，只要像做小学数学运算那样即可完成数组运算。

```
import numpy as np
temp_list2=np.array([3,5,7,9,11,13])
temp_list2_new = temp_list2*2
print(temp_list2_new)
```

```
[ 6 10 14 18 22 26]
```

图 7.1-5　使用 NumPy 数组做乘法运算

二、NumPy 数组的优势

NumPy 数组通常是由相同种类的元素组成的，即数组中的数据项的类型一致。这样有一个好处，由于知道数组元素的类型相同，所以能快速确定存储数据所需空间的大小。

NumPy 数组能够运用向量化运算来处理整个数组，速度较快；而 Python 的列表则通常需要借助循环语句遍历列表,运行效率相对来说要差。

NumPy 使用了优化过的 C API,运算速度较快,在做大型数据运算的时候,list 表现速度远慢于 NumPy。

如果认为 NumPy 只能处理简单的一维数组,那就太小瞧它了,NumPy 最重要一个特征就是其 N 维数组(即 ndarray)。ndarray 是英文 n-dimensional arrays 的缩写。

图 7.1-6 为 1 维、2 维数组图示。

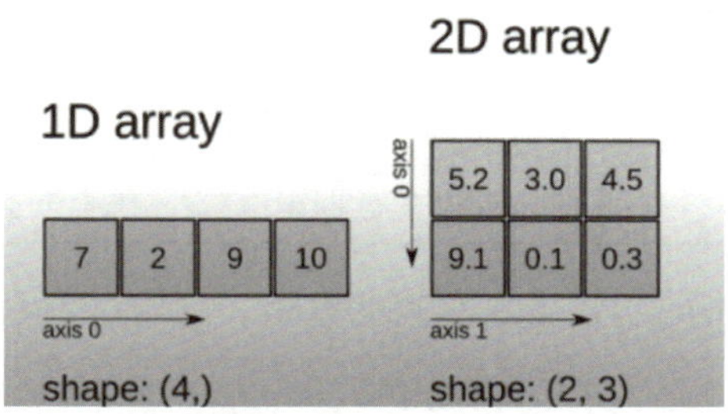

图 7.1-6　NumPy 一维和二维数组

三、ndarray 基础

创建浮点(float)类型及二维 ndarray 数组(图 7.1-7)。

```
# 基于list 创建float类型
b = np.array([1.2, 3.5, 5.1])
print(b)
# 二维数组 (2*3)
arr2 = np.array([[1,2,4], [3,4,5]])
print(arr2)
```

```
[1.2 3.5 5.1]
[[1 2 4]
 [3 4 5]]
```

图 7.1-7　ndarray 基础

注意:① 若不指定,整数默认类型为 int 64,小数默认 float 64。

② 在创建二维数组时,在每个子 list 外面还有一个“[ ]”,形式为“[[list1], [list2]]”。

若不小心传入多个参数给 array( ) 函数,而不是 list 或者 tuple 对象,程序则会报错(图 7.1-8)。

```
a = np.array(1,2,3,4)
print(a)
```

```
---------------------------------------------------------------------------
TypeError                                 Traceback (most recent call last)
<ipython-input-15-1dbe7d69d07f> in <module>
----> 1 a = np.array(1,2,3,4)
      2 print(a)

TypeError: array() takes from 1 to 2 positional arguments but 4 were given
```

图 7.1-8　创建 NumPy 数组错误示范

你也可以通过 arange 函数生成固定范围数组：NumPy. arange(start, stop, step, dtype)。各参数的含义见表 7.1-1。

表 7.1-1　arange 函数参数列表

参数	描述
start	起始值，默认为 0
stop	终止值(不包含)
step	步长，默认为 1
dtype	返回 ndarry 的数据类型，空系统会默认匹配

图 7.1-9 展示了传递不同参数生成对应的数组。

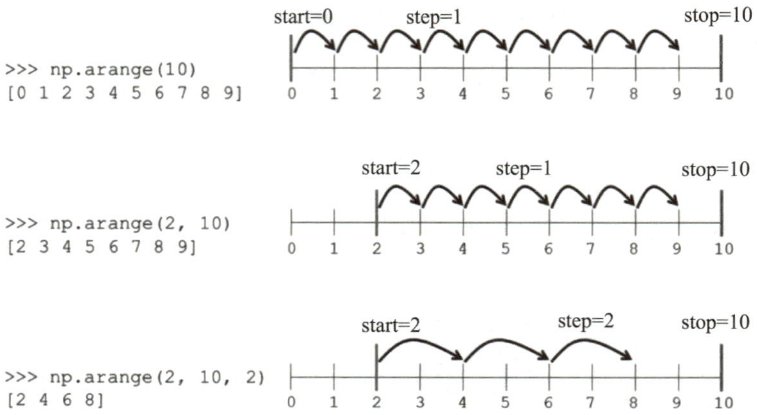

图 7.1-9　arange 函数示例

我们通过代码展示一下 arange 函数的运行结果(图 7.1-10)。

```
import numpy as np
#创建一个结果为1到5的数组
a=np.arange( 1,6 )
print(a)
#创建一个10到25, 每个元素递增5的数组
b=np.arange( 10, 30, 5 )
print(b)
#创建一个0到1.8, 每个元素递增0.3的数组
c=np.arange( 0, 2, 0.3 )
print(c)
```

```
[1 2 3 4]
[10 15 20 25]
[0.  0.3 0.6 0.9 1.2 1.5 1.8]
```

图 7.1-10　arange 函数运行结果示例

四、ndarray 数组操作

（一） 切片和索引

一维 ndarray 数组的切片方法和索引与 Python 基础 list 部分语法基本相同(图 7. 1-11)。

```
import numpy as np
#创建一个结果为1到10的数组
a=np.arange(1,11)
a
```

```
array([1, 2, 3, 4, 5, 6, 7, 8, 9])
```

```
a[5]
```

```
6
```

```
a[5:9]
```

```
array([6, 7, 8, 9])
```

图 7. 1-11 切片示例 1

ndarray 基本操作如图 7. 1-12 所示。

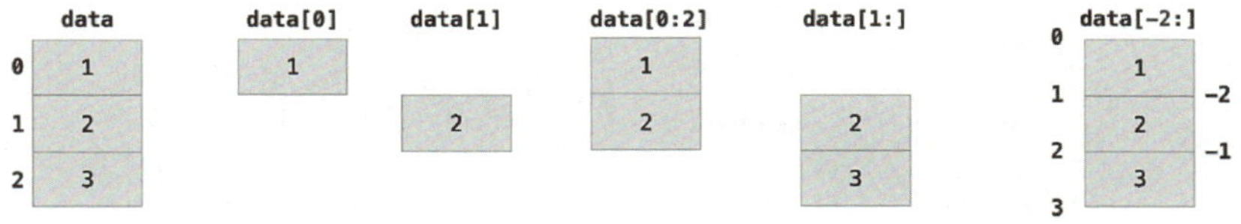

图 7. 1-12 切片示例 2

你也可以按索引切片来进行数组数学运算(图 7. 1-13)。

```
import numpy as np
#创建一个结果为1到10的数组
a=np.arange(1,11)
a
```

```
array([1, 2, 3, 4, 5, 6, 7, 8, 9])
```

```
a[4:8]=12
print(a)
```

```
[1 2 3 4 12 12 12 12 9]
```

图 7. 1-13 切片示例 3

（二） 二维数组里的索引

在一个二维数组里，单一的索引指代的是一维的数组（图 7.1-14）。

```
data = np.array([[1, 2], [3, 4]])
data
```

```
array([[1, 2],
       [3, 4]])
```

图 7.1-14　定义二维数组示例

然后在这个 2ndarray 数组上进行切片和索引操作（图 7.1-15）。

```
data[0, 1]
```

```
2
```

```
data[1:3]
```

```
array([[3, 4]])
```

```
data[0:2, 0]
```

```
array([1, 3])
```

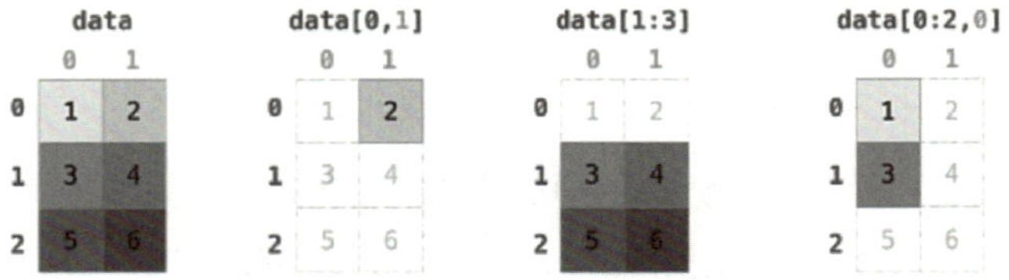

图 7.1-15　二维数组切片与索引使用示例

索引和切片操作在后续的 Pandas 操作中非常有用，一定要掌握。

每个子 list 外面还有一个“[ ]”，形式为“[[list1],[list2]]”。如果在代码里少写了“[ ]”，则会报错。

（三） 数组的轴 axis

在学习 ndarray 数组加减操作之前，我们先要理解数组的轴 axis。数组有一维数组、二维数组甚至 n 维数组。在一维数组里，axis = 0 代表第一个维度的方向；在二维数组里，axis 轴参数可以理解为行或列的方向，axis = 0 表示行方向，axis = 1 则代表列方向（图 7.1-16）。

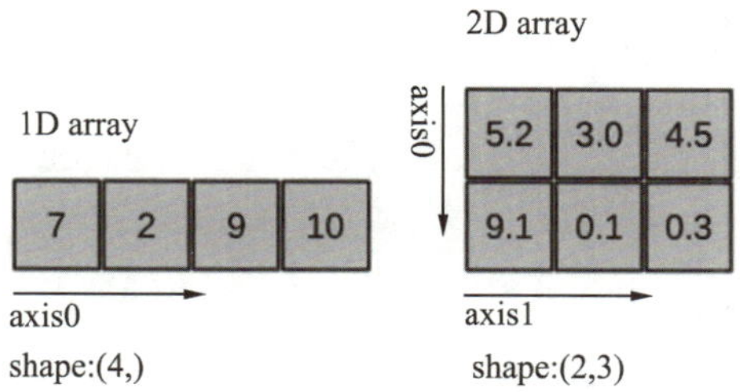

图 7.1-16　数组的轴

五、ndarray 数组统计操作

在日常财务工作中，我们除了对数组进行创建、索引、切片工作外，还需要对数组进行统计分析操作。在 NumPy 中常见的统计函数如表 7.1-2 所示。

表 7.1-2　NumPy 统计函数

函数名	用途
sum	求和
min	求最小值
max	求最大值
mean	求均值
cumsum	求元素累加和
median	求中位数

我们先创建一个二维数组，看看运行统计操作（不传入任何参数）的效果（图 7.1-17）。

```
data = np.array([[1, 2], [3, 4], [5, 6]])
data
```

```
array([[1, 2],
       [3, 4],
       [5, 6]])
```

```
data.max()
```

```
6
```

```
data.min()
```

```
1
```

```
data.sum()
```

```
21
```

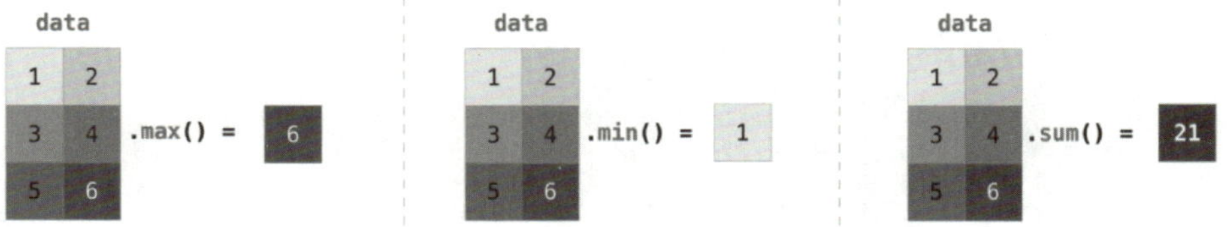

图 7.1-17　统计函数示例

我们也可以传入 axis 参数按行方向、列方向进行统计操作(图 7.1-18)。

```
data.max(axis=0)
```

```
array([5, 6])
```

```
data.max(axis=1)
```

```
array([2, 4, 6])
```

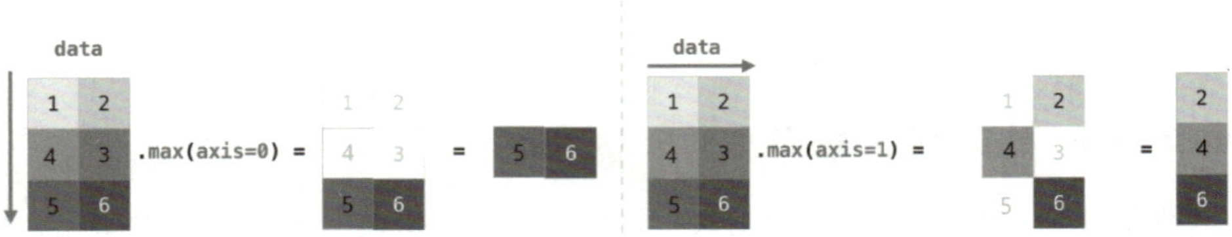

图 7.1-18　max( )函数应用示例

sum( )函数,可以计算数组的元素和,也可以传入 axis 参数按轴统计求和。代码运行结果如图 7.1-19 所示。

```
import numpy as np
arr=np.array([[1,2,3],[4,5,6]] )
print(arr.sum(axis=0))
print(arr.sum(axis=1))
```

运行

```
[5 7 9]
[ 6 15]
```

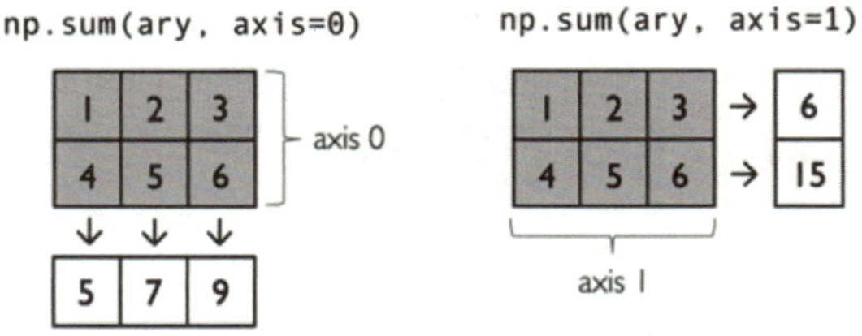

图 7.1-19　sum( )函数应用示例

六、ndarray 数学运算

NumPy 不仅支持一维数组运算,而且也支持不同数组或者维度的运算。首先我们创建两个不同行的二维数组,进行数组加法操作(图 7.1-20)。

```
data = np.array([[1, 2], [3, 4], [5, 6]])
ones_row = np.array([[1, 1]])
data + ones_row
```

```
array([[2, 3],
       [4, 5],
       [6, 7]])
```

图 7.1-20　数组间加法运算

如图 7.1-21 所示，虽然两个数组一个三行、一个两行，但是 NumPy 利用了其广播机制，自动将两个数组变成相同(3 * 2)形状的数组，然后每个相同位置元素依次相加，得到一个新的 ndarray 数组。

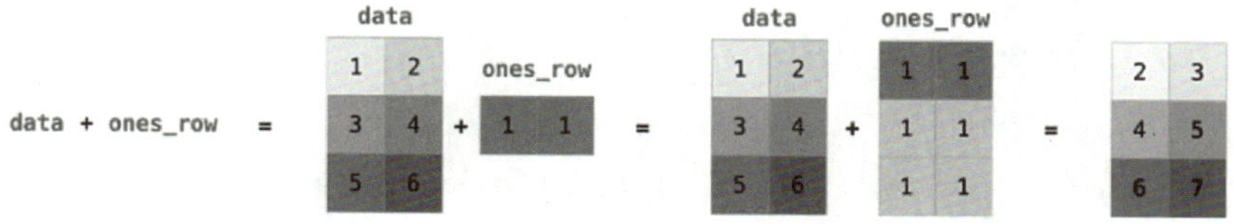

图 7.1-21　数组广播机制示例

七、NumPy 数组筛选

（一）布尔数组

在财务工作中，我们有时需要根据条件筛选出对应元素。

这里我们创建一个布尔 NumPy 数组，即数组里的元素是 True、False 的数据类型(图 7.1-22)。

```
data = np.array([False,True,False])
data
```

```
array([False,  True, False])
```

图 7.1-22　定义布尔数组

（二）布尔索引 Index

下面介绍如何在一个已经存在的 ndarray 数组中使用得到的布尔数组筛选出符合条件的对应元素。

首先，通过 Python 比较运算符(>、> =、<、< =、! =、= =)与 arr 数组比较，得到一个 ndarray 布尔型数组(图 7.1-23)。

```
arr = np.array([[1,2,3],[4,5,6]])
greater3 = arr>3
greater3
```

```
array([[False, False, False],
       [ True,  True,  True]])
```

图 7.1-23　构造布尔数组

将得到的布尔数组传递给数组索引，即可得到符合条件为 True 的元素(图 7.1-24)。

```
arr[greater3]
```

```
array([4, 5, 6])
```

图 7.1-24　使用布尔数组筛选数据

上面那两段代码有点烦琐，其实直接条件判断和元素筛选两段代码可合成一段代码（图7.1-25）。

```
arr = np.array([[1,2,3],[4,5,6]])
result = arr[arr>3]
result
```

```
array([4, 5, 6])
```

图7.1-25　布尔数组作为索引筛选数据

我们也可以使用逻辑“and”运算符“(&)”或者“or”运算符“(|)”来进行布尔索引筛查。比如我们可以筛查出大于3并且同时被2整除的元素（图7.1-26）。

```
arr = np.array([[1,2,3],[4,5,6]])
result = arr[(arr>3) & (arr%2==0)]
result
```

```
array([4, 6])
```

图7.1-26　对数组多条件筛选

八、NumPy数组操作——新增、排序、去重操作

（一）append新增数组元素

有时我们在财务工作中需要将一些值追加到现有数组中，这就会用到append()函数（图7.1-27）。

```
import numpy as np
x = np.array([[10,20,30], [40,50,60]])
y = np.array([[100], [200]])
print(np.append(x, y, axis=1))
```

```
[[ 10  20  30 100]
 [ 40  50  60 200]]
```

图7.1-27　append()函数应用示例1

append()函数后面写了axis = 1，则代表是横轴方向追加元素（图7.1-28）。

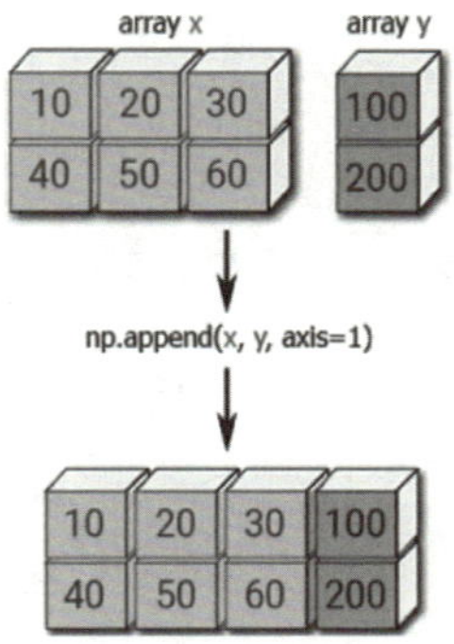

图7.1-28　append()函数应用示例2

（二） sort 数组排序

有时候我们拿到的数据是一团乱序，比如 np. array([5,3,1,2,4])，这时可以使用 sort()函数对数组进行排序(图 7.1-29)。

```
x=np.array([5,3,1,2,4])
y=np.sort(x)
print(y)
```

运行

```
[1 2 3 4 5]
```

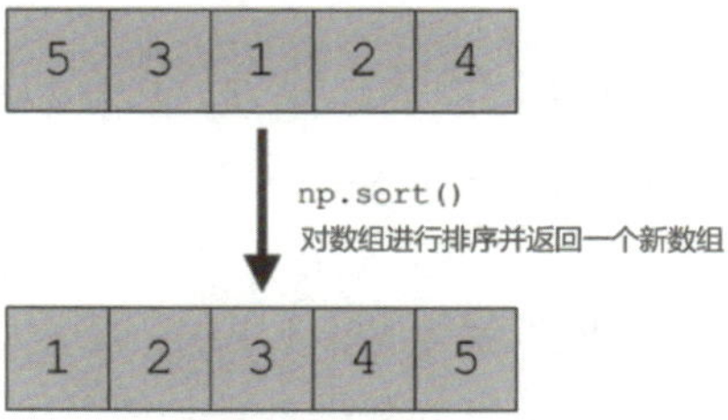

图 7.1-29　sort()函数应用示例 1

在二维数组上，我们也可以使用 axis 参数指定数组按行/列轴进行排序(图 7.1-30)。

```
x=np.array([[1,6,2],[5,1,1],[8,0,1]])
y=np.sort(x,axis=0)#按第一列顺序排序
z=np.sort(x,axis=1)#按第一行顺序排序
print(y)
print(z)
```

运行

```
[[1 0 1]
 [5 1 1]
 [8 6 2]]
[[1 2 6]
 [1 1 5]
 [0 1 8]]
```

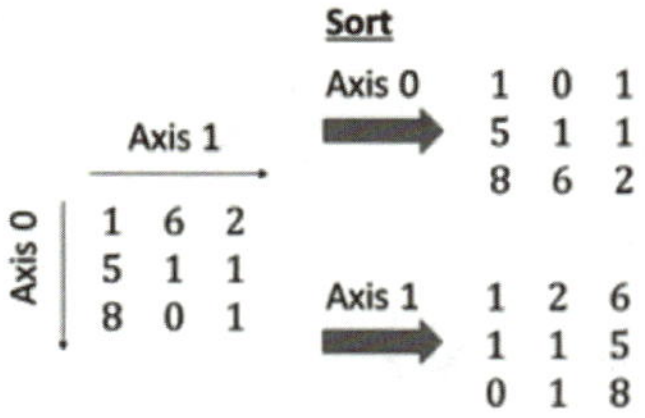

图 7.1-30　sort()函数应用示例 2

任务二　理解 Pandas 数据结构

任务描述

Pandas 是进行数据分析工作时最常用并且最重要的一个工具包。它易于使用、开源并且允许处理大量数据。它能快速高效地进行数据操作、数据聚合和透视，具有灵活的时间序列功能等。

Pandas 具有许多与 SQL 或 Excel 相同的功能，并且可以接收各种数据类型——从 csv 文件和文本文件到 Microsoft Excel 文件、SQL 数据库等。它还有一个额外的好处是允许将不同来源的数据集转换为 DataFrame 对象，该对象在 Python 中的表示类似于 Excel 中的表格数据的列和行，因此可以将 Pandas 对象理解为 Excel 中的一个表页（Sheet）。基于 Pandas 自身强大的 API 可以实现比 Excel 更多更丰富的数据处理功能。

案例导入

Pandas 是 Python 数据分析的核心软件包，其功能丰富且易于学习和使用。具有 Excel 学习基础的学生，掌握 Pandas 的使用并不难。通常使用 Pandas 的步骤是：首先从外部 csv 文件或 Excel 文件中读取数据，将数据转换为 DataFrame 对象，因此 DataFrame 就是一个二维的“表格”，具有行和列的特征；然后调用 DataFrame 提供的各类数据筛选、分组聚合、数据连接等功能，实现数据提取、统计、转换等，从而获取有价值的信息；最后将上述有价值的信息用图表显示出来。

知识储备

Pandas 有两种数据结构：Series 和 DataFrame。Pandas 能够创建两种新类型的 Python 对象：Pandas Series 和 Pandas DataFrame。

一、什么是 Series

Series 对象本质上是一个具有索引的一维数组。如果你熟悉 Excel 的话，可以把 Series 对象看成 Excel 的某一行或者某一列。它的索引（index）指的就是 Excel 对应的行头 1/2/3 或者列头 A/B/C/D。

Series 对象可以包含整数、字符串、浮点数等。Series 对象里的值都具有相同的数据类型。你可以将 Series 对象视为 Excel 中的一列数据（图 7.2-1）。

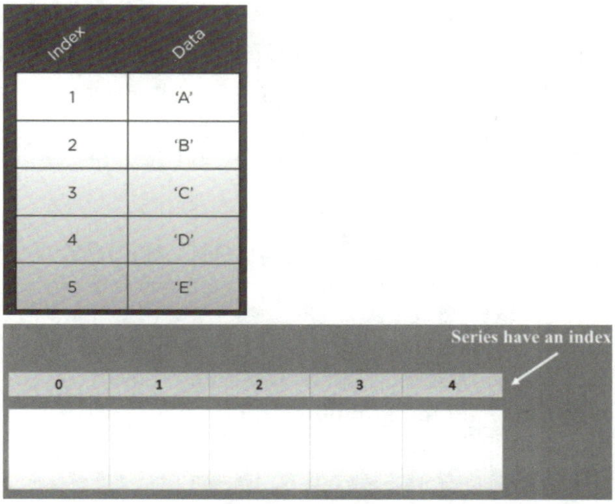

图 7.2-1　Series 示例

二、什么是 Pandas DataFrame(数据框)

在 Python 中,DataFrame 是一种二维数据结构,能够存储和处理不同数据类型的列。本质上,Pandas DataFrames 就像 Excel 电子表格。

Python 中的 DataFrame 和 Excel 结构非常相似:它也是具有行列结构的数据类型。DataFrame 中不同的列可以具有不同的数据类型。因此,一列可能包含字符数据,而另一列可能包含数字数据。

Pandas DataFrames 本质上是由一个或多个 Pandas Series 对象组成的。前面提到,Series 就像数据的"列",那么可以将几个类似列的 Series 对象组合成一个更大的结构 DataFrame (图 7.2-2)。

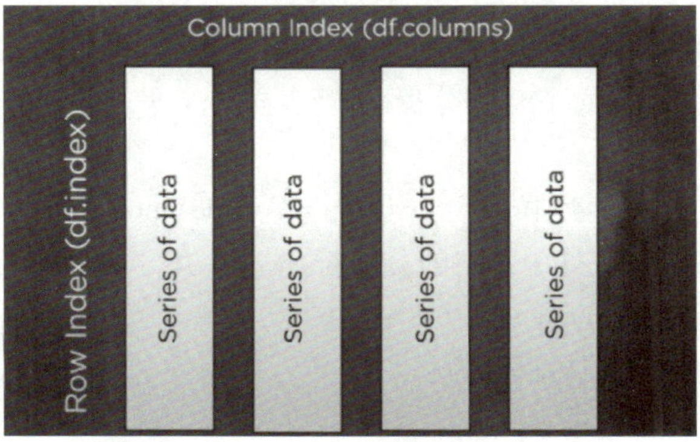

图 7.2-2　DataFrame 示例

三、Pandas DataFrame 的索引(Index)

Pandas DataFrame 由三个主要组件组成:数据、索引和列。和 Excel 中的行列索引一样

（类似 D3，你可以找到 D 列第 3 行的数据），在 DataFrame 中，我们也需要引用特定的行或列，或者引用一整个范围的行和列数据。Pandas 数据框中的每一行和每一列都有一个整数索引（index）。你可以使用这些索引按编号检索特定行和特定列。

同样，你可以使用这些索引值来检索数据范围。例如，你可以检索第 1 行到第 4 行的数据（图 7.2-3）。

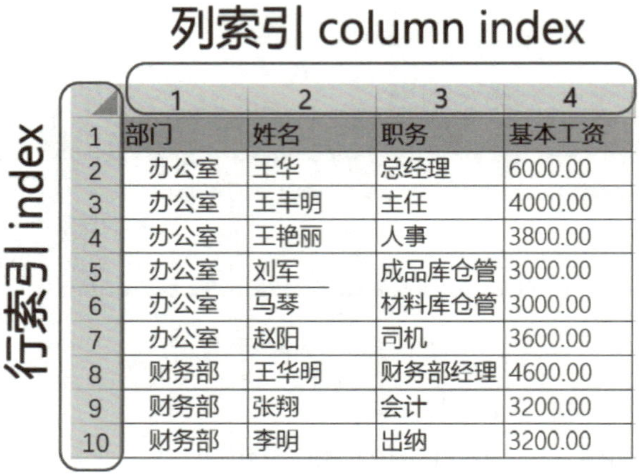

	1	2	3	4
1	部门	姓名	职务	基本工资
2	办公室	王华	总经理	6000.00
3	办公室	王丰明	主任	4000.00
4	办公室	王艳丽	人事	3800.00
5	办公室	刘军	成品库仓管	3000.00
6	办公室	马琴	材料库仓管	3000.00
7	办公室	赵阳	司机	3600.00
8	财务部	王华明	财务部经理	4600.00
9	财务部	张翔	会计	3200.00
10	财务部	李明	出纳	3200.00

图 7.2-3　DataFrame 索引

四、创建 DataFrame 对象

DataFrame 的创建大体可以分为两种方式，一种是读取外部文件创建；另一种是基于现有数据手动创建。

读取外部数据文件创建 DataFrame 时，支持读取 csv、txt、xlsx 格式文件和从 mysql 数据库读取数据。

读取 csv 文件的代码为

```
import pandas as pd
df = pd.read_csv('excel/数据分析/工资表样本.csv', encoding = 'gbk')
```

读取 txt 文件的代码为

```
df = pd.read_csv('客户联系人.txt',sep = '\t', header = None)
```

其中，sep 用于指定 txt 文件中各列的分隔符，header 用于指定文件中是否包含标题行，若不包含标题行，则指定为 None。

从 mysql 数据库读取数据的代码为：

```
import pymysql
import pandas as pd
conn = pymysql.connect(host = '127.0.0.1',user = 'root',password = '123456',
database = 'sales',charset = 'utf8')
df = pd.read_sql('select * from customer',con = conn)
```

上述代码中，首先导入了 pymysql 库，并使用了 connect 函数创建数据库连接，示例中的连接参数含义为:host 指定数据库主机 IP,user 指定数据库用户名,password 指定数据库用户密码,database 指定数据库名称,charset 指定连接的编码字符集。

当数据库连接成功后,使用 Pandas 提供的 read_sql 函数执行 SQL 语句,并将 SQL 查询结果填充到 DataFrame 对象中。

基于现有数据创建 DataFrame 对象,支持基于字典、数组的创建,具体创建方式将在后续内容中学习。

五、Pandas 读取外部 Excel 文件

使用 pd. read_excel( ) 函数将 Excel 文件作为 DataFrame 读取导入,该函数接受你要导入的文件的路径(比如根目录下的 Excel 文件夹中的数据分析文件下的“工资表样本. xlsx”,则写成 Excel/数据分析/工资表样本. xlsx)。要在 Jupyter notebook 中查看 DataFrame,我们只需键入变量的名称(图 7.2-4)。

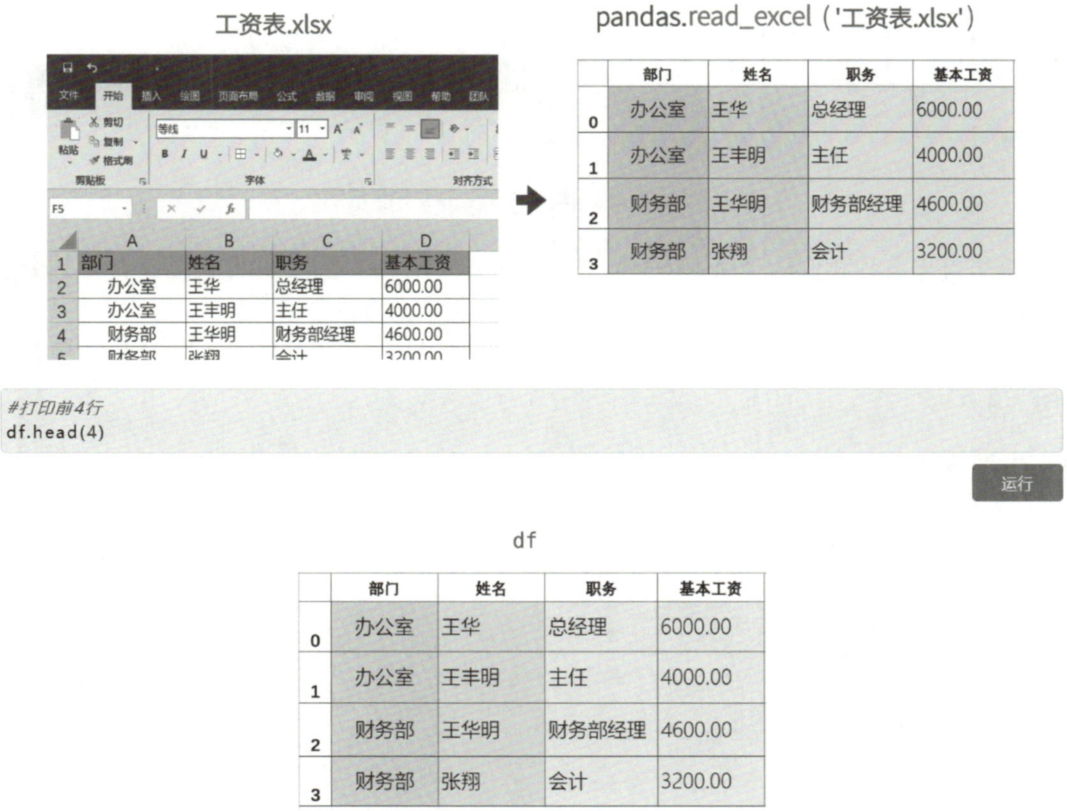

图 7.2-4　Pandas 读取外部 Excel 文件示例 1

如图 7.2-5 所示,导入 Excel 数据然后在代码区查看数据。

```
#读取文件信息
import pandas as pd
import numpy as np
df=pd.read_excel('excel/数据分析/水果与蔬菜销售清单.xlsx')
df
```

运行

	交易编号	销售日期	产品	类别	产地	销售数量	平均价格	平均成本
0	1668786732877357951	2021-03-01	橙子	水果	America	1217	7.63	3.98
1	1668786732877357951	2021-03-01	橙子	水果	Australia	1217	7.63	3.98
2	1668786732877357952	2021-03-02	洋葱	蔬菜	China	1212	10.80	5.20
3	1668786732877357953	2021-03-02	葡萄	水果	Japan	1211	21.06	16.00
4	1668786732877357954	2021-03-03	苹果	水果	America	1211	12.88	9.89
5	1668786732877357955	2021-03-04	土豆	蔬菜	china	1210	6.01	4.00
6	1668786732877357956	2021-03-05	苹果	水果	America	1209	11.98	6.50
7	1668786732877357957	2021-03-06	土豆	蔬菜	China	1208	6.02	4.10
8	1668786732877357958	2021-03-07	西葫芦	蔬菜	China	1208	6.98	3.20
9	1668786732877357959	2021-03-08	西葫芦	NaN	China	1208	6.98	3.50
10	1668786732877357960	2021-03-09	胡萝卜	蔬菜	China	1207	3.12	1.57
11	1668786732877357961	2021-03-10	苹果	水果	Australia	1207	11.98	6.98
12	1668786732877357962	2021-03-11	葡萄	水果	Japan	1207	10.68	8.10
13	1668786732877357963	2021-03-11	橙子	水果	America	1203	12.00	6.00
14	1668786732877357964	2021-03-12	土豆	蔬菜	China	1205	5.63	2.10
15	1668786732877357965	2021-03-13	土豆	蔬菜	China	1203	-5.00	1.98
16	1668786732877357966	2021-03-15	土豆	蔬菜	China	1203	6.12	3.00
17	1668786732877357966	2021-03-15	土豆	蔬菜	China	1203	6.12	3.00
18	1668786732877357967	2021-03-17	橙子	水果	America	1201	13.20	5.80

图 7.2-5　Pandas 读取外部 Excel 文件示例 2

这里可以看到我们已经将 Excel 数据读取到 DataFrame 中了。由于在将来的数据分析中，Excel 可能存在非常多的行，直接打印 df 会看到大部分数据都被截断了。

我们可以使用.head()和.tail()的方法仅查看 DataFrame 中的前 5 个或最后 5 个数据（图 7.2-6）。

```
#查看前5行数据
df.head()
```

运行

	交易编号	销售日期	产品	类别	产地	销售数量	平均价格	平均成本
0	1668786732877357951	2021-03-01	橙子	水果	America	1217	7.63	3.98
1	1668786732877357951	2021-03-01	橙子	水果	Australia	1217	7.63	3.98
2	1668786732877357952	2021-03-02	洋葱	蔬菜	China	1212	10.80	5.20
3	1668786732877357953	2021-03-02	葡萄	水果	Japan	1211	21.06	16.00
4	1668786732877357954	2021-03-03	苹果	水果	America	1211	12.88	9.89

```
#查看后5行数据
df.tail()
```

运行

	交易编号	销售日期	产品	类别	产地	销售数量	平均价格	平均成本
14	1668786732877357964	2021-03-12	土豆	蔬菜	China	1205	5.63	2.10
15	1668786732877357965	2021-03-13	土豆	蔬菜	China	1203	-5.00	1.98
16	1668786732877357966	2021-03-15	土豆	蔬菜	China	1203	6.12	3.00
17	1668786732877357966	2021-03-15	土豆	蔬菜	China	1203	6.12	3.00
18	1668786732877357967	2021-03-17	橙子	水果	America	1201	13.20	5.80

图 7.2-6　查看 DataFrame 头尾数据行

六、将 Pandas 导出到外部 Excel 文件

我们已处理了所有的操作数据,那怎么保存这些数据到 Excel 文件呢?当你想保存处理完的数据到本地 Excel 时,可以执行.to_excel()将数据写入你的 Excel 文件里(图 7.2-7)。

```
#读取文件信息
import pandas as pd
import numpy as np
df4 = pd.read_excel('../../excel/数据分析/工资表样本More.xlsx')
df4 = df4.groupby(['姓名'])['基本工资','岗位工资'].sum()#按姓名分组
df4 = df4.applymap(lambda x:format(x,'.2f'))#保留2位小数
df4
```

运行

```
<ipython-input-16-c161676e17a5>:5: FutureWarning: Indexing with multiple keys (implicitly converted to a tuple of keys) will be deprecated, use a list instead.
  df4 = df4.groupby(['姓名'])['基本工资','岗位工资'].sum()#按姓名分组
```

姓名	基本工资	岗位工资
张翔	3200.00	1500.00
王丰明	4000.00	3200.00
王华	6000.00	4000.00
王华明	4600.00	2200.00

图 7.2-7　Pandas 导出数据到外部文件示例

任务实施

一、创建 Pandas DataFrame

(一) 先决条件:导入 Pandas

在运行任何 Pandas 代码之前,你需要将 Pandas 导入你的工作环境中(图 7.2-8)。

```
#导入pandas安装包
import pandas as pd
```

运行

图 7.2-8　导入 Pandas 示例

在使用 Python 处理数据分析时,第一步则是创建 DataFrame 对象。我们可以从头开始创建空白 DataFrame,也可以将其他数据结构(如列表或 NumPy 数组、Excel 导入)转换为 DataFrame 对象。这里我们先介绍后者,从现有的 Python 转换为 DataFrame 对象。

（二） 使用 NumPy 数组创建

创建好你的 NumPy 的 ndarray 数组，可以将其作为 data 参数传递给 DataFrame( ) 函数（图 7.2-9）。

```
import numpy as np
data = np.array([['','Col1','Col2'],
            ['Row1',1,2],
            ['Row2',3,4]])

df=pd.DataFrame(data=data[1:,1:],
              index=data[1:,0],
              columns=data[0,1:])
print(df)
```

运行

```
     Col1 Col2
Row1    1    2
Row2    3    4
```

图 7.2-9　基于 NumPy 数组创建 DataFrame 示例

要注意的是代码块如何从 NumPy 数组中选择元素构建 DataFrame：先选择 Row1 和 Row2 所在行第 2 个元素作为数据 data，然后选择行号 Row1 和 Row2 作为索引 index，取第一行值 Col1 和 Col2 为列名（图 7.2-10）。

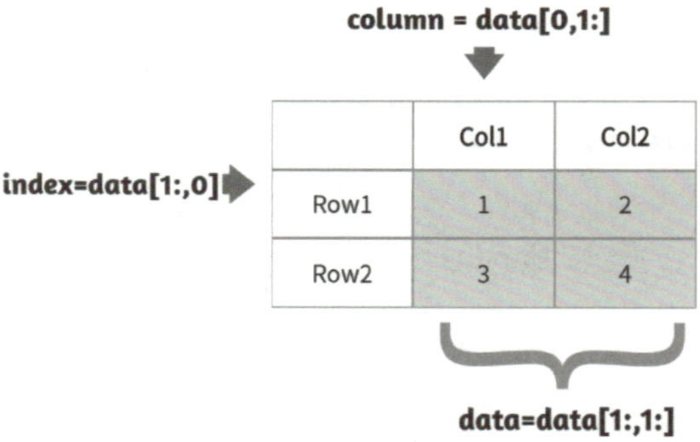

图 7.2-10　创建 DataFrame 参数示例

在运行结果中打印了一部分 DataFrame 结果。这和 2D NumPy 数组的工作原理相同：首先指出要查找数据的行，然后是列。不要忘记索引从 0 开始！对于上面 data 的例子，可看看索引 1 结束行，并选择索引 1 结果的所有元素，最终选择 1、2、3、4。这种创建 DataFrame 的方法对于所有 DataFrame( ) 可以作为输入的结构都是一样的。

（三） 读取现有 Excel 创建

我们可以使用该 pd. read_excel( ) 函数将 Excel 文件作为 DataFrame 导入，该函数接受需要导入的文件的路径（比如根目录下的 Excel 文件夹中的数据分析文件夹下的工资表. xlsx，则写成 excel/数据分析/工资表. xlsx）。要在 Jupyter notebook 中查看 DataFrame，我们只需键入变量的名称（图 7.2-11）。

```python
#读取工资表样本
df = pd.read_excel('excel/数据分析/工资表样本.xlsx')
```

运行

工资表样本.xlsx

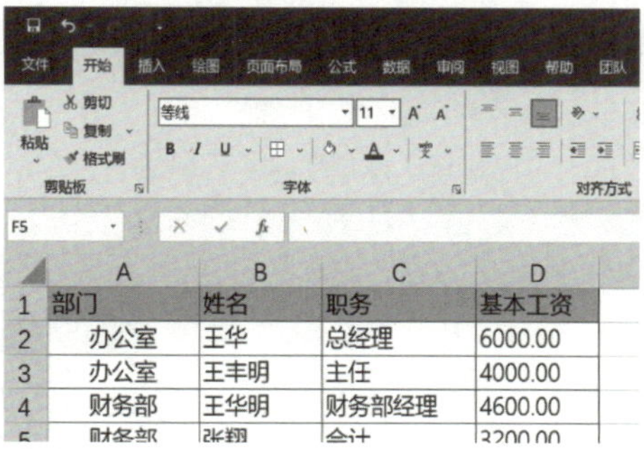

pandas.read_excel（'工资表样本.xlsx'）

	部门	姓名	职务	基本工资
0	办公室	王华	总经理	6000.00
1	办公室	王丰明	主任	4000.00
2	财务部	王华明	财务部经理	4600.00
3	财务部	张翔	会计	3200.00

```python
#打印前4行
df.head(4)
```

运行

df

	部门	姓名	职务	基本工资
0	办公室	王华	总经理	6000.00
1	办公室	王丰明	主任	4000.00
2	财务部	王华明	财务部经理	4600.00
3	财务部	张翔	会计	3200.00

图 7.2-11　Pandas 读取外部文件示例

二、从 Pandas DataFrame 筛选数据

在开始添加、删除和重命名 DataFrame 操作之前，你首先需要知道如何选择要操作的数据。

现在，假设我们有一个这样的 DataFrame（图 7.2-12）。

	A	B	C
0	1	2	3
1	4	5	6
2	7	8	9

```
# 创建 DataFrame
data = {
       "A":[1,4,7],
       "B":[2,5,8],
       "C":[3,6,9]
}
df = pd.DataFrame(data)
df# 查看 df
```

运行

	A	B	C
0	1	4	7
1	2	5	8
2	3	6	9

图 7.2-12　手动创建 DataFrame 对象

当我们想要访问“A”列中索引 0 处(第 0 行)的值,我们可以有多种方式选中该数据(图 7.2-13)。

```
# 使用 `iloc[]`
print(df.iloc[0][0])

#使用 `loc[]`
print(df.loc[0]['A'])
```

运行

```
1
1
```

图 7.2-13　DataFrame 数据筛选

. loc[ ][ ]和. iloc[ ][ ]是 Pandas 中数据选择最重要的两种方法(图 7.2-14)。这两者之间的细微差别将在后面讨论。

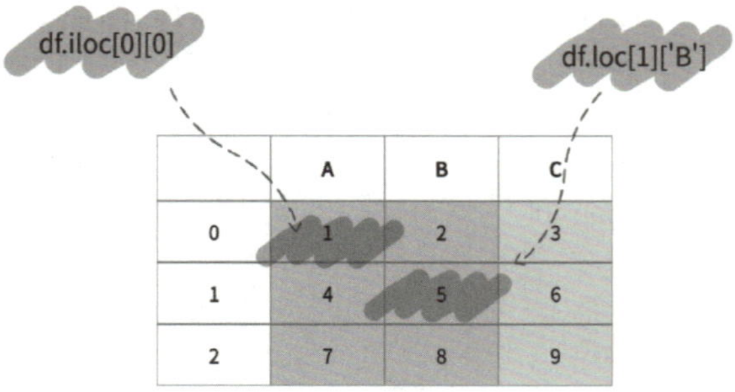

图 7.2-14　DataFrame 数据筛选详解

现在我们能从 DataFrame 中选择单个值了，如果要选择行或者列该怎么办呢？(图 7.2-15)

```
# 用`iloc[]` 选择一行
print(df.iloc[0])

# 用`loc[]` 选择一列
print(df.loc[:,'A'])
```

运行

```
A 1
B 4
C 7
Name: 0, dtype: int64
0 1
1 2
2 3
Name: A, dtype: int64
```

图 7.2-15 DataFrame 数据筛选示例

现在你只要知道可以通过按标签或按它们在索引(行 index)或列中的位置调用它们来访问这些值就够了(图 7.2-16)。

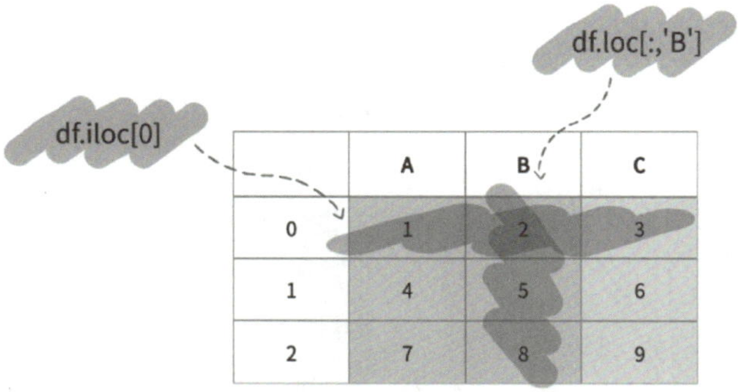

图 7.2-16 DataFrame 数据筛选示例讲解

来操作一下前面那个工资表样本 Excel 生成的 DataFrame(图 7.2- -17)。

```
#读取工资表
df = pd.read_excel('excel/数据分析/工资表样本.xlsx')
df
```

运行

	部门	姓名	职务	基本工资
0	办公室	王华	总经理	6000
1	办公室	王丰明	主任	4000
2	财务部	王华明	财务部经理	4600
3	财务部	张翔	会计	3200

图 7.2-17 读取外部文件构造 DataFrame 对象

当前的变量 df 是一个 DataFrame(图 7.2-18)。

df

	部门	姓名	职务	基本工资
0	办公室	王华	总经理	6000.00
1	办公室	王丰明	主任	4000.00
2	财务部	王华明	财务部经理	4600.00
3	财务部	张翔	会计	3200.00

图 7.2-18　DataFrame 对象示例

你可以通过列标签选择任何一列数据(图 7.2-19)。

```
# 选择姓名列
print(df['姓名'])
```

运行

```
0    王华
1   王丰明
2   王华明
3    张翔
Name: 姓名, dtype: object
```

df['姓名']

	姓名
0	王华
1	王丰明
2	王华明
3	张翔

图 7.2-19　通过列标签筛选数据

你也可以通过索引值切片获得一行或者多行(图 7.2-20)。

```
# 选择表中第二行和第三行内容
print(df[1:3])
```

运行

```
   部门  姓名   职务  基本工资
1 办公室 王丰明   主任  4000
2 财务部 王华明 财务部经理 4600
```

df[1:3]

	部门	姓名	职务	基本工资
1	办公室	王丰明	主任	4000.00
2	财务部	王华明	财务部经理	4600.00

图 7.2-20　通过切片索引筛选数据

你可以使用 loc 函数,通过列标签和行号来选择表的任何切片(记得选择的列名前后要用[ ]包裹起来),如图 7.2-21 所示。

```
# 选择表中第二至第四行的姓名列
print(df.loc[1:3,['姓名']])
```

运行

```
  姓名
1 王丰明
2 王华明
3 张翔
```

df.loc[1:3, ['姓名']]

	姓名
1	王丰明
2	王华明
3	张翔

图 7.2-21 通过 loc 函数筛选数据

三、Pandas DataFrame 索引与数据的管理

首先,我们先加深对 iloc 和 loc 的理解。

. loc[ ]适用于索引的标签。如果调用. loc[2],你将查找 DataFrame 的索引值为 2 的行数据。

. iloc[ ]适用于索引中的位置。如果调用. iloc[2],你将查找 DataFrame 位于索引 2 的行数据。

代码运行结果如图 7.2-22 所示。

```
df = pd.DataFrame(data=np.array([[1, 2, 3], [4, 5, 6], [7, 8, 9]]), index= [2, 'A', 4], columns=['A', 'B', 'C'])

# loc[]输入2
print(df.loc[2])

# iloc[]输入2
print(df.iloc[2])
```

运行

```
A 1
B 2
C 3
Name: 2, dtype: int32
A 7
B 8
C 9
Name: 4, dtype: int32
```

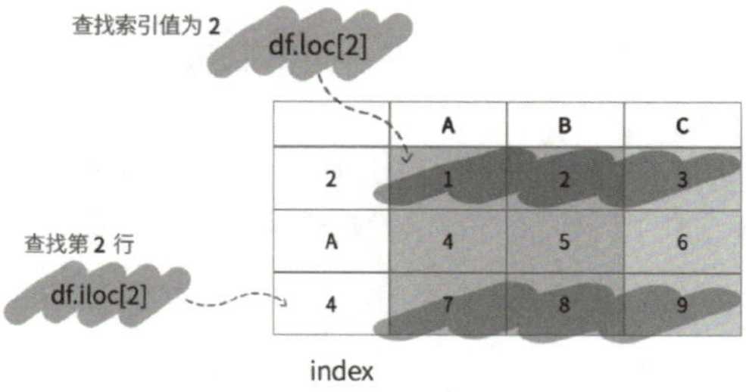

图 7.2-22 通过 loc 函数筛选数据示列

（一） 向 DataFrame 添加列

我们需要将 DataFrame 现有的 index，比如 0—n 的索引值赋值给某列时，可以直接创建变量等于 index，运行代码的结果如图 7.2-23 所示。

```
# 使用index
df['工号'] = df.index

print(df)
```

运行

	A	B	C	工号
2	1	2	3	2
A	4	5	6	A
4	7	8	9	4

图 7.2-23 DataFrame 添加列示例 1

我们对工资表 df 添加一列（图 7.2-24）。

```
#增加工资表工号列
df = pd.read_excel('excel/数据分析/工资表样本.xlsx')
df['工号'] = df.index
df
```

运行

	部门	姓名	职务	基本工资	工号
0	办公室	王华	总经理	6000	0
1	办公室	王丰明	主任	4000	1
2	财务部	王华明	财务部经理	4600	2
3	财务部	张翔	会计	3200	3

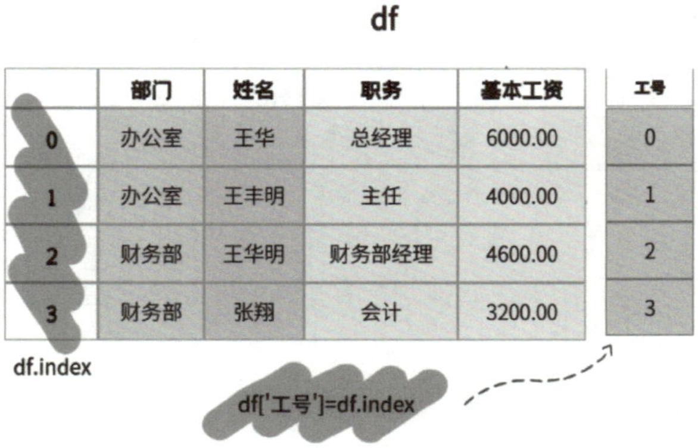

图 7.2-24 DataFrame 添加列示例 2

和添加行相同的道理，你也可以同样使用.loc[ ]或者.iloc[ ]来添加列。

运行下面的代码区，可以添加 Series 对象到 df 对象中，即使用.loc[ ]添加列（图 7.2-25）。

```
#添加Series对象到df对象中
df.iloc[:,4]=pd.Series(['100','101','102','103'],index=df.index)
df
```

运行

	部门	姓名	职务	基本工资	工号
0	办公室	王华	总经理	6000	100
1	办公室	王丰明	主任	4000	101
2	财务部	王华明	财务部经理	4600	102
3	财务部	张翔	会计	3200	103

图 7.2-25　添加 Series 对象到 DataFrame 对象中

记住，一个 Series 对象就相当于 DataFrame 中的一列。这样你就可以很轻易地给 DataFrame 新增列 Series 对象（图 7.2-26）。

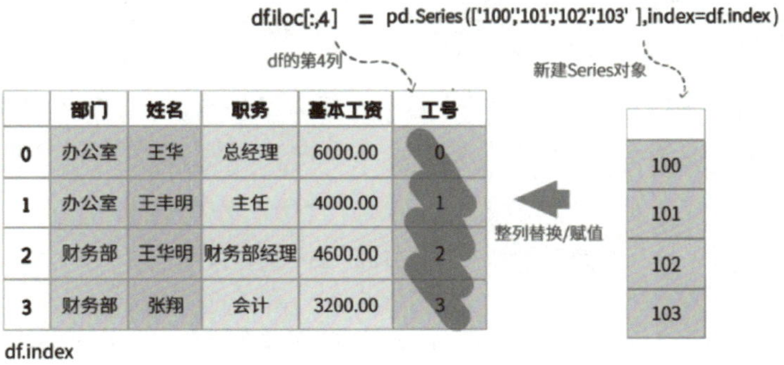

图 7.2-26　添加 Series 对象示例解释

（二）修改 DataFrame 索引

工资表样本 DataFrame 如图 7.2-27 所示。

df

	部门	姓名	职务	基本工资	工号
0	办公室	王华	总经理	6000.00	100
1	办公室	王丰明	主任	4000.00	101
2	财务部	王华明	财务部经理	4600.00	102
3	财务部	张翔	会计	3200.00	103

df.index

图 7.2-27　工资表样本 DataFrame 对象示例

在数据分析里，如果索引是 0、1、2、3 这种整数数字，后期会不太好做数据处理。可将“工号”或者“姓名”作为索引，方便后期数据查询，毕竟记住一个人的名字或工号比记住他在第几行容易多了。如果你想把“工号”列设为索引，可以通过调用 set_index( ) 函数重新设定索引（图 7.2-28）。

```
#用set_index()函数重新设定索引
df.set_index('工号',inplace=True)
df
```

运行

工号	部门	姓名	职务	基本工资
100	办公室	王华	总经理	6000
101	办公室	王丰明	主任	4000
102	财务部	王华明	财务部经理	4600
103	财务部	张翔	会计	3200

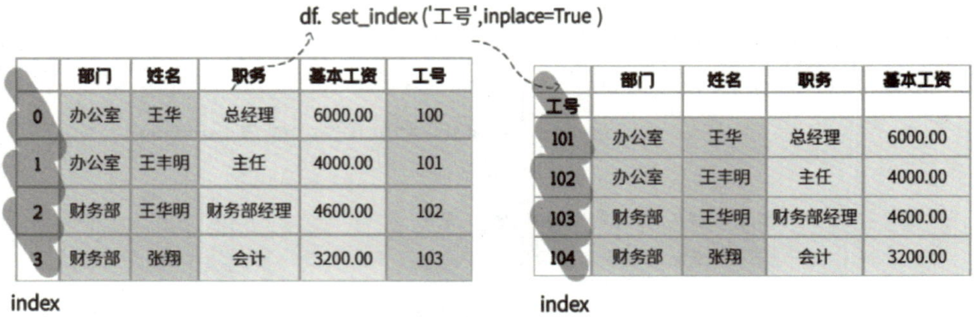

图 7.2-28 设置 DataFrame 对象索引

记得要添加 inplace = True，这样修改才会对 df 变量生效。如果没有 inplace 参数，你必须将返回的结果重新赋值给 df，以下代码等效：df = df. set_index('工号')。

（三） 重置索引

之前使用. set_index()函数设置了索引，后来发现不太能满足后期数据分析的要求。你可以使用. reset_index()方法重置你的索引为从 0 开始的整数索引。

假如在先前工资表 DataFrame 中，我们已经设置了 df['工号']列为索引，现在我们需要重置从 0 开始的整数索引（图 7.2-29）。

```
# 使用 reset_index() 重置从0开始的整数索引
df.reset_index(inplace=True,drop=True)
df
```

运行

	部门	姓名	职务	基本工资
0	办公室	王华	总经理	6000
1	办公室	王丰明	主任	4000
2	财务部	王华明	财务部经理	4600
3	财务部	张翔	会计	3200

图 7.2-29 重置 DataFrame 对象索引

现在我们试试在代码中的 drop 参数后添加 inplace 参数，看看会发生什么（图 7.2-30）。

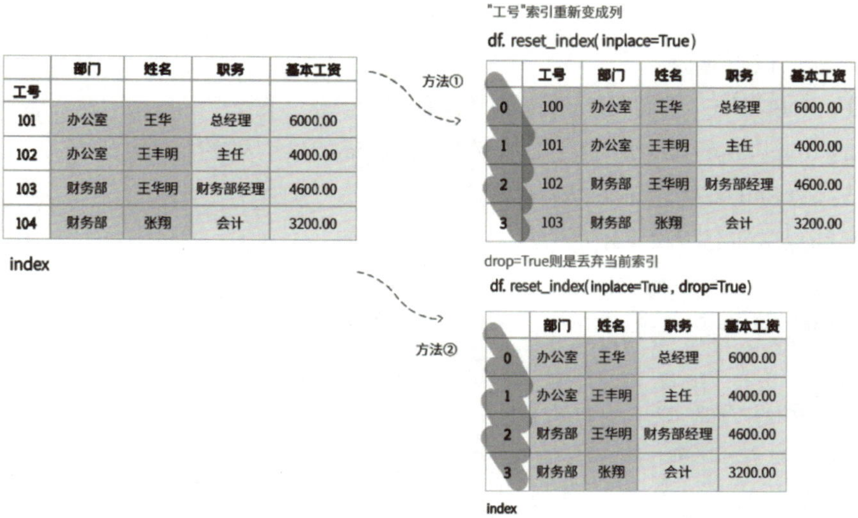

图 7.2-30　reset_index 函数参数示例

（四）从 DataFrame 中删除索引

我们先来创建一个比较特别的例子，来说明什么情况下需要删除索引（图 7.2-31）。

```
# 创建一个DataFrame对象

df = pd.DataFrame(data=np.array([[1, 2, 3], [4, 5, 6], [7, 8, 9], [40, 50, 60], [23, 35, 37]]),
          index= [2.5, 12.6, 4.8, 4.8, 2.5],
          columns=['列1', '列2', '列3'])
df
```

运行

	列1	列2	列3
2.5	1	2	3
12.6	4	5	6
4.8	7	8	9
4.8	40	50	60
2.5	23	35	37

图 7.2-31　创建 DataFrame 对象示例 1

这个 DataFrame 比较奇怪。我们可以观察到，df 的 index 有 2 个 2.5，2 个 4.8（图 7.2-32），重复的 index 怎么删除呢？

df

	列1	列2	列3
2.5	1	2	3
12.6	4	5	6
4.8	7	8	9
4.8	40	50	60
2.5	23	35	37

df.index

图 7.2-32　创建 DataFrame 对象示例 2

怎么去掉这些重复的 index 呢？我们只要保留第一个 index 就好了。

你可以尝试以下步骤：

步骤 1：reset_index 重置 DataFrame 的索引步骤。

步骤 2：drop_duplicates 删除已添加到 DataFrame 的索引列的重复项步骤。

步骤 3：set_index 重置 index 列为索引。

代码运行结果如图 7.2-23 所示。

```
#去除重复的index
df = pd.DataFrame(data=np.array([[1, 2, 3], [4, 5, 6], [7, 8, 9], [40, 50, 60], [23, 35, 37]]),
              index= [2.5, 12.6, 4.8, 4.8, 2.5],
              columns=['列1','列2','列3'])

df.reset_index(inplace=True)

df=df.drop_duplicates(subset='index', keep='last')

df=df.set_index('index')
df
```

运行

index	列1	列2	列3
12.6	4	5	6
4.8	40	50	60
2.5	23	35	37

图 7.2-33　从 DataFrame 中删除 index 示例

（五）从 DataFrame 中删除列

现在你知道如何从 DataFrame 中删除索引了，你可以继续学习如何删除列和行（图 7.2-34）。

```
#删除"职务"列
df = pd.read_excel('excel/数据分析/工资表样本.xlsx')
df.drop('职务',axis=1,inplace=True)
df
```

运行

	部门	姓名	基本工资
0	办公室	王华	6000
1	办公室	王丰明	4000
2	财务部	王华明	4600
3	财务部	张翔	3200

图 7.2-34　从 DataFrame 中删除列示例 1

注意 drop( ) 函数的参数用法：

（1）当 axis = 0 时，它表示行；当 axis = 1 时，它用于删除的列。

（2）可以设置 inplace = True 以删除列而无须重新赋值给 df（图 7.2-35）。

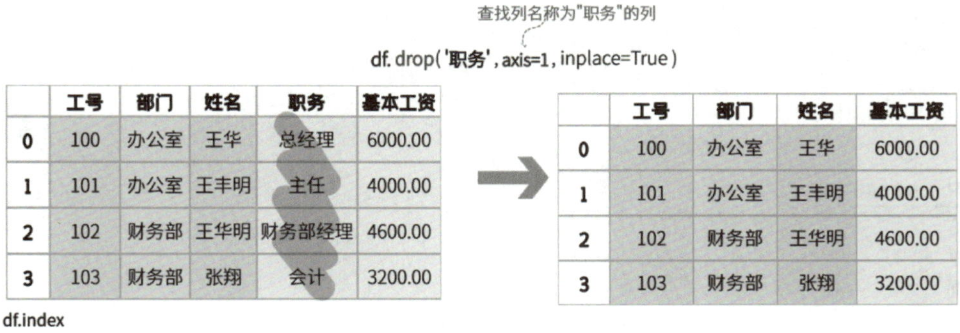

图 7.2-35 从 DataFrame 中删除列示例 2

（六） 从 DataFrame 中删除行

参照之前例子，执行从 DataFrame 中删除重复的行 df.drop_duplicates( )。也可以使用 drop( ) 函数，在该函数中使用 index 属性指定要从 DataFrame 中删除的行的索引（图 7.2-36）。

```
#查找行索引值=2的行并删除
df.drop(2,inplace=True)
df
```

运行

	部门	姓名	基本工资
0	办公室	王华	6000
1	办公室	王丰明	4000
3	财务部	张翔	3200

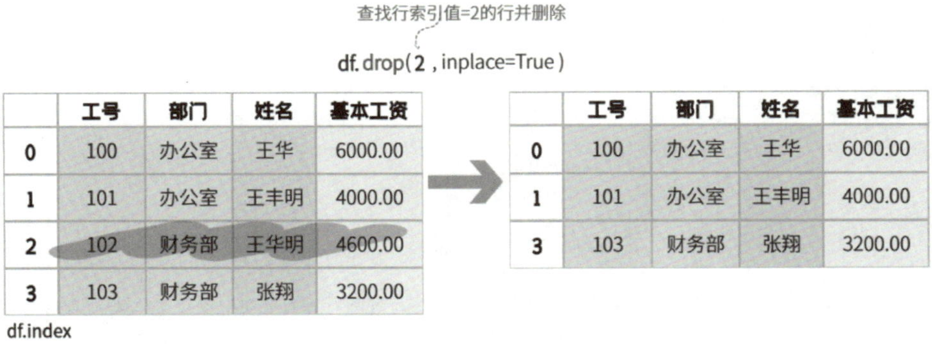

图 7.2-36 从 DataFrame 中删除行示例

当然你也可以用.drop( )删除列，记得传递 axis = 1 参数：

```
df.drop('职务',axis = 1, inplace = True)
df
```

执行此命令后，你可能希望再次重置索引。

提示：尝试为自己重置生成的 DataFrame 的索引 reset_index( )（图 7.2-37）。

```
#重置生成的DataFrame的索引
df.reset_index(drop=True,inplace=True)
df
```

运行

	部门	姓名	基本工资
0	办公室	王华	6000
1	办公室	王丰明	4000
2	财务部	张翔	3200

图 7.2-37　DataFrame 重置索引

（七）重命名 Pandas DataFrame 的索引或列

可以使用. rename( )函数来实现(图 7.2-38)。

```
#代码区
#我们先将df复原下
df=pd.read_excel('excel/数据分析/工资表样本.xlsx')
df.loc[:,'工号']=pd.Series(['100','101','102','103'],index=df.index)

#修改
newName={
    "部门":"部门名称",
    "职务":"职务名称",
}
df.rename(columns=newName,inplace=True)
df
```

运行

	部门名称	姓名	职务名称	基本工资	工号
0	办公室	王华	总经理	6000	100
1	办公室	王丰明	主任	4000	101
2	财务部	王华明	财务部经理	4600	102
3	财务部	张翔	会计	3200	103

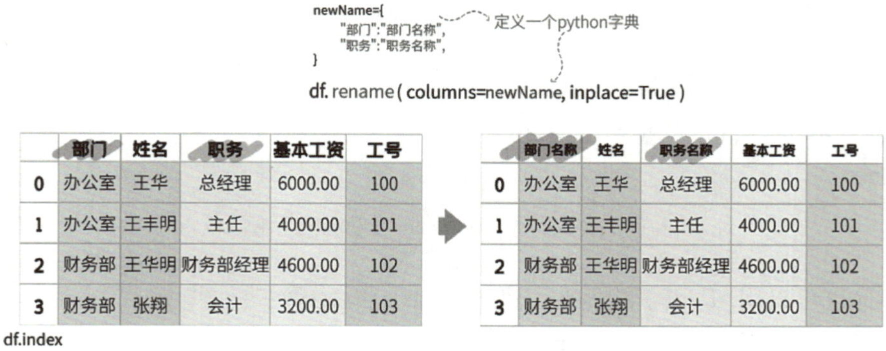

图 7.2-38　DataFrame 修改列名

任务三　财税数据提取

任务描述

在实际工作中,我们要分析的数据可能包含了大量的缺失值、大量的噪声,可能因为人工录入错误导致有异常点存在,非常不利于算法模型的训练。数据清洗的结果是对各种“脏”数据进行对应方式的处理,得到标准的、干净的、连续的数据,供数据统计、数据挖掘等使用。数据预处理是数据分析的重要一步。Pandas 中内置了一些方法来帮助你实现目标。在后面的学习中,我们将看到如何使用 apply( )函数、applymap( )函数执行操作以及如何使用 map( )函数替换值。

案例导入

实际工作中,我们在利用 Pandas 进行数据处理的时候,经常会对数据框中的单行、多行(列也适用)甚至是整个数据进行某种相同方式的处理,比如统计员工的应付工资、生成所有员工工资合计数据等。

在这个时候,很容易想到的是 for 循环。用 for 循环是一种简单、直接的方式,但是运行效率较低。使用 Pandas 中的三大利器 map( )、apply( )、applymap( )可以简单快速地解决上述问题。

知识储备

下面以图 7.3-1 中的数据为例讲解 map( )、apply( )和 applymap( )函数的使用。

	身高	体重	是否抽烟	性别	年龄
0	186	76	False	女	30
1	173	64	True	男	23
2	175	70	True	男	32
3	161	84	False	男	35
4	171	63	True	男	37

图 7.3-1　DataFrame 示例

一、map( )函数

map( )函数会根据提供的函数对指定序列做映射。

第一个参数 function 以参数序列中的每一个元素调用 function 函数,返回包含每次 function 函数返回值的新列表。

map(function,iterable)

例如,将上述数据集中性别列中男改为 1,女改为 0。

```
def map_gender(x):
    性别 = 1 if x = = "男" else 0
    return 性别
df2 = df.copy()

#将 df["性别"]这个 S 型数据中的每个数值传进去
df2["性别"] = df2["性别"].map(map_gender)
df2
```

输出结果如图 7.3-2 所示。

	身高	体重	是否抽烟	性别	年龄
0	186	76	False	0	30
1	173	64	True	1	23
2	175	70	True	1	32
3	161	84	False	1	35
4	171	63	True	1	37

图 7.3-2　map()函数应用示例

二、apply()函数

apply()函数的作用原理和 map()函数类似,区别在于 apply()能够传入功能更为复杂的函数,可以说 apply()是 map()的高级版。

Pandas 的 apply()函数可以作用于 Series 或者整个 DataFrame,功能也是自动遍历整个 Series 或者 DataFrame,对每一个元素运行指定的函数。

在 DataFrame 对象的大多数方法中,都会有 axis 这个参数,它控制了你指定的操作是沿着 0 轴还是 1 轴进行。axis = 0 代表操作对列(columns)进行;axis = 1 代表操作对行(row)进行。

例如,将 age 字段的值都减去 3,即加上 -3(图 7.3-3)。

```
def apply_age(x,bias):
    return x + bias

df4 = df.copy()
df4["年龄"] = df4["年龄"].apply(apply_age,args=(-3,))
#df4["年龄"] = df4["年龄"].apply(apply_age,args=(-3,))
df4.head()
```

图 7.3-3　apply()函数应用示例 1

执行后结果如图 7.3-4 所示。

	身高	体重	是否抽烟	性别	年龄
0	167	74	True	女	24
1	165	77	False	男	51
2	175	77	False	男	32
3	181	75	True	男	21
4	160	71	True	男	20

减去3后

图 7.3-4 apply()函数应用示例 2

三、applymap()函数

applymap()函数用于对 DF 型数据中的每个元素执行相同的函数操作,比如图 7.3-5 中的加 1。

```
data.applymap(lambda x: x+1)
```

	A	B	C
0	2	6	12
1	4	8	13
2	3	8	18
3	3	6	16

每个数值都加1

图 7.3-5 applymap()函数应用示例 1

使用 applymap()实现对所有数字保留 2 位小数(图 7.3-6)。

```
data.applymap(lambda x: "%.2f"%x)  # 保留2位有效数字
```

	A	B	C
0	0.13	0.10	0.48
1	-1.00	-0.42	-1.73
2	-0.06	-0.68	-2.85
3	0.39	-1.32	1.16

图 7.3-6 applymap()函数应用示例 2

四、fillna()函数

通过创建一个变量 df2 的 DataFrame 对象,来看. fillna()不同参数的情况(图 7.3-7)。

```
df2 = pd.DataFrame([[np.nan, 2.0, 3],
                   [3.0, 4.0, np.nan],
                   [np.nan, np.nan, 9],
                   [np.nan, 3, np.nan]],
                  columns=['列1','列2','列3'])
df2
```

	列1	列2	列3
0	NaN	2.0	3.0
1	3.0	4.0	NaN
2	NaN	NaN	9.0
3	NaN	3.0	NaN

图 7.3-7　变量 df2 的 DataFrame 对象 1

可以看到变量 df2 如图 7.3-8 所示，类似 4 行 3 列的二维列表。

df2

	列1	列2	列3
0	NaN	2.0	3.0
1	3.0	4.0	NaN
2	NaN	NaN	9.0
3	NaN	3.0	NaN

df2.index

图 7.3-8　变量 df2 的 DataFrame 对象 2

我们来说明一下四种填充的方式。

用法一：ffill 向前填充（图 7.3-9）。

```
#ffill向前填充
df2 = df2.fillna(method = 'ffill')
df2
```

	列1	列2	列3
0	NaN	2.0	3.0
1	3.0	4.0	3.0
2	3.0	4.0	9.0
3	3.0	3.0	9.0

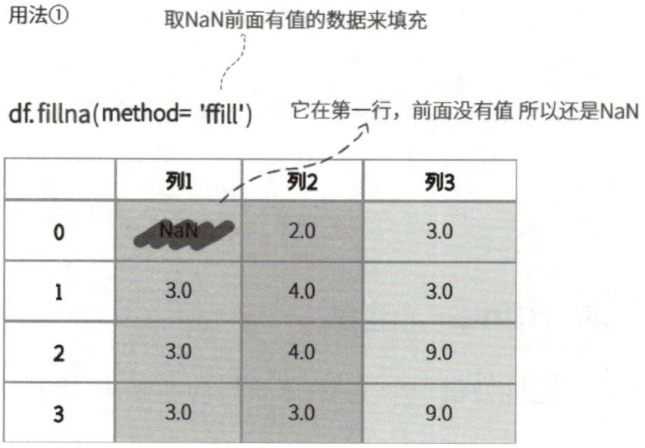

图 7.3-9　向前填充示例

用法二：bfill 向后填充(图 7.3-10)。

```
#bfill向后填充
df2 = df2.fillna(method = 'bfill')
df2
```

	列1	列2	列3
0	3.0	2.0	3.0
1	3.0	4.0	9.0
2	NaN	3.0	9.0
3	NaN	3.0	NaN

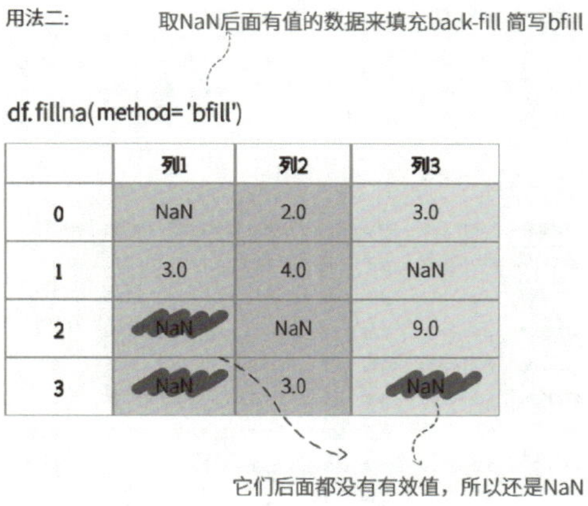

图 7.3-10　向后填充示例

用法三：可以将 NaN 值替换成某个值(图 7.3-11)。

```
df2 = df2.fillna(0)
df2
```

	列1	列2	列3
0	0.0	2.0	3.0
1	3.0	4.0	0.0
2	0.0	0.0	9.0
3	0.0	3.0	0.0

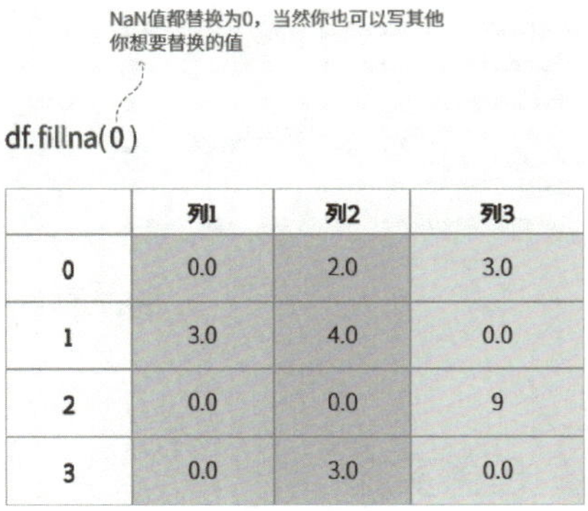

图 7.3-11　替换 NaN 值示例

用法四：按列替换(图 7.3-12)。

```
values ={"列1":1.0,"列2":2.0}
df2 = df2.fillna(value = values)
df2
```

	列1	列2	列3
0	1.0	2.0	3.0
1	3.0	4.0	NaN
2	1.0	2.0	9.0
3	1.0	3.0	NaN

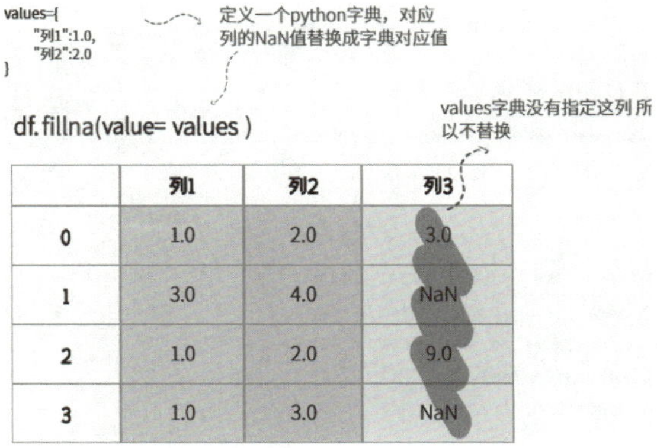

图 7.3-12　按列替换 NaN 值

回到我们之前的例子，可以看出我们是要拿前一行的值来填充，所以用 ffill 参数值。执行代码后结果如图 7.3-13 所示。

```
df=df.fillna(method='ffill')
df
```

运行

	交易编号	销售日期	产品	类别	产地	销售数量	平均价格	平均成本
0	1668786732877357951	2021-03-01	橙子	水果	美国	1217	7.63	3.98
1	1668786732877357951	2021-03-01	橙子	水果	澳大利亚	1217	7.63	3.98
2	1668786732877357952	2021-03-02	洋葱	蔬菜	中国	1212	10.80	5.20
3	1668786732877357953	2021-03-02	葡萄	水果	日本	1211	21.06	16.00
4	1668786732877357954	2021-03-03	苹果	水果	美国	1211	12.88	9.89
5	1668786732877357955	2021-03-04	土豆	蔬菜	中国	1210	6.01	4.00
6	1668786732877357956	2021-03-05	苹果	水果	美国	1209	11.98	6.50
7	1668786732877357957	2021-03-06	土豆	蔬菜	中国	1208	6.02	4.10
8	1668786732877357958	2021-03-07	西葫芦	蔬菜	中国	1208	6.98	3.20
9	1668786732877357959	2021-03-08	西葫芦	蔬菜	中国	1208	6.98	3.50
10	1668786732877357960	2021-03-09	胡萝卜	蔬菜	中国	1207	3.12	1.57
11	1668786732877357961	2021-03-10	苹果	水果	澳大利亚	1207	11.98	6.98
12	1668786732877357962	2021-03-11	葡萄	水果	日本	1207	10.68	8.10
13	1668786732877357963	2021-03-11	橙子	水果	美国	1203	12.00	6.00
14	1668786732877357964	2021-03-12	土豆	蔬菜	中国	1205	5.63	2.10
15	1668786732877357965	2021-03-13	土豆	蔬菜	中国	1203	-5.00	1.98
16	1668786732877357966	2021-03-15	土豆	蔬菜	中国	1203	6.12	3.00
17	1668786732877357966	2021-03-15	土豆	蔬菜	中国	1203	6.12	3.00
18	1668786732877357967	2021-03-17	橙子	水果	美国	1201	13.20	5.80

图 7.3-13　替换 NaN 值代码执行结果

任务实施

一、读取工资表文件

如图 7.3-14 所示，读取外部数据文件，内容是一个 4 行 6 列的 DataFrame 对象。

```
#读取文件信息
import pandas as pd
import numpy as np
df3 = pd.read_excel('excel/数据分析/工资表样本More.xlsx')
df3
```

运行

	工号	部门	姓名	职务	基本工资	岗位工资
0	100	办公室	王华	总经理	6000	4000
1	101	办公室	王丰明	主任	4000	3200
2	102	财务部	王华明	财务部经理	4600	2200
3	103	财务部	张翔	会计	3200	1500

图 7.3-14　读取外部文件构造 DataFrame

二、计算每个员工的工资(基本工资+岗位工资)

使用 map()函数只能接收 Series 对象作为参数,如之前的示例一样,只能用于处理单独一列的数据(图 7.3-15)。

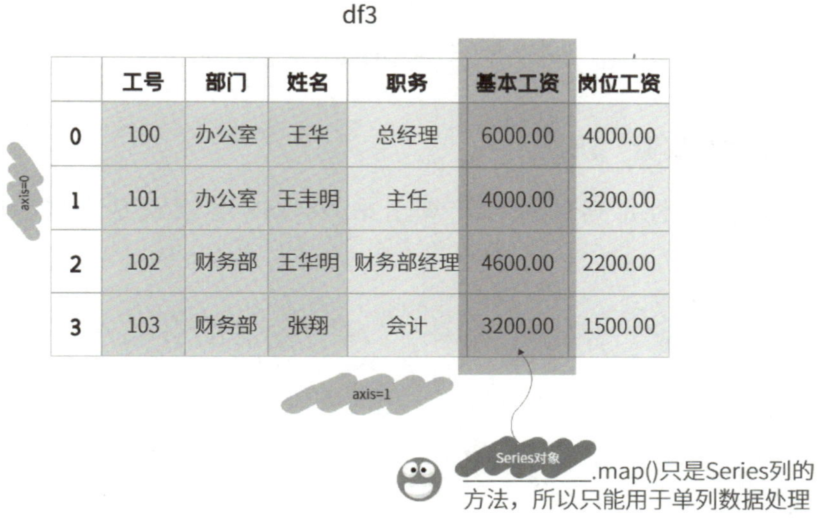

图 7.3-15　map()函数应用示例

当前这个 Excel 分析的数据场景,要求算出每个员工的应付工资,运行代码后结果如图 7.3-16 所示。

```
#沿着行轴计算
df3 =df3[['基本工资','岗位工资']].apply(sum,axis=1)
df3
```

运行

```
0    10000
1     7200
2     6800
3     4700
dtype: int64
```

图 7.3-16　apply()函数应用示例 1

每个员工的应付工资被计算出来了(图 7.3-17)。

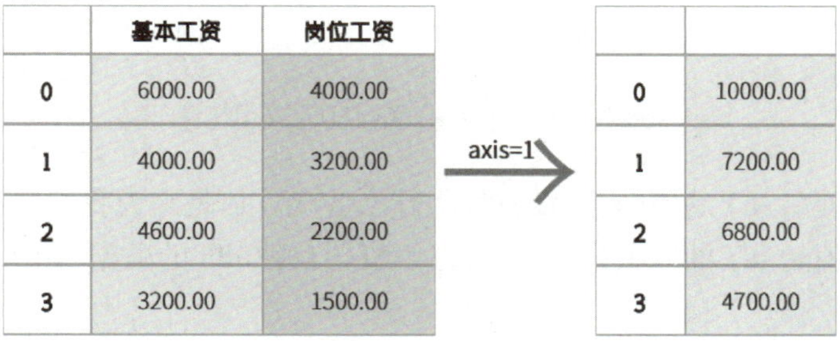

图 7.3-17　apply()函数应用示例 2

. apply( )方法具体参数如图 7.3-18 所示。

图 7.3-18　apply( )函数参数详解

三、添加“应付工资”新列

现在我们还需要将每列的总和计算出来，将 axis 参数改成 0，就是按列求和（图 7.3-19）。

```
#读取文件信息
import pandas as pd
import numpy as np
#沿着列轴计算
df3 =pd.read_excel('excel/数据分析/工资表样本More.xlsx')
df3 =df3[['基本工资','岗位工资']].apply(sum,axis=0)
df3
```

运行

```
基本工资    17800
岗位工资    10900
dtype: int64
```

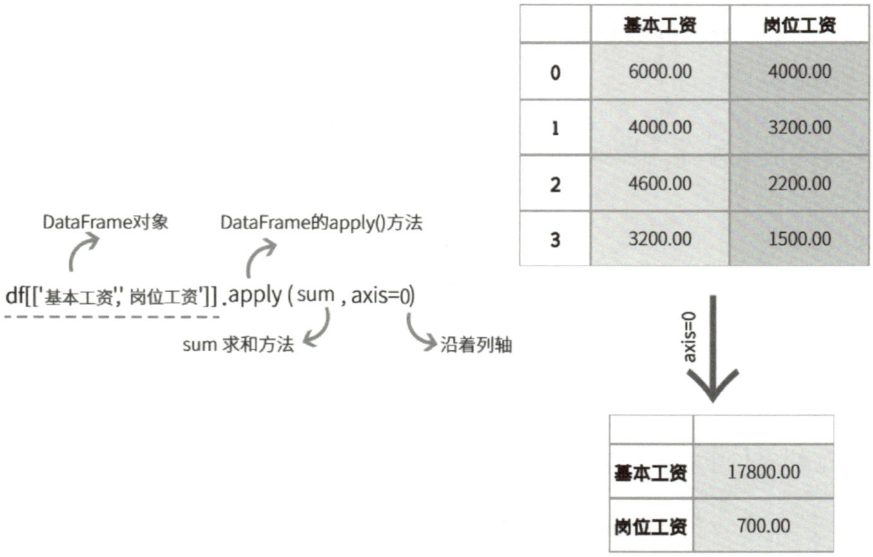

图 7.3-19　apply( )函数实况求和统计

现在看一下变量 df3 的值，它并没有发生什么变化。那是因为我们并没有将 apply( )方法产生的结果赋值给 df3 的对象。执行一下代码区，修改 df3 的数据（图 7.3-20）。

```
#读取文件信息
import pandas as pd
import numpy as np
df3 =pd.read_excel('excel/数据分析/工资表样本More.xlsx')
#加入应付工资列
df3['应付工资'] = df3[['基本工资','岗位工资']].apply(sum,axis=1)
df3
```

运行

	工号	部门	姓名	职务	基本工资	岗位工资	应付工资
0	100	办公室	王华	总经理	6000	4000	10000
1	101	办公室	王丰明	主任	4000	3200	7200
2	102	财务部	王华明	财务部经理	4600	2200	6800
3	103	财务部	张翔	会计	3200	1500	4700

图 7.3-20 apply 函数添加“应付工资”列示例

我们可以看到 df3 已经新加了一列“应付工资”(图 7.3-21)。

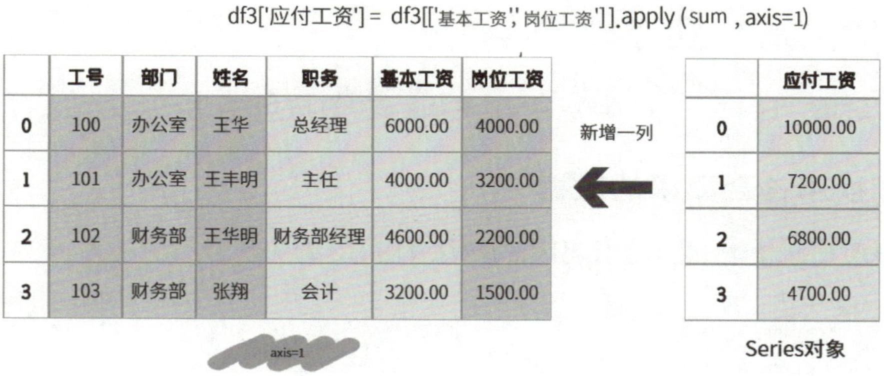

图 7.3-21 apply 函数添加“应付工资”列效果

四、添加“合计”新行

使用之前的.loc[ ]方法在 df3 后面追加一行“合计”,就可以完成合计处理(图 7.3-22)。

```
#读取文件信息
import pandas as pd
import numpy as np
df3 =pd.read_excel('excel/数据分析/工资表样本More.xlsx')
#加入应付工资列
df3['应付工资'] = df3[['基本工资','岗位工资']].apply(sum,axis=1)
#加入合计行
df3.loc['合计'] = df3[['基本工资','岗位工资','应付工资']].apply(sum,axis=0)
df3
```

运行

	工号	部门	姓名	职务	基本工资	岗位工资	应付工资
0	100.0	办公室	王华	总经理	6000.0	4000.0	10000.0
1	101.0	办公室	王丰明	主任	4000.0	3200.0	7200.0
2	102.0	财务部	王华明	财务部经理	4600.0	2200.0	6800.0
3	103.0	财务部	张翔	会计	3200.0	1500.0	4700.0
合计	NaN	NaN	NaN	NaN	17800.0	10900.0	28700.0

图 7.3-22 添加“合计”行示例

让我们来看看 df3，发现刚才的“合计”行，除了计算总和的那三列，其他都为 NaN 值。NaN 会影响后期的数据分析，需要处理掉，试着用之前学的. fillna( ) 方法，把这些 NaN 值都替换为空字符串吧（图 7.3-23）。

```
#读取文件信息
import pandas as pd
import numpy as np
df3 =pd.read_excel('excel/数据分析/工资表样本More.xlsx')
#加入应付工资列
df3['应付工资'] = df3[['基本工资','岗位工资']].apply(sum,axis=1)
#加入合计行
df3.loc['合计'] = df3[['基本工资','岗位工资','应付工资']].apply(sum,axis=0)
#处理NaN值
df3 =df3.fillna('')
df3
```

运行

	工号	部门	姓名	职务	基本工资	岗位工资	应付工资
0	100	办公室	王华	总经理	6000.0	4000.0	10000.0
1	101	办公室	王丰明	主任	4000.0	3200.0	7200.0
2	102	财务部	王华明	财务部经理	4600.0	2200.0	6800.0
3	103	财务部	张翔	会计	3200.0	1500.0	4700.0
合计					17800.0	10900.0	28700.0

图 7.3-23 完善添加“合计”行示例

五、替换不符合要求的数据

先导入 Excel 数据，然后在代码区查看数据（图 7.3-24）。

```
#读取文件信息
import pandas as pd
import numpy as np
df=pd.read_excel('excel/数据分析/水果与蔬菜销售清单.xlsx')
df
```

运行

	交易编号	销售日期	产品	类别	产地	销售数量	平均价格	平均成本
0	1668786732877357951	2021-03-01	橙子	水果	America	1217	7.63	3.98
1	1668786732877357951	2021-03-01	橙子	水果	Australia	1217	7.63	3.98
2	1668786732877357952	2021-03-02	洋葱	蔬菜	China	1212	10.80	5.20
3	1668786732877357953	2021-03-02	葡萄	水果	Japan	1211	21.06	16.00
4	1668786732877357954	2021-03-03	苹果	水果	America	1211	12.88	9.89
5	1668786732877357955	2021-03-04	土豆	蔬菜	china	1210	6.01	4.00
6	1668786732877357956	2021-03-05	苹果	水果	America	1209	11.98	6.50
7	1668786732877357957	2021-03-06	土豆	蔬菜	China	1208	6.02	4.10
8	1668786732877357958	2021-03-07	西葫芦	蔬菜	China	1208	6.98	3.20
9	1668786732877357959	2021-03-08	西葫芦	NaN	China	1208	6.98	3.50
10	1668786732877357960	2021-03-09	胡萝卜	蔬菜	China	1207	3.12	1.57
11	1668786732877357961	2021-03-10	苹果	水果	Australia	1207	11.98	6.98
12	1668786732877357962	2021-03-11	葡萄	水果	Japan	1207	10.68	8.10
13	1668786732877357963	2021-03-11	橙子	水果	America	1203	12.00	6.00
14	1668786732877357964	2021-03-12	土豆	蔬菜	China	1205	5.63	2.10
15	1668786732877357965	2021-03-13	土豆	蔬菜	China	1203	-5.00	1.98
16	1668786732877357966	2021-03-15	土豆	蔬菜	China	1203	6.12	3.00
17	1668786732877357966	2021-03-15	土豆	蔬菜	China	1203	6.12	3.00
18	1668786732877357967	2021-03-17	橙子	水果	America	1201	13.20	5.80

图 7.3-24 DataFrame 数据示例

我们可能看到 df['产地'] 是英文，这里把它们替换为中文（图 7.3-25）。

```
#替换产地名为中文
df = df.replace(['America','Australia','China','Japan'],['美国','澳大利亚','中国','日本'])
df
```

运行

	交易编号	销售日期	产品	类别	产地	销售数量	平均价格	平均成本
0	1668786732877357951	2021-03-01	橙子	水果	美国	1217	7.63	3.98
1	1668786732877357951	2021-03-01	橙子	水果	Australia	1217	7.63	3.98
2	1668786732877357952	2021-03-02	洋葱	蔬菜	中国	1212	10.80	5.20
3	1668786732877357953	2021-03-02	葡萄	水果	日本	1211	21.06	16.00
4	1668786732877357954	2021-03-03	苹果	水果	美国	1211	12.88	9.89
5	1668786732877357955	2021-03-04	土豆	蔬菜	china	1210	6.01	4.00
6	1668786732877357956	2021-03-05	苹果	水果	美国	1209	11.98	6.50
7	1668786732877357957	2021-03-06	土豆	蔬菜	中国	1208	6.02	4.10
8	1668786732877357958	2021-03-07	西葫芦	蔬菜	中国	1208	6.98	3.20
9	1668786732877357959	2021-03-08	西葫芦	NaN	中国	1208	6.98	3.50
10	1668786732877357960	2021-03-09	胡萝卜	蔬菜	中国	1207	3.12	1.57
11	1668786732877357961	2021-03-10	苹果	水果	澳大利亚	1207	11.98	6.98
12	1668786732877357962	2021-03-11	葡萄	水果	日本	1207	10.68	8.10
13	1668786732877357963	2021-03-11	橙子	水果	美国	1203	12.00	6.00
14	1668786732877357964	2021-03-12	土豆	蔬菜	中国	1205	5.63	2.10
15	1668786732877357965	2021-03-13	土豆	蔬菜	中国	1203	-5.00	1.98
16	1668786732877357966	2021-03-15	土豆	蔬菜	中国	1203	6.12	3.00
17	1668786732877357966	2021-03-15	土豆	蔬菜	中国	1203	6.12	3.00
18	1668786732877357967	2021-03-17	橙子	水果	美国	1201	13.20	5.80

图 7.3-25 使用 replace 替换数据

Pandas 的 map( )可以快速解决这个问题：

df['产地'] = df['产地']. map(lambda x:x. lstrip( ). rstrip( ))

lambda 函数——. lstrip( )和. rstrip( )函数使用的是 Python 自带的字符串函数。strip 在英文中有“去除”的意思。lstrip 是英文 left strip(左边去除)的缩写。rstrip 是 right strip 的缩写。

如果我们要创建一个去除字符串 x 的左右空格的函数，如图 7.3-26 所示，将 function 函数转换为 lambda 函数。

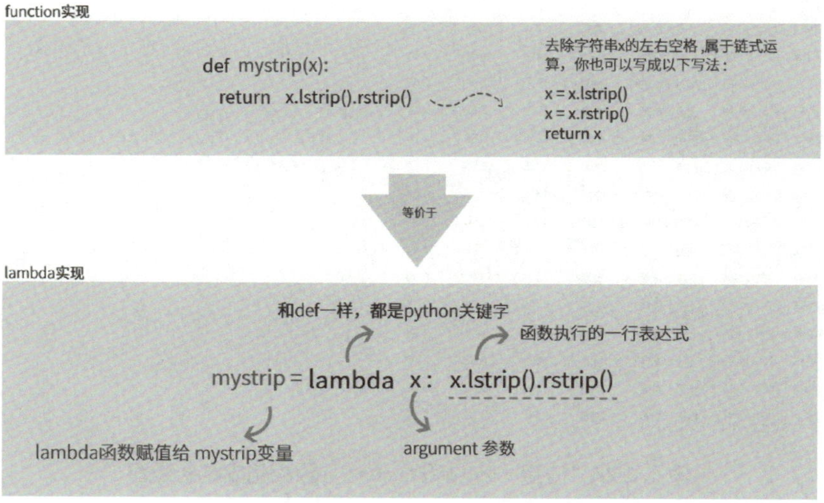

图 7.3-26 lambda 函数示例

因为我们这里要修改 df['产地']，即一个 Series 对象，它里面包含 N 个元素，所以调用 . map( ) 方法让它逐一循环每个元素，替换成前后去空格的字符串(图 7.3-27)。

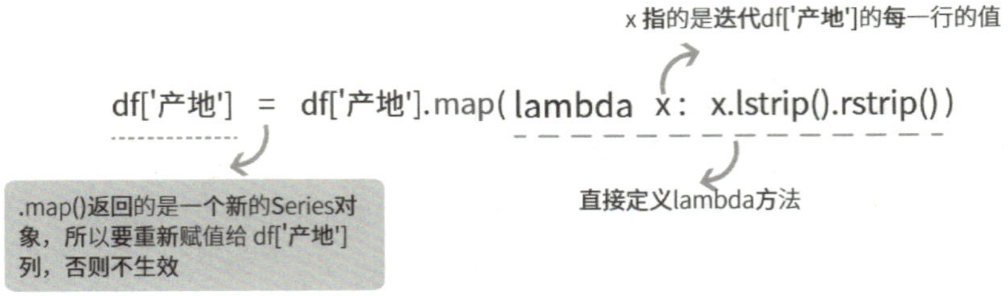

图 7.3-27　map( )函数与 lambda( )结合应用

我们已了解怎么在 Pandas 中使用. map( ) 方法修改数据，其实使用 Series 自带的 String 方法也可以达到这个目的。它可以很好地帮助我们进行数据分析工作：

df['产地'] = df['产地']. str. lstrip( ). rstrip( )

代码说明如图 7.3-28 所示。

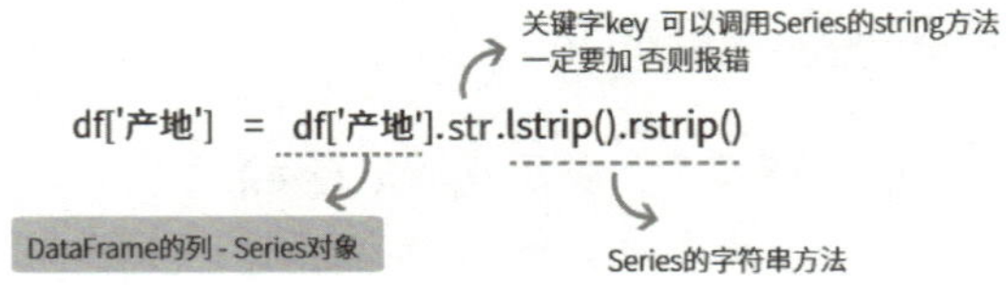


```
#去除空格
df['产地']=df['产地'].map(lambda x:x.lstrip().rstrip())
df['产品']=df['产品'].map(lambda x:x.lstrip().rstrip())
df
```

运行

	交易编号	销售日期	产品	类别	产地	销售数量	平均价格	平均成本
0	1668786732877357951	2021-03-01	橙子	水果	美国	1217	7.63	3.98
1	1668786732877357951	2021-03-01	橙子	水果	Australia	1217	7.63	3.98
2	1668786732877357952	2021-03-02	洋葱	蔬菜	中国	1212	10.80	5.20
3	1668786732877357953	2021-03-02	葡萄	水果	日本	1211	21.06	16.00
4	1668786732877357954	2021-03-03	苹果	水果	美国	1211	12.88	9.89
5	1668786732877357955	2021-03-04	土豆	蔬菜	china	1210	6.01	4.00
6	1668786732877357956	2021-03-05	苹果	水果	美国	1209	11.98	6.50
7	1668786732877357957	2021-03-06	土豆	蔬菜	中国	1208	6.02	4.10
8	1668786732877357958	2021-03-07	西葫芦	蔬菜	中国	1208	6.98	3.20
9	1668786732877357959	2021-03-08	西葫芦	NaN	中国	1208	6.98	3.50
10	1668786732877357960	2021-03-09	胡萝卜	蔬菜	中国	1207	3.12	1.57
11	1668786732877357961	2021-03-10	苹果	水果	澳大利亚	1207	11.98	6.98
12	1668786732877357962	2021-03-11	葡萄	水果	日本	1207	10.68	8.10
13	1668786732877357963	2021-03-11	橙子	水果	美国	1203	12.00	6.00
14	1668786732877357964	2021-03-12	土豆	蔬菜	中国	1205	5.63	2.10
15	1668786732877357965	2021-03-13	土豆	蔬菜	中国	1203	-5.00	1.98
16	1668786732877357966	2021-03-15	土豆	蔬菜	中国	1203	6.12	3.00
17	1668786732877357966	2021-03-15	土豆	蔬菜	中国	1203	6.12	3.00
18	1668786732877357967	2021-03-17	橙子	水果	美国	1201	13.20	5.80

图 7.3-28　应用 map( )和 lambda( )函数完成数据处理

好了，现在已经把 df['产地']字符串的前后空格都去掉了，再仔细观察，发现数据好像还是有些小问题(图 7.3-29)。

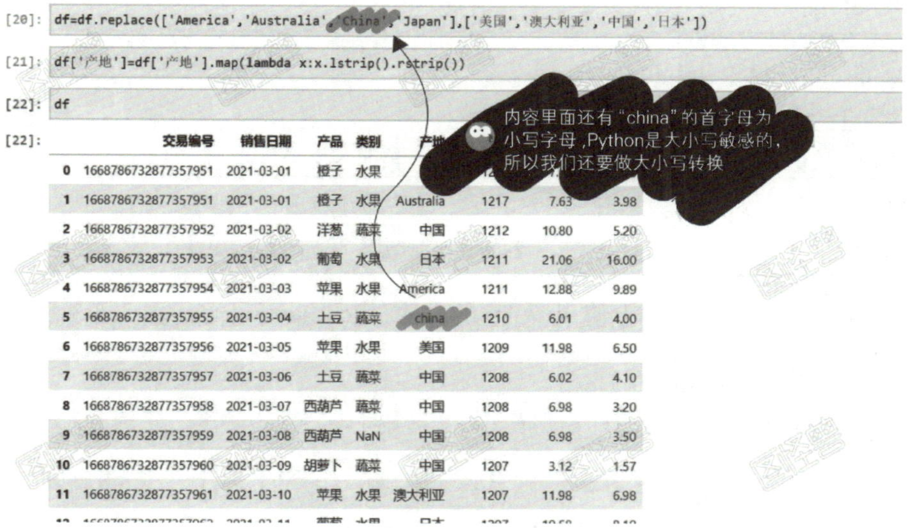

```
[20]: df=df.replace(['America','Australia','China','Japan'],['美国','澳大利亚','中国','日本'])

[21]: df['产地']=df['产地'].map(lambda x:x.lstrip().rstrip())

[22]: df
```

[22]:

	交易编号	销售日期	产品	类别	产地	[illegible]	[illegible]	[illegible]
0	1668786732877357951	2021-03-01	橙子	水果	[illegible]	[illegible]	[illegible]	[illegible]
1	1668786732877357951	2021-03-01	橙子	水果	Australia	1217	7.63	3.98
2	1668786732877357952	2021-03-02	洋葱	蔬菜	中国	1212	10.80	5.20
3	1668786732877357953	2021-03-02	葡萄	水果	日本	1211	21.06	16.00
4	1668786732877357954	2021-03-03	苹果	水果	America	1211	12.88	9.89
5	1668786732877357955	2021-03-04	土豆	蔬菜	china	1210	6.01	4.00
6	1668786732877357956	2021-03-05	苹果	水果	美国	1209	11.98	6.50
7	1668786732877357957	2021-03-06	土豆	蔬菜	中国	1208	6.02	4.10
8	1668786732877357958	2021-03-07	西葫芦	蔬菜	中国	1208	6.98	3.20
9	1668786732877357959	2021-03-08	西葫芦	NaN	中国	1208	6.98	3.50
10	1668786732877357960	2021-03-09	胡萝卜	蔬菜	中国	1207	3.12	1.57
11	1668786732877357961	2021-03-10	苹果	水果	澳大利亚	1207	11.98	6.98

图 7.3-29　首字母大小写转换示例 1

我们继续调用 Series 对象的 strting 方法来进行首个字母大小写转换(图 7.3-30)。

```
df['产地']=df['产地'].str.capitalize()
df
```

运行

	交易编号	销售日期	产品	类别	产地	销售数量	平均价格	平均成本
0	1668786732877357951	2021-03-01	橙子	水果	美国	1217	7.63	3.98
1	1668786732877357951	2021-03-01	橙子	水果	Australia	1217	7.63	3.98
2	1668786732877357952	2021-03-02	洋葱	蔬菜	中国	1212	10.80	5.20
3	1668786732877357953	2021-03-02	葡萄	水果	日本	1211	21.06	16.00
4	1668786732877357954	2021-03-03	苹果	水果	美国	1211	12.88	9.89
5	1668786732877357955	2021-03-04	土豆	蔬菜	China	1210	6.01	4.00
6	1668786732877357956	2021-03-05	苹果	水果	美国	1209	11.98	6.50
7	1668786732877357957	2021-03-06	土豆	蔬菜	中国	1208	6.02	4.10
8	1668786732877357958	2021-03-07	西葫芦	蔬菜	中国	1208	6.98	3.20
9	1668786732877357959	2021-03-08	西葫芦	NaN	中国	1208	6.98	3.50
10	1668786732877357960	2021-03-09	胡萝卜	蔬菜	中国	1207	3.12	1.57
11	1668786732877357961	2021-03-10	苹果	水果	澳大利亚	1207	11.98	6.98
12	1668786732877357962	2021-03-11	葡萄	水果	日本	1207	10.68	8.10
13	1668786732877357963	2021-03-11	橙子	水果	美国	1203	12.00	6.00
14	1668786732877357964	2021-03-12	土豆	蔬菜	中国	1205	5.63	2.10
15	1668786732877357965	2021-03-13	土豆	蔬菜	中国	1203	-5.00	1.98
16	1668786732877357966	2021-03-15	土豆	蔬菜	中国	1203	6.12	3.00
17	1668786732877357966	2021-03-15	土豆	蔬菜	中国	1203	6.12	3.00
18	1668786732877357967	2021-03-17	橙子	水果	美国	1201	13.20	5.80

图 7.3-30　首字母大写转换示例 2

表 7.3-1 是常用的 Series string 方法。

表 7.3-1　　Series 字符串常用方法

方法名称	说明
.capitalize()	首字母大写
.upper()	全部大写
.lower()	全部小写
.isnumeric()	判断是否是数字,返回 True/False

如果在数值型的 Series 列上使用了.str 的方法,代码会运行异常(图 7.3-31)。

```
df['平均价格'].str.isnumeric()
df
```

```
---------------------------------------------------------------------------
AttributeError                            Traceback (most recent call last)
<ipython-input-78-3a026474b40e> in <module>
----> 1 df['平均价格'].str.isnumeric()
      2 df

D:\Anaconda3\lib\site-packages\pandas\core\generic.py in __getattr__(self, name)
   5133             or name in self._accessors
   5134         ):
-> 5135             return object.__getattribute__(self, name)
   5136         else:
   5137             if self._info_axis._can_hold_identifiers_and_holds_name(name):

D:\Anaconda3\lib\site-packages\pandas\core\accessor.py in __get__(self, obj, cls)
    185             # we're accessing the attribute of the class, i.e., Dataset.geo
    186             return self._accessor
--> 187         accessor_obj = self._accessor(obj)
    188         # Replace the property with the accessor object. Inspired by:
    189         # https://www.pydanny.com/cached-property.html

D:\Anaconda3\lib\site-packages\pandas\core\strings.py in __init__(self, data)
   2098
   2099     def __init__(self, data):
-> 2100         self._inferred_dtype = self._validate(data)
   2101         self._is_categorical = is_categorical_dtype(data.dtype)
   2102         self._is_string = data.dtype.name == "string"

D:\Anaconda3\lib\site-packages\pandas\core\strings.py in _validate(data)
   2155
   2156         if inferred_dtype not in allowed_types:
-> 2157             raise AttributeError("Can only use .str accessor with string values!")
   2158         return inferred_dtype
   2159

AttributeError: Can only use .str accessor with string values!
```

图 7.3-31　方法应用错误示例

继续替换,如图 7.3-32 所示。

```
df=df.replace(['America','Australia','China','Japan'],['美国','澳大利亚','中国','日本'])
df
```

运行

	交易编号	销售日期	产品	类别	产地	销售数量	平均价格	平均成本
0	1668786732877357951	2021-03-01	橙子	水果	美国	1217	7.63	3.98
1	1668786732877357951	2021-03-01	橙子	水果	澳大利亚	1217	7.63	3.98
2	1668786732877357952	2021-03-02	洋葱	蔬菜	中国	1212	10.80	5.20
3	1668786732877357953	2021-03-02	葡萄	水果	日本	1211	21.06	16.00
4	1668786732877357954	2021-03-03	苹果	水果	美国	1211	12.88	9.89
5	1668786732877357955	2021-03-04	土豆	蔬菜	中国	1210	6.01	4.00
6	1668786732877357956	2021-03-05	苹果	水果	美国	1209	11.98	6.50
7	1668786732877357957	2021-03-06	土豆	蔬菜	中国	1208	6.02	4.10
8	1668786732877357958	2021-03-07	西葫芦	蔬菜	中国	1208	6.98	3.20
9	1668786732877357959	2021-03-08	西葫芦	NaN	中国	1208	6.98	3.50
10	1668786732877357960	2021-03-09	胡萝卜	蔬菜	中国	1207	3.12	1.57
11	1668786732877357961	2021-03-10	苹果	水果	澳大利亚	1207	11.98	6.98
12	1668786732877357962	2021-03-11	葡萄	水果	日本	1207	10.68	8.10
13	1668786732877357963	2021-03-11	橙子	水果	美国	1203	12.00	6.00
14	1668786732877357964	2021-03-12	土豆	蔬菜	中国	1205	5.63	2.10
15	1668786732877357965	2021-03-13	土豆	蔬菜	中国	1203	-5.00	1.98
16	1668786732877357966	2021-03-15	土豆	蔬菜	中国	1203	6.12	3.00
17	1668786732877357966	2021-03-15	土豆	蔬菜	中国	1203	6.12	3.00
18	1668786732877357967	2021-03-17	橙子	水果	美国	1201	13.20	5.80

图 7.3-32　使用 replace 函数完成数据替换

现在产地列按我们预期的完成转换了。

任务四　财税数据连接与合并

任务描述

利用 Python 处理财务数据时，你可能需要将多个 Pandas DataFrame 合并或者连接在一起来分析数据集。合并和连接 DataFrame 是作为财务数据分析师需要掌握的核心过程。本任务介绍合并和连接数据集的过程，即根据两个数据集之间的公共列将两个数据集连接在一起。

案例导入

数据的连接与合并是基于关联的公共列进行的，在连接时采用不同的连接方式得出的结果是不同的，因此在具体使用时要根据需求选择适当的连接方式。

数据连接的目的是将更多关联信息“汇总”，以实现更复杂的数据统计。销售数据是财务分析中典型的案例样本，基于销售数据中的产品信息、交易信息等可以计算统计出多种具有商业价值的信息。

知识储备

一、groupby( )函数

groupby( )函数是一种极其强大的数据分析方法,而聚合函数也是数据分析的基础工具之一。

除了 sum( ),Pandas 还提供了许多聚合函数,包括 mean( )、min( )、max( )和多个其他函数(表 7.4-1)。

表 7.4-1　Pandas 聚合函数

聚合函数名称	描述
mean( )	求平均值
sum( )	求总和
size( )	求组大小
count( )	求分组个数
std( )	计算标准差
var( )	计算方差
describe( )	生成所有的统计信息
first( )	获得每个分组内第一个元素
last( )	获得每个分组内最后一个元素
nth( )	获得第 N 个值
min( )	求最小值
max( )	求最大值

二、数据合并和连接

Pandas 合并和连接功能使我们能够创建更好的数据集。这有助于在尝试分析数据时获得高效准确的结果。该功能可以轻松地将 Series 和 DataFrame 对象逻辑地组合在一起。

(一) merge ( ) 函数

在许多情况下,要对数据执行的操作需要来自多个 Excel 的数据。在这些情况下,可以选择将多个 DataFrame Merge 合并(concatenate,join)到一个 DataFrame 中,以进行想要的操作。在下面的示例中,我们以一种最基本的合并方式将来自工资表的两组数据(DataFrame)合并为一个 DataFrame(图 7.4-1)。

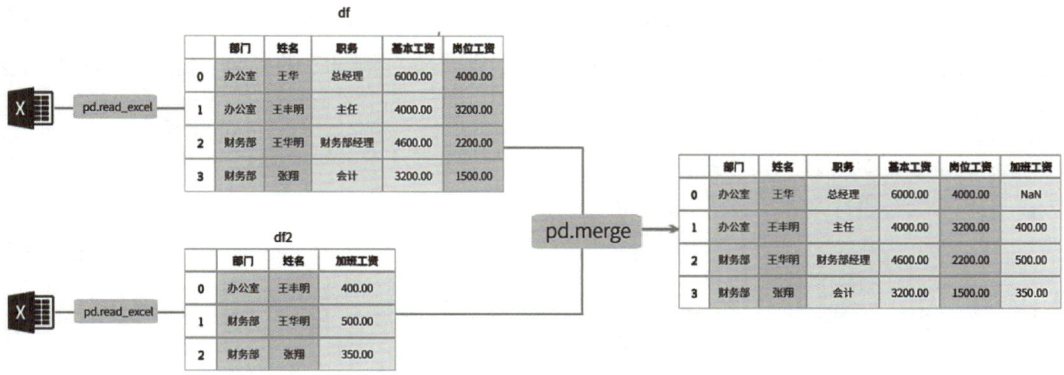

图 7.4-1　merge()函数应用示意

代码如图 7.4-2 所示。

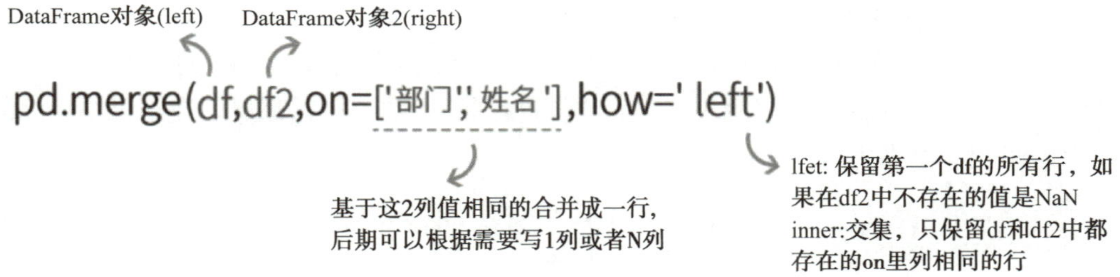

图 7.4-2　merge()函数代码解读

使用 merge()将两个 DataFrame 合并为一个(新的)Dataframe。其中 how 参数总共有 4 个选择项,分别是 left,right,inner,outer,对应左连接、右连接、内连接、外连接。相应连接的数据含义如图 7.4-3 所示。

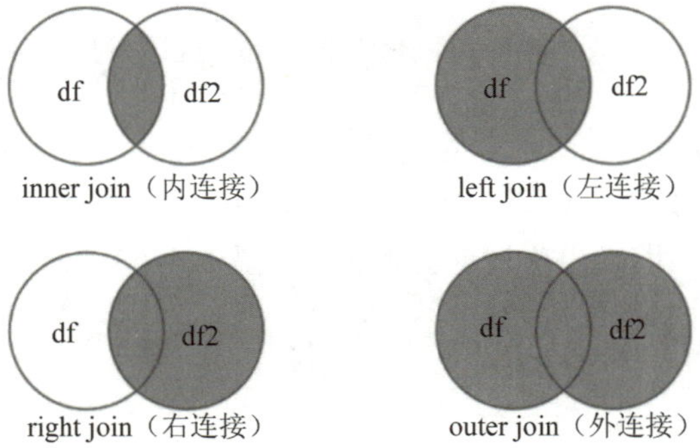

图 7.4-3　数据集连接操作含义

- left：只使用左侧 frame 中的键，类似 SQL 中的 left out join。
- right：只使用右侧 frame 中的键，类似 SQL 中的 right out join。

how = 'right'，右连接，也称为右外连接，类似于左外连接。唯一的区别是右侧 DataFrame 的所有行都保留采用，只有左侧 DataFrame 的行在两者中都是相同的。请注意，输出的行数与右侧数据帧的行数相同，左侧数据帧中的 on 公共列与右侧 df2 的任何内容都不匹配时丢弃左侧 df 的行（图 7.4-4）。

```
#保留右边与左边表的公共列中同时匹配的行
pd.merge(df,df2,on=['部门','姓名'],how='right')
```

运行

	工号	部门	姓名	职务	基本工资	岗位工资	加班工资
0	101	办公室	王丰明	主任	4000	3200	400
1	102	财务部	王华明	财务部经理	4600	2200	500
2	103	财务部	张翔	会计	3200	1500	350

图 7.4-4　merge( )函数右连接示例

- outer：使用两边键的并集，类似 SQL 中的 full outer join。

how = 'outer'，全外连接，返回左侧数据框中的所有行、右侧数据框中的所有行，并在可能的情况下匹配行，在其他地方使用 NaN。左右数据帧中的每一行都保留在结果中，缺失值或列中不匹配的值将用 NaN 表示。

```
#保留左边与右边边表的所有行
pd.merge(df,df2,on=['部门','姓名'],how='outer')
```

运行

	工号	部门	姓名	职务	基本工资	岗位工资	加班工资
0	100	办公室	王华	总经理	6000	4000	NaN
1	101	办公室	王丰明	主任	4000	3200	400.0
2	102	财务部	王华明	财务部经理	4600	2200	500.0
3	103	财务部	张翔	会计	3200	1500	350.0

图 7.4-5　merge( )函数全外连接示例

- inner：使用两边键的交集，类似 SQL 中的 inner join。

how = 'inner'这个参数就是要仅保留左边 DataFrame 变量 df 与右边 DataFrame 变量 df2 的公共列（on = ['部门','姓名']）中同时匹配的行（图 7.4-6）。

```
#保留左边与右边表的公共列中同时匹配的行
pd.merge(df,df2,on=['部门','姓名'],how='inner')
```

运行

	工号	部门	姓名	职务	基本工资	岗位工资	加班工资
0	101	办公室	王丰明	主任	4000	3200	400
1	102	财务部	王华明	财务部经理	4600	2200	500
2	103	财务部	张翔	会计	3200	1500	350

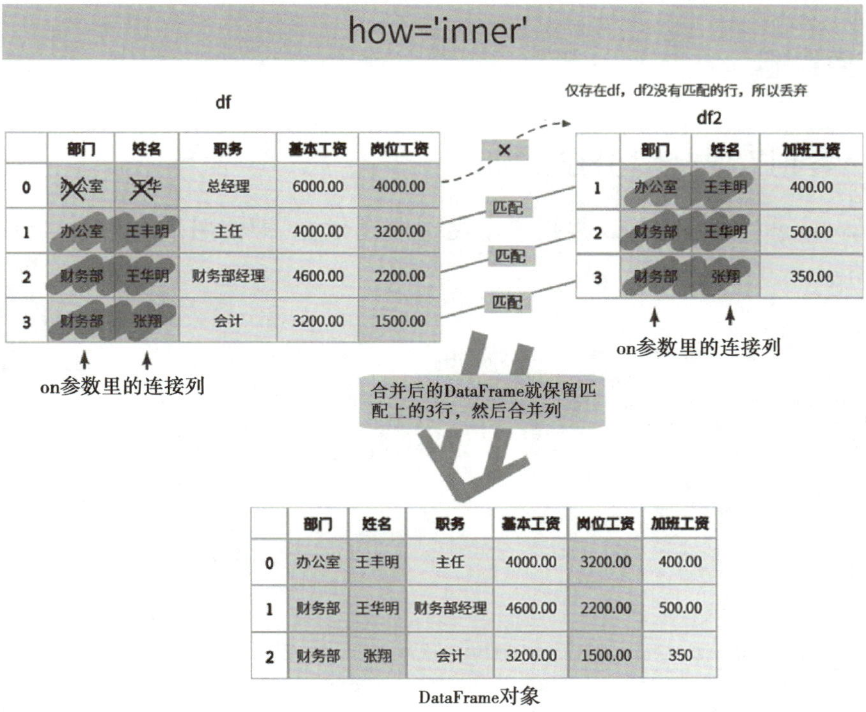

图 7.4-6 merge( )函数内连接示例

（二） join()函数

join( )函数通常用于基于 index 的两个 DataFrame 对象连接，而 merge( )函数是一个更通用的函数，让基于 index 或者列上的 DataFrame 对象连接。

（三） Concat()函数

假设你有多个具有相同字段的 DataFrame，并且想将它们合并为一个 DataFrame，可以使用 pd. concat( )连接两个或多个具有相似列的 Pandas DataFrame。

（四） merge()、join()、concat()之间的区别

Pandas 函数 join( )、concat( )、merge( )，每个函数在实况数据拼接时都有其特定用途。让我们看看它们之间的区别以及何时使用它们。

join( ): join( )函数也可用于连接 DataFrame,但主要用它们的索引 index 进行连接。

concat( ): concat( )函数用于在不查看值的情况下将行或列连接到数据帧。它直接使用拼接的动作,并不去查看对应的值是否一致。默认是 axis = 0 纵向行拼接,也可以是用 axis = 1 参数进行横向列拼接。

merge( ): merge( )函数是一个非常通用的用于连接的函数。它提供了许多不同的选项来自定义连接操作。

大多数情况下我们使用 merge( )函数来进行连接操作。

任务实施

一、对"类别""产地"分组统计

使用 groupby( )函数也可以根据多个类别形成分组(即使用多个列来执行拆分),如图 7.4-7 所示。

```
#打开水果与蔬菜销售单并将英文转为中文
df=pd.read_excel('excel/数据分析/水果与蔬菜销售清单.xlsx')
df['产地']=df['产地'].map(lambda x:x.lstrip().rstrip())
df['产品']=df['产品'].map(lambda x:x.lstrip().rstrip())
df['产地']=df['产地'].str.capitalize()
df=df.replace(['America','Australia','China','Japan'],['美国','澳大利亚','中国','日本'])
#填充缺失值
df=df.fillna(method='ffill')
df
```

运行

	交易编号	销售日期	产品	类别	产地	销售数量	平均价格	平均成本
0	1668786732877357951	2021-03-01	橙子	水果	美国	1217	7.63	3.98
1	1668786732877357951	2021-03-01	橙子	水果	澳大利亚	1217	7.63	3.98
2	1668786732877357952	2021-03-02	洋葱	蔬菜	中国	1212	10.80	5.20
3	1668786732877357953	2021-03-02	葡萄	水果	日本	1211	21.06	16.00
4	1668786732877357954	2021-03-03	苹果	水果	美国	1211	12.88	9.89
5	1668786732877357955	2021-03-04	土豆	蔬菜	中国	1210	6.01	4.00
6	1668786732877357956	2021-03-05	苹果	水果	美国	1209	11.98	6.50
7	1668786732877357957	2021-03-06	土豆	蔬菜	中国	1208	6.02	4.10
8	1668786732877357958	2021-03-07	西葫芦	蔬菜	中国	1208	6.98	3.20
9	1668786732877357959	2021-03-08	西葫芦	蔬菜	中国	1208	6.98	3.50
10	1668786732877357960	2021-03-09	胡萝卜	蔬菜	中国	1207	3.12	1.57
11	1668786732877357961	2021-03-10	苹果	水果	澳大利亚	1207	11.98	6.98
12	1668786732877357962	2021-03-11	葡萄	水果	日本	1207	10.68	8.10
13	1668786732877357963	2021-03-11	橙子	水果	美国	1203	12.00	6.00
14	1668786732877357964	2021-03-12	土豆	蔬菜	中国	1205	5.63	2.10
15	1668786732877357965	2021-03-13	土豆	蔬菜	中国	1203	-5.00	1.98
16	1668786732877357966	2021-03-15	土豆	蔬菜	中国	1203	6.12	3.00
17	1668786732877357966	2021-03-15	土豆	蔬菜	中国	1203	6.12	3.00
18	1668786732877357967	2021-03-17	橙子	水果	美国	1201	13.20	5.80

图 7.4-7　数据预处理

我们按“类别”和“产地”统计相关信息(图 7.4-8)。

```
#按照类别和产地分组求和
df.groupby(['类别','产地']).sum()
```

运行

		交易编号	销售数量	平均价格	平均成本
类别	产地				
水果	日本	3.337573e+18	2418.0	31.74	24.10
	澳大利亚	3.337573e+18	2424.0	19.61	10.96
	美国	8.343934e+18	6041.0	57.69	32.17
蔬菜	中国	1.668787e+19	12067.0	52.78	31.65

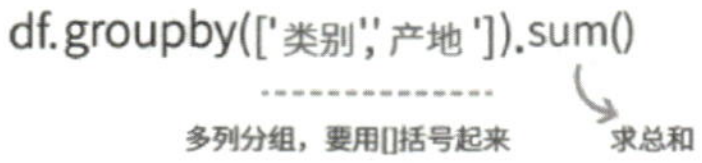

图 7.4-8　groupby( )函数数据分组求和示例 1

在结果展示时,我们发现多了一列“交易编号”,它不应该出现在合计值里(图 7.4-9)。

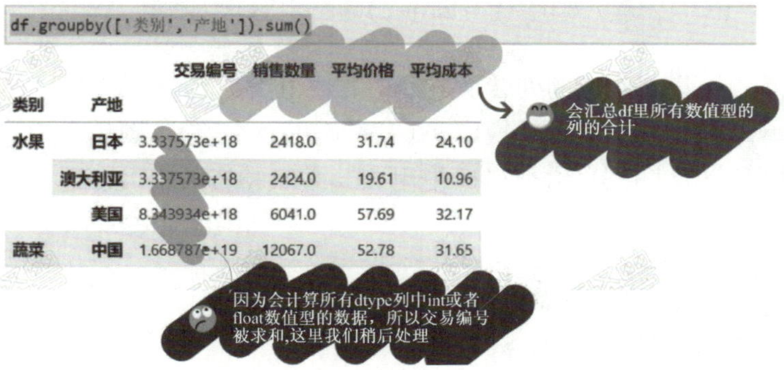

图 7.4-9　groupby( )函数数据分组求和示例 2

二、使用 info( )函数去除“交易编号”列

我们在处理数据之前,可以先用 info( )函数检查 DataFrame 的基本信息。info( )函数输出一个 DataFrame 的简明摘要,包括行数、列名、列 dtype 和非空值(图 7.4-10)。

```
#描述基础信息
df.info()
```

运行

```
<class 'pandas.core.frame.DataFrame'>
RangeIndex: 19 entries, 0 to 18
Data columns (total 8 columns):
 #  Column  Non-Null Count  Dtype
---  ------  --------------  -----
 0  交易编号  19 non-null    int64
 1  销售日期  19 non-null    datetime64[ns]
 2  产品     19 non-null    object
 3  类别     19 non-null    object
 4  产地     19 non-null    object
 5  销售数量  19 non-null    int64
 6  平均价格  19 non-null    float64
 7  平均成本  19 non-null    float64
dtypes: datetime64[ns](1), float64(2), int64(2), object(3)
memory usage: 1.3+ KB
```

图 7.4-10　info( )函数输出示例

我们发现交易编号的 Dtype 是 int64，所以数值型列在分组统计. sum( )时会将它统计进去(图 7.4-11)。

```
#转换交易编码数据类型
df['交易编号'] = df['交易编号'].astype('object')
df.info()
```

运行

```
<class 'pandas.core.frame.DataFrame'>
RangeIndex: 19 entries, 0 to 18
Data columns (total 8 columns):
 #  Column  Non-Null Count  Dtype
---  ------  --------------  -----
 0  交易编号  19 non-null    object
 1  销售日期  19 non-null    datetime64[ns]
 2  产品      19 non-null    object
 3  类别      19 non-null    object
 4  产地      19 non-null    object
 5  销售数量  19 non-null    int64
 6  平均价格  19 non-null    float64
 7  平均成本  19 non-null    float64
dtypes: datetime64[ns](1), float64(2), int64(1), object(4)
memory usage: 1.3+ KB
```

图 7.4-11　使用 astype( )函数进行列类型转换

通过. astype( )可以将对应的列转换成预期的数值类型，当然在数据分析中如果有需要也可以使用. astype 将字符串类型转换成 int64 或者 float64 类型(图 7.4-12)。

注意：在数据分析工作开始之前，应使用 df. info( )检查一下 DataFrame 对象。

```
df.info()
```

```
<class 'pandas.core.frame.DataFrame'>
RangeIndex: 19 entries, 0 to 18
Data columns (total 8 columns):
 #   Column  Non-Null Count  Dtype
---  ------  --------------  -----
 0   交易编号    19 non-null     int64
 1   销售日期    19 non-null     datetime64[ns]
 2   产品       19 non-null     object
 3   类别       19 non-null     object
 4   产地       19 non-null     object
 5   销售数量    19 non-null     int64
 6   平均价格    19 non-null     float64
 7   平均成本    19 non-null     float64
dtypes: datetime64[ns](1), float64(2), int64(2), object(3)
memory usage: 1.3+ KB
```

int64 代表数值型

```
#按类别和产地分组求和
df2 = df.groupby(['类别','产地']).sum()
df2
```

运行

类别	产地	销售数量	平均价格	平均成本
水果	日本	2418	31.74	24.10
	澳大利亚	2424	19.61	10.96
	美国	6041	57.69	32.17
蔬菜	中国	12067	52.78	31.65

图 7.4-12　改进后 groupby( )函数分组求和示例

三、创建多层索引简化统计数据筛选（图 7.4-13）

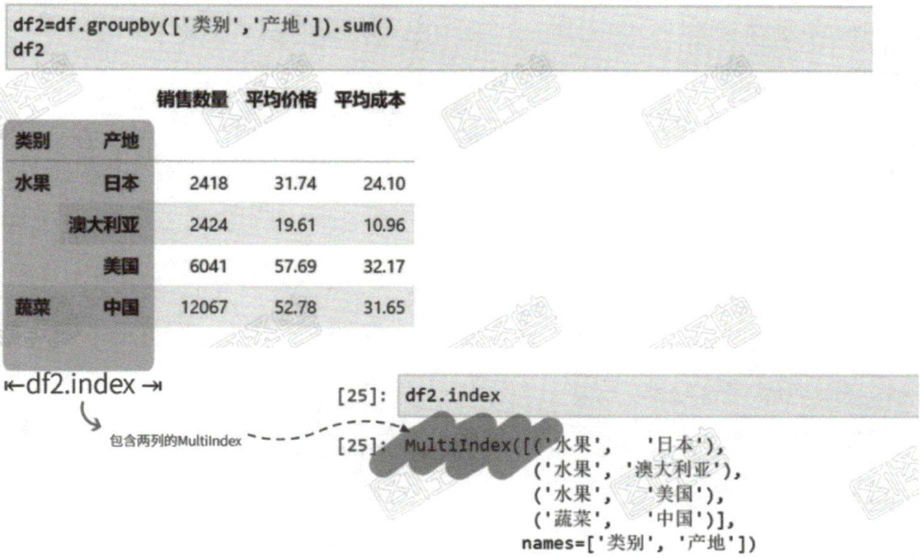

图 7.4-13　多层索引示例

查看索引，如图 7.4-14 所示。

```
#查看索引
df2.index
```

运行

```
MultiIndex([('水果', '日本'),
            ('水果', '澳大利亚'),
            ('水果', '美国'),
            ('蔬菜', '中国')],
           names=['类别', '产地'])
```

图 7.4-14　多层索引查看

在这个 df2 数据的情况下，有类别、产地两层标签，第一层标签是类别，第二层标签是产地。按这个“类别—产地”顺序分组。

我们这里引入 Pandas 的高级索引 MultiIndex（）分层索引，在. groupby（）之后生成的变量 df2 的 DataFrame 对象，即是包含“类别”“产地”的 2 层索引。

你可以通过将元组（'水果'，'产地'）传递给. loc[ ]来获得销售清单中水果属于日本的销售数量（图 7.4-15）。

```
#根据水果、日本索引查找数据
df2.loc[('水果','日本')]
```

运行

```
销售数量    2418.00
平均价格      31.74
平均成本      24.10
Name: (水果, 日本), dtype: float64
```

```
#根据水果、日本索引查找销售数量
df2.loc[('水果','日本'),'销售数量']
```

运行

```
2418.0
```

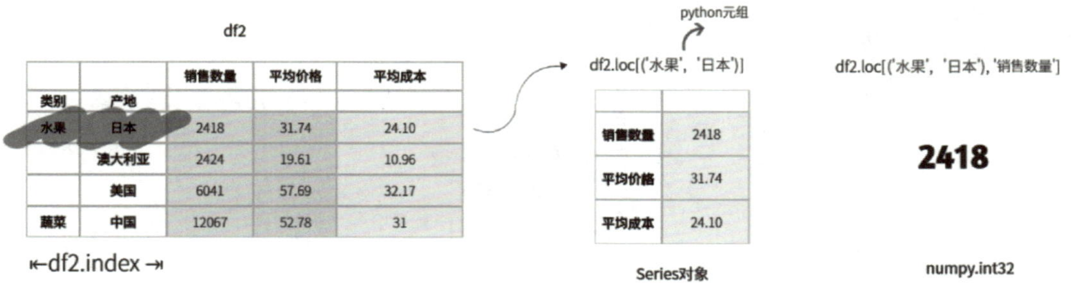

图 7.4-15　使用多层索引完成数据筛选

通过掌握 MultiIndex，可以进行更高级的数据分析，并且可以灵活地对要分析的数据进行格式化及分析。我们还需要统计每个分组对应的交易条数，试着使用之前的 groupby( ) 的聚合函数. size( )（图 7.4-16）。

```
#按照类别和产地求每组行数
count=df.groupby(['类别','产地']).size()
count
```

运行

```
类别  产地
水果  日本      2
      澳大利亚  2
      美国      5
蔬菜  中国     10
dtype: int64
```

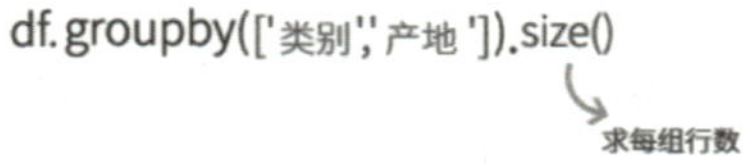

图 7.4-16　groupby( )函数分组后求行数

这里可以看到. size( ) 会返回每个分组里的行数，这样就统计出了每个分组的交易条数。因为只有一列，所以返回的是 Series 对象。我们要给赋值一个名称. name，这样才能进行后续的关联操作（图 7.4-17）。

```
#给变量count赋值
count.name='交易量'
count
```

运行

```
类别 产地
水果 日本      2
    澳大利亚   2
    美国      5
蔬菜 中国      10
Name: 交易量, dtype: int64
```

图 7.4-17 groupby()函数分组结果指示名称

现在我们可以看到变量 count 是一个两层索引的 Series 对象，和之前的变量 df2 的 index 索引一致（图 7.4-18）。

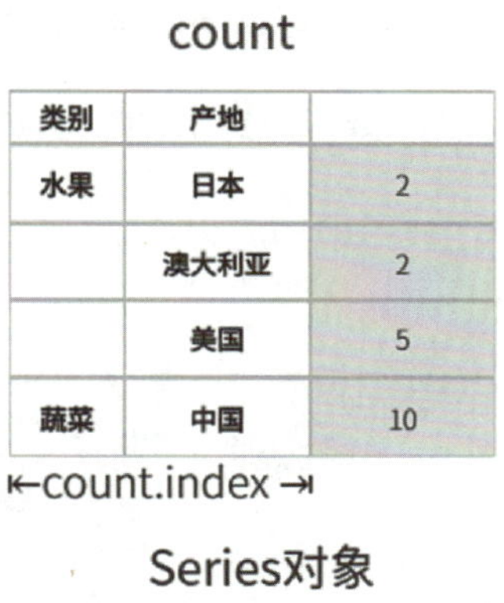

图 7.4-18 groupby()函数分组结果分析

四、连接财会数据

（一）使用 merge()函数连接（图 7.4-19）

```
#读取工资样本More表
df=pd.read_excel('excel/数据分析/工资表样本More.xlsx')
#读取加班工资
df2=pd.read_excel('excel/数据分析/加班工资.xlsx')
#两张表合并为一个新表
pd.merge(df,df2,on=['部门','姓名'],how='left')
```

运行

	工号	部门	姓名	职务	基本工资	岗位工资	加班工资
0	100	办公室	王华	总经理	6000	4000	NaN
1	101	办公室	王丰明	主任	4000	3200	400.0
2	102	财务部	王华明	财务部经理	4600	2200	500.0
3	103	财务部	张翔	会计	3200	1500	350.0

图 7.4-19 merge()函数连接示例

（二） 使用join()函数实现连接（图7.4-20）

```
#读取工资样本More表
df=pd.read_excel('excel/数据分析/工资表样本More.xlsx')
#读取加班工资
df2=pd.read_excel('excel/数据分析/加班工资.xlsx')
#左右两个DataFrame的index索引一一对应
df.join(df2, lsuffix='_df', rsuffix='_df2',how='left')
```

运行

	工号	部门_df	姓名_df	职务	基本工资	岗位工资	部门_df2	姓名_df2	加班工资
0	100	办公室	王华	总经理	6000	4000	办公室	王丰明	400.0
1	101	办公室	王丰明	主任	4000	3200	财务部	王华明	500.0
2	102	财务部	王华明	财务部经理	4600	2200	财务部	张翔	350.0
3	103	财务部	张翔	会计	3200	1500	NaN	NaN	NaN

图7.4-20 join()函数连接示例

.join()是基于index索引的连接,运行原理如图7.1-21所示。

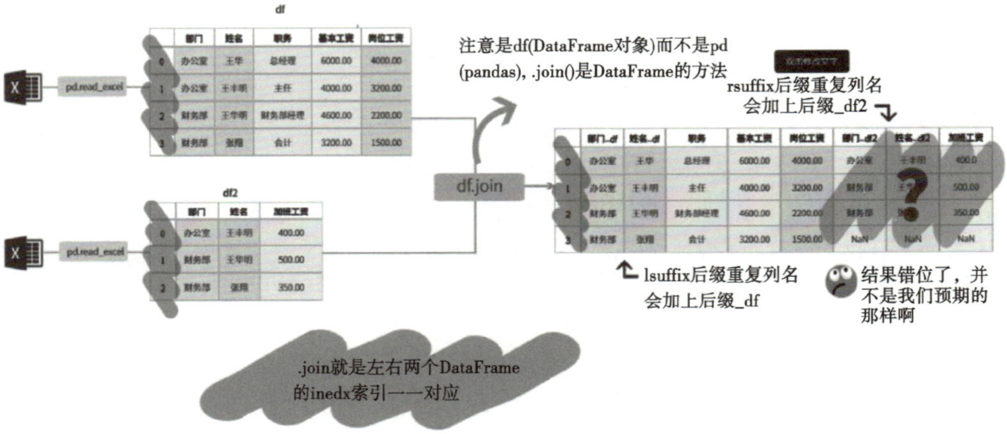

图7.4-21 join()函数连接原理

如何使用.join()能够正确地进行基于部门和姓名两列的连接呢？既然.join()只是基于索引的连接,那就使用我们之前学的.set_index()方法将这两列变成索引列,这样就可以按我们的预期进行连接了(图7.4-22)。

```
df.set_index(['部门','姓名']).join(df2.set_index(['部门','姓名']))
```

运行

部门	姓名	工号	职务	基本工资	岗位工资	加班工资
办公室	王华	100	总经理	6000	4000	NaN
	王丰明	101	主任	4000	3200	400.0
财务部	王华明	102	财务部经理	4600	2200	500.0
	张翔	103	会计	3200	1500	350.0

图7.4-22 join()函数连接结果

（三）使用 concat()函数连接（图 7.4-23）

```
import numpy as np
import pandas as pd
#读取工资表
df=pd.read_excel('excel/数据分析/工资表.xlsx')
#读取销售部人员工资表
df2=pd.read_excel('excel/数据分析/销售部人员工资表样本.xlsx')
#读取车间人员工资表
df3=pd.read_excel('excel/数据分析/车间人员工资表样本.xlsx')
frames = [df, df2, df3]
df4=pd.concat(frames, ignore_index=True)
df4
```

运行

	部门	姓名	职务	基本工资	岗位工资
0	办公室	王华	总经理	6000	4000
1	办公室	王丰明	主任	4000	3200
2	财务部	王华明	财务部经理	4600	2200
3	财务部	张翔	会计	3200	1500
4	销售部	韦志成	采购经理	4600	3500
5	销售部	魏花吉	采购员	2000	2800
6	销售部	刘军	采购员	2000	2800
7	供电车间	姚圣宏	主任	4600	1200
8	供电车间	李爱有	工人	3000	850
9	供水车间	秦可怡	工人	3000	450
10	供水车间	程红	工人	3000	450

图 7.4-23　concat()函数连接示例

因为这个案例的 index 索引值只是 0,1,2,3 的索引,并没有实际意义,所以使用 ignore_index = True,让连接后的 DataFrame 的 index 重新索引 0,…,n－1 值(图 7.4-24)。

图 7.4-24　concat()函数代码解读

任务五　财税数据分组聚合

任务描述

数据透视表是 Excel 最强大的功能之一。数据透视表使我们能够从数据中得出见解。

许多公司配备销售人员用来跟踪流程的CRM工具或其他软件。虽然有用于分析数据的有用工具,但不可避免地会有人将数据导出到Excel并使用数据透视表来汇总数据。Pandas提供了一个类似的函数,称为pivot_table()。

案例导入

pivot_table()是一个简单的函数,但可以非常快速地进行非常强大的数据分析。Pandas有许多不同的方法可以将Pandas数据框从长表改成宽表。

知识储备

一、长表转宽表

如果我们查看一个长表(DataFrame)并将其与宽表(DataFrame)进行比较,就可理解长表是什么或它看起来像什么(图7.5-1)。

	产品	类别	产地	销售数量
0	橙子	水果	美国	1217
1	橙子	水果	澳大利亚	1217
2	洋葱	蔬菜	中国	1212
3	葡萄	水果	日本	1211
4	苹果	水果	美国	1211
5	土豆	蔬菜	中国	1210
6	苹果	水果	美国	1209
7	土豆	蔬菜	中国	1208
8	西葫芦	蔬菜	中国	1208
9	西葫芦	蔬菜	中国	1208
10	胡萝卜	蔬菜	中国	1207
11	苹果	水果	澳大利亚	1207
12	葡萄	水果	日本	1207
13	橙子	水果	美国	1203
14	土豆	蔬菜	中国	1205
15	土豆	蔬菜	中国	1203
16	土豆	蔬菜	中国	1203
17	土豆	蔬菜	中国	1203
18	橙子	水果	美国	1201

图7.5-1 长表示例

图7.5-2是相应的DataFrame数据库(具有相同的信息),但采用宽格式。

产品	类别	中国	日本	澳大利亚	美国
土豆	蔬菜	7232	0	0	0
橙子	水果	0	0	1217	3621
洋葱	蔬菜	1212	0	0	0
胡萝卜	蔬菜	1207	0	0	0
苹果	水果	0	0	1207	2420
葡萄	水果	0	2418	0	0
西葫芦	蔬菜	2416	0	0	0

图 7.5-2 宽表示例

比较下面的原始数据框和旋转后的 DataFrame,就会明白这意味着什么(图 7.5-3)。

图 7.5-3 长表与宽表对比

变量 df_long 中“产地”列中的每个唯一值,都是透视/宽 DataFrame 变量 df_wird 中的一个新列(中国、日本、澳大利亚、美国),通过参数 aggfunc = np. sum 代表计算每列的总和 sum(默认是求均值 mean)。你也可以通过添加 marsgin = True 给透视表计算合计结果。

二、宽表转长表

Pandas 提供几种方法帮助你将 DataFrame 宽表转换为长表。但是 melt()方法是最灵活的,也是我们将宽表转长表最常用的一种方法。

如果我们查看一个宽表 DataFrame 并将其与长表 DataFrame 进行比较,会比较容易理解宽表 DataFrame 看起来像什么。我们日常用的工资表 Excel 格式基本都是宽表格式(图 7.5-4)。

	部门	姓名	职务	基本工资	岗位工资
0	办公室	王华	总经理	6000	4000
1	办公室	王丰明	主任	4000	2200
2	财务部	王华明	财务部经理	4600	2000
3	财务部	张翔	会计	3200	1800

图 7.5-4　工资表宽表示例

但有些时候进行数据处理时需要左右表关联计算处理,宽表不能满足需求时,我们可以将其转换为长表再进行数据关联(图 7.5-5)。

	部门	姓名	职务	项目	金额
0	办公室	王华	总经理	基本工资	6000
1	办公室	王丰明	主任	基本工资	4000
2	财务部	王华明	财务部经理	基本工资	4600
3	财务部	张翔	会计	基本工资	3200
4	办公室	王华	总经理	岗位工资	4000
5	办公室	王丰明	主任	岗位工资	2200
6	财务部	王华明	财务部经理	岗位工资	2000
7	财务部	张翔	会计	岗位工资	1800

图 7.5-5　工资表长表示例

三、pivot_table( ) 运用

在使用. pivot_table( )之前应确保你了解你的数据和你将要通过. pivot_table( )得到什么结果。这是一个看似简单的功能,但可以非常快速地进行非常强大的数据分析。

在当前示例里,我们通过跟踪产品销售管理清单,确保了解每个销售品类的销售情况及利润水平。

一般我们会提下面几个问题:

- 有多少收入?
- 有哪些产品正在准备中?
- 谁在什么阶段有什么产品?
- 我们在年底前完成交易的可能性有多大?

在 Pandas 中数据透视表的操作由 pivot_table( ) 函数实现,函数中参数主要用法如下:

```
def pivot_table(    data,
                    #值
```

```
values = None,
#索引行
index = None,
#索引列
columns = None,
#聚合函数,可以是单个聚合函数,也可以是函数列表 & 字典
aggfunc = 'mean',
#填充缺失值
fill_value = None,
#是否添加行列的汇总
margins = False,
#是否删除空值,默认为 True
dropna = True,
#汇总行列的名词,默认为 All
margins_name = 'All'):
```

以上参数中,values、columns、index 最为重要,对应到 Excel 中位置如图 7.5-6 所示。

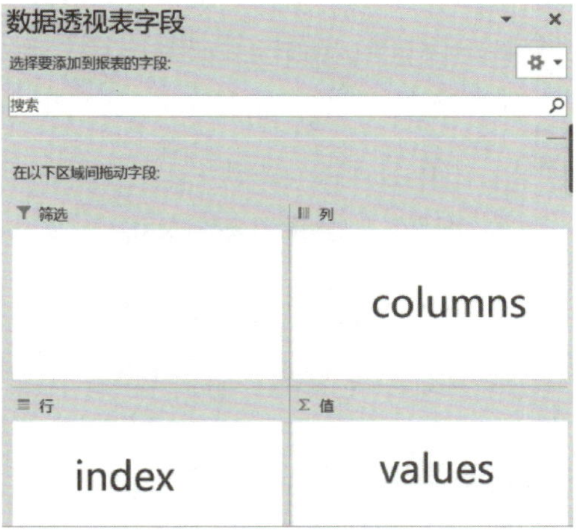

图 7.5-6　pivot_table( )函数参数说明

任务实施

一、计算每个产品、类别下各个产地的销售总量

代码运行框中,在 Excel 中创建变量为 df_long 的 pd. DataFrame(图 7.5-7)。

```
import numpy as np
import pandas as pd
#读取工资表
df=pd.read_excel('excel/数据分析/水果与蔬菜销售清单.xlsx')
df=df.replace(['America','Australia','China','Japan'],['美国','澳大利亚','中国','日本'])
df['产地']=df['产地'].map(lambda x:x.lstrip().rstrip())
df['产品']=df['产品'].map(lambda x:x.lstrip().rstrip())
df['产地']=df['产地'].str.capitalize()
df=df.replace(['America','Australia','China','Japan'],['美国','澳大利亚','中国','日本'])
df=df.fillna(method='ffill')
df['总价']=df['销售数量']*df['平均价格']
df_long=df[['产品','类别','产地','销售数量']]
df_long
```

运行

	产品	类别	产地	销售数量
0	橙子	水果	美国	1217
1	橙子	水果	澳大利亚	1217
2	洋葱	蔬菜	中国	1212
3	葡萄	水果	日本	1211
4	苹果	水果	美国	1211
5	土豆	蔬菜	中国	1210
6	苹果	水果	美国	1209
7	土豆	蔬菜	中国	1208
8	西葫芦	蔬菜	中国	1208
9	西葫芦	蔬菜	中国	1208
10	胡萝卜	蔬菜	中国	1207
11	苹果	水果	澳大利亚	1207
12	葡萄	水果	日本	1207
13	橙子	水果	美国	1203
14	土豆	蔬菜	中国	1205
15	土豆	蔬菜	中国	1203
16	土豆	蔬菜	中国	1203
17	土豆	蔬菜	中国	1203
18	橙子	水果	美国	1201

图 7.5-7　水果销售数据示例

获得每个产品、类别下各个产地的销售总量。我们通常希望保持索引列(index =['产品','类别']),根据另一列(columns ='产地')对“销售数量”列的值(values ='销售数量')进行透视或“拆分”(图 7.5-8)。

```
df_wide=df_long.pivot_table(index=['产品','类别'],
            columns='产地',
            values='销售数量',aggfunc=np.sum,fill_value=0)
df_wide
```

运行

产品	类别	中国	日本	澳大利亚	美国
土豆	蔬菜	7232	0	0	0
橙子	水果	0	0	1217	3621
洋葱	蔬菜	1212	0	0	0
胡萝卜	蔬菜	1207	0	0	0
苹果	水果	0	0	1207	2420
葡萄	水果	0	2418	0	0
西葫芦	蔬菜	2416	0	0	0

图 7.5-8　水果蔬菜销售数据透视

二、计算销量之和与均值(图 7.5-9)

```
df_wide=df_long.pivot_table(index=['产品','类别'],
                columns='产地',
                values='销售数量',
                    aggfunc=np.sum,
                    fill_value=0,
                    margins=True  #添加合计
                   )
df_wide
```

运行

	产地	中国	日本	澳大利亚	美国	All
产品	类别					
土豆	蔬菜	7232	0	0	0	7232
橙子	水果	0	0	1217	3621	4838
洋葱	蔬菜	1212	0	0	0	1212
胡萝卜	蔬菜	1207	0	0	0	1207
苹果	水果	0	0	1207	2420	3627
葡萄	水果	0	2418	0	0	2418
西葫芦	蔬菜	2416	0	0	0	2416
All		12067	2418	2424	6041	22950

```
df_wide=df_long.pivot_table(index=['产品','类别'],
             columns='产地',
             values='销售数量',
                 aggfunc=['mean', 'sum'],
                 fill_value=0,
                 margins=True  #添加合计
                )
df_wide
```

运行

		mean					sum				
	产地	中国	日本	澳大利亚	美国	All	中国	日本	澳大利亚	美国	All
产品	类别										
土豆	蔬菜	1205.333333	0	0	0.0	1205.333333	7232	0	0	0	7232
橙子	水果	0.000000	0	1217	1207.0	1209.500000	0	0	1217	3621	4838
洋葱	蔬菜	1212.000000	0	0	0.0	1212.000000	1212	0	0	0	1212
胡萝卜	蔬菜	1207.000000	0	0	0.0	1207.000000	1207	0	0	0	1207
苹果	水果	0.000000	0	1207	1210.0	1209.000000	0	0	1207	2420	3627
葡萄	水果	0.000000	1209	0	0.0	1209.000000	0	2418	0	0	2418
西葫芦	蔬菜	1208.000000	0	0	0.0	1208.000000	2416	0	0	0	2416
All		1206.700000	1209	1212	1208.2	1207.894737	12067	2418	2424	6041	22950

图 7.5-9　水果蔬菜数据统计

三、宽表转长表(图 7.5-10)

```
import pandas as pd
import numpy as np
df_wide=pd.read_excel('excel/数据分析/工资表.xlsx')
df_wide
```

运行

	部门	姓名	职务	基本工资	岗位工资
0	办公室	王华	总经理	6000	4000
1	办公室	王丰明	主任	4000	3200
2	财务部	王华明	财务部经理	4600	2200
3	财务部	张翔	会计	3200	1500

图 7.5-10　工资表数据示例

我们在调用 pd. melt( )方法的时候,通过 id_vars 指定一系列作为长表的 index 索引列,剩下的列(“基本工资”列、“岗位工资”列)则将会被堆叠在同一个列里面(图 7.5-11)。通过指定 var_name 参数,一个新列将会被生成,即用于存放“基本工资”列、“岗位工资”列列名的 var_name 列。所有具体的列值,如 6 000、4 000……这些工资具体值,将会被存放在一个名为 var 的新列里。我们也可以指定 value_name,重命名这个包含所有工资项目的具体值的列名。

```
df_wide.melt=df_wide.melt(id_vars=["部门","姓名", "职务"],
        var_name="项目",  # rename
        value_name="金额")  # rename

df_wide.melt
```

运行

	部门	姓名	职务	项目	金额
0	办公室	王华	总经理	基本工资	6000
1	办公室	王丰明	主任	基本工资	4000
2	财务部	王华明	财务部经理	基本工资	4600
3	财务部	张翔	会计	基本工资	3200
4	办公室	王华	总经理	岗位工资	4000
5	办公室	王丰明	主任	岗位工资	3200
6	财务部	王华明	财务部经理	岗位工资	2200
7	财务部	张翔	会计	岗位工资	1500

图 7.5-11　宽表转长表示例

解析如图 7.5-12 所示。

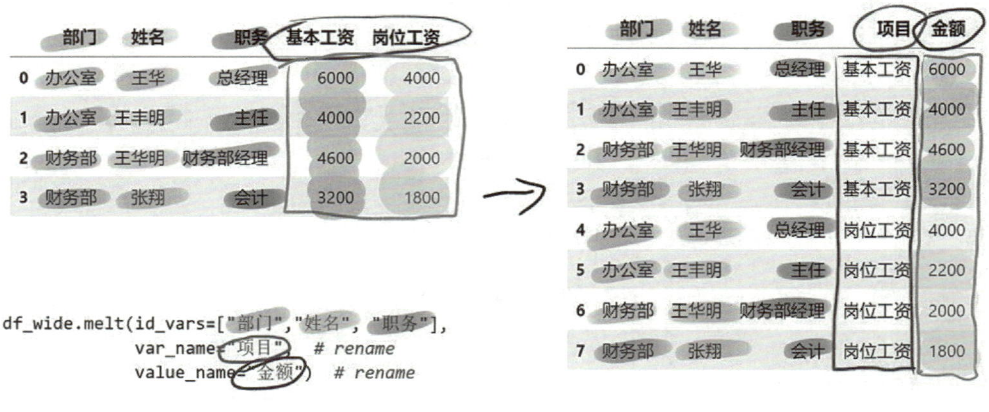

图 7.5-12　melt( )函数参数解析

我们仅保留基本工资的数值,也可以通过设定 value_vars 参数(value_vars = ['基本工资'])来指定只保留基本工资的值。当然我们也可以通过 id_vars 来丢弃“职务”那一列(图 7.5-13)。

```
df_wide=pd.read_excel('excel/数据分析/工资表.xlsx')

df_wide.melt1=df_wide.melt(id_vars=["部门","姓名"],
          value_vars = ["基本工资"], # 重命名
          var_name="项目", value_name="金额")  # 重命名
df_wide.melt1
```

运行

```
<ipython-input-10-93050a076237>:3: UserWarning: Pandas doesn't allow columns to be created via a new attribute name - see https://pandas.pydata.org/pandas-docs/stable/indexing.html#attribute-access
  df_wide.melt1=df_wide.melt(id_vars=["部门","姓名"],
```

	部门	姓名	项目	金额
0	办公室	王华	基本工资	6000
1	办公室	王丰明	基本工资	4000
2	财务部	王华明	基本工资	4600
3	财务部	张翔	基本工资	3200

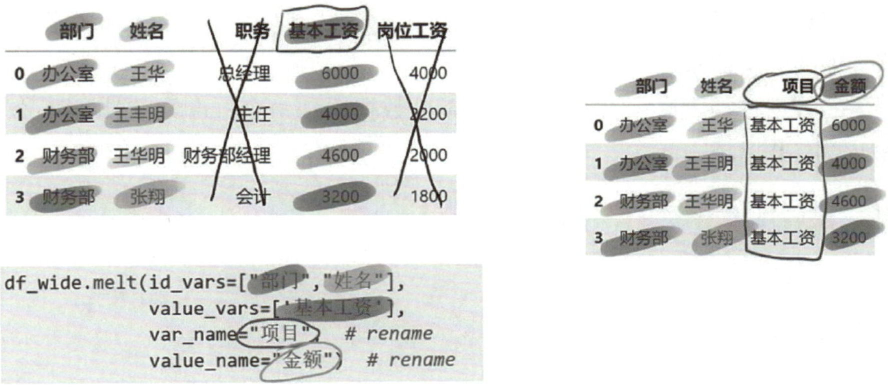

图 7.5-13　melt( )函数参数应用示例

四、生成销售月度报告

我们将使用 Pandas 的 pivot_table( )探索销售分析系统。

主要涵盖以下任务:生成简单透视表;配置 values 属性实况聚合统计;配置 columns 属性主文索引列;缺失值替换和生成月度报告。

在所有代码工作之前,我们先导入 Pandas 和 NumPy 包(图 7.5-14)。

```
import pandas as pd
import numpy as np
```

运行

图 7.5-14　导入 Pandas 和 NumPy 库

接着读取 Excel 到 DataFrame 里面(图 7.5-15)。

```
df = pd.read_excel("excel/数据分析/sales-funnel.xlsx")
df.head()
```

运行

	id	客户名称	销售	销售经理	产品	数量	价格	状态
0	714466	邢台客户	刘明	王晓华	CPU	1	30000	已供货
1	714466	邢台客户	刘明	王晓华	软件1	1	10000	已供货
2	714466	邢台客户	刘明	王晓华	软件2	2	5000	待定
3	737550	邯郸客户	刘明	王晓华	CPU	1	35000	竞标失败
4	146832	北京客户	赵林	王晓华	CPU	2	65000	中标

图 7.5-15 读取示例数据

在使用数据透视表工作的时候，我们应该一步步运行，每次添加项目时都要检查每个步骤以验证是否获得了预期的结果。可以多进行几次尝试，使用调换顺序和变量来查看哪种结果最符合你的分析需求。

最简单的数据透视表必须有一个 DataFrame 数据框和一个 index。这里我们使用“客户名称”作为索引（图 7.5-16）。

```
pd.pivot_table(df,index=["客户名称"])
```

运行

客户名称	id	价格	数量
北京客户	146832	65000	2.000000
南昌客户	412290	5000	2.000000
太原客户	688981	100000	5.000000
宜昌客户	218895	25000	1.500000
济南客户	729833	35000	2.000000
白城客户	163416	30000	1.000000
西安客户	239344	7500	1.000000
邢台客户	714466	15000	1.333333
邯郸客户	737550	35000	1.000000
钦州客户	740150	35000	1.000000
铁力客户	141962	65000	2.000000
铜川客户	307599	7000	3.000000

图 7.5-16 简单数据表透视图

也可以传入 list 数组来进行多个索引的转置操作（图 7.5-17）。

```
pd.pivot_table(df,index=["客户名称","销售","销售经理"])
```

运行

客户名称	销售	销售经理	id	价格	数量
北京客户	赵林	王晓华	146832	65000	2.000000
南昌客户	郑晓敏	王晓华	412290	5000	2.000000
太原客户	林维	周明宏	688981	100000	5.000000
宜昌客户	赵林	王晓华	218895	25000	1.500000
济南客户	林维	周明宏	729833	35000	2.000000
白城客户	吴可明	周明宏	163416	30000	1.000000
西安客户	吴可明	周明宏	239344	7500	1.000000
邢台客户	刘明	王晓华	714466	15000	1.333333
邯郸客户	刘明	王晓华	737550	35000	1.000000
钦州客户	郑晓敏	王晓华	740150	35000	1.000000
铁力客户	吴可明	周明宏	141962	65000	2.000000
铜川客户	林维	周明宏	307599	7000	3.000000

图 7.5-17　为数据透视表指定索引

如果要统计每个人的业绩，那“id”和“数量”对于我们就没什么用处。可以通过参数 values = ["价格"]移除多余列(图 7.5-18)。

```
pd.pivot_table(df,index=["销售经理","销售"],values=["价格"])
```

运行

销售经理	销售	价格
周明宏	吴可明	27500.000000
	林维	44250.000000
王晓华	刘明	20000.000000
	赵林	38333.333333
	郑晓敏	20000.000000

图 7.5-18　数据透视表中对价格统计

当前可以看到的价格列统计是平均值统计，但我们需要的是计算销售额，可以通过 aggfunc = np. sum 来进行统计求和(图 7.5-19)。

```
pd.pivot_table(df,index=["销售经理","销售"],values=["价格"],aggfunc=np.sum)
```

运行

销售经理	销售	价格
周明宏	吴可明	110000
	林维	177000
王晓华	刘明	80000
	赵林	115000
	郑晓敏	40000

图 7.5-19　对价格列进行汇总求和

在查看销售额的同时，我们也想顺便查看每个销售人员的订单数，这可以通过传递参数 aggfunc = [np. mean, len]来实现(图 7.5-20)。

```
pd.pivot_table(df,index=["销售经理","销售"],values=["价格"],aggfunc=[np.mean,len])
```

运行

		mean	len
		价格	价格
销售经理	销售		
周明宏	吴可明	27500.000000	4
	林维	44250.000000	4
王晓华	刘明	20000.000000	4
	赵林	38333.333333	3
	郑晓敏	20000.000000	2

图 7.5-20　查看销售额和销售人员订单数

如果我们想查看按产品细分的销售额，该 columns 变量允许我们定义一列或多列（图 7.5-21）。

```
pd.pivot_table(df,index=["销售经理","销售"],values=["价格"],
          columns=["产品"],aggfunc=[np.sum])
```

运行

		sum			
		价格			
	产品	CPU	显示器	软件1	软件2
销售经理	销售				
周明宏	吴可明	95000.0	NaN	10000.0	5000.0
	林维	165000.0	5000.0	NaN	7000.0
王晓华	刘明	65000.0	NaN	10000.0	5000.0
	赵林	105000.0	NaN	10000.0	NaN
	郑晓敏	35000.0	NaN	NaN	5000.0

图 7.5-21　按产品销售额汇总统计

注意：pivot_table 的混淆点之一是 columns 和 values。columns 是可选的，它提供了一种额外的方式来分割你需要统计的实际值，而 values 则运用聚合函数（求和、求均值、求数量等）进行统计分析。

NaN 值在统计分析结果中尽量不要出现，我们可以通过 fill_value =0 将这些 NaN 值替换为 0（图 7.5-22）。

```
pd.pivot_table(df,index=["销售经理","销售"],values=["价格"],
         columns=["产品"],aggfunc=[np.sum],fill_value=0)
```

运行

		sum			
		价格			
	产品	CPU	显示器	软件1	软件2
销售经理	销售				
周明宏	吴可明	95000	0	10000	5000
	林维	165000	5000	0	7000
王晓华	刘明	65000	0	10000	5000
	赵林	105000	0	10000	0
	郑晓敏	35000	0	0	5000

图 7.5-22　替换空值

除了分析销售额，我们还想同时把每个销售人员的“订单量”统计出来（图 7.5-23）。

```
pd.pivot_table(df,index=["销售经理","销售"],values=["价格",'数量'],
          columns=["产品"],aggfunc=[np.sum],fill_value=0)
```

运行

		sum							
		价格				数量			
	产品	CPU	显示器	软件1	软件2	CPU	显示器	软件1	软件2
销售经理	销售								
周明宏	吴可明	95000	0	10000	5000	3	0	1	1
	林维	165000	5000	0	7000	7	2	0	3
王晓华	刘明	65000	0	10000	5000	2	0	1	2
	赵林	105000	0	10000	0	4	0	1	0
	郑晓敏	35000	0	0	5000	1	0	0	2

图 7.5-23 统计销售人员订单量和产品销售额

我们也可以试着将产品列移动到索引列，来尝试不同的视觉表示效果。对于这个案例来说，图 7.5-24 可能表示得更加清晰些。

```
pd.pivot_table(df,index=["销售经理","销售","产品"],
          values=["价格",'数量'],aggfunc=[np.sum],fill_value=0)
```

运行

			sum	
			价格	数量
销售经理	销售	产品		
周明宏	吴可明	CPU	95000	3
		软件1	10000	1
		软件2	5000	1
	林维	CPU	165000	7
		显示器	5000	2
		软件2	7000	3
王晓华	刘明	CPU	65000	2
		软件1	10000	1
		软件2	5000	2
	赵林	CPU	105000	4
		软件1	10000	1
	郑晓敏	CPU	35000	1
		软件2	5000	2

图 7.5-24 销售数据统计的长表展示

margins = True 可以帮助我们统计合计值（图 7.5-25）。

```
pd.pivot_table(df,index=["销售经理","销售","产品"],
        values=["价格",'数量'],aggfunc=[np.sum,np.mean],fill_value=0,margins=True)
```

运行

			sum		mean	
			价格	数量	价格	数量
销售经理	销售	产品				
周明宏	吴可明	CPU	95000	3	47500.000000	1.500000
		软件1	10000	1	10000.000000	1.000000
		软件2	5000	1	5000.000000	1.000000
	林维	CPU	165000	7	82500.000000	3.500000
		显示器	5000	2	5000.000000	2.000000
		软件2	7000	3	7000.000000	3.000000
王晓华	刘明	CPU	65000	2	32500.000000	1.000000
		软件1	10000	1	10000.000000	1.000000
		软件2	5000	2	5000.000000	2.000000
	赵林	CPU	105000	4	52500.000000	2.000000
		软件1	10000	1	10000.000000	1.000000
	郑晓敏	CPU	35000	1	35000.000000	1.000000
		软件2	5000	2	5000.000000	2.000000
All			522000	30	30705.882353	1.764706

图 7.5-25　为统计数据计算合计值

从销售经理的角度来分析，查看每个销售经理销售产品的各种状态（图 7.5-26）。

```
pd.pivot_table(df,index=["销售经理","状态"],values=["价格"],
        aggfunc=[np.sum],fill_value=0,margins=True)
```

运行

		sum
		价格
销售经理	状态	
周明宏	中标	172000
	准备中	30000
	已供货	15000
	待定	5000
	竞标失败	65000
王晓华	中标	65000
	已供货	50000
	待定	50000
	竞标失败	70000
All		522000

图 7.5-26　产品状态数据透视表

一个非常方便的功能是能够将字典传递给 aggfunc 参数，我们可以在不同的列进行不同的统计分析（图 7.5-27）。

```
pd.pivot_table(df,index=["销售经理","状态"],columns=["产品"],values=["数量","价格"],
          aggfunc={"数量":len,"价格":np.sum},fill_value=0)
```

运行

		价格				数量			
	产品	CPU	显示器	软件1	软件2	CPU	显示器	软件1	软件2
销售经理	状态								
周明宏	中标	165000	0	0	7000	2	0	0	1
	准备中	30000	0	0	0	1	0	0	0
	已供货	0	5000	10000	0	0	1	1	0
	待定	0	0	0	5000	0	0	0	1
	竞标失败	65000	0	0	0	1	0	0	0
王晓华	中标	65000	0	0	0	1	0	0	0
	已供货	30000	0	20000	0	1	0	2	0
	待定	40000	0	0	10000	1	0	0	2
	竞标失败	70000	0	0	0	2	0	0	0

图 7.5-27 对统计数据分列进行聚合操作

我们在“价格”列也可以同时统计销售额和平均价格(图 7.5-28)。

```
table=pd.pivot_table(df,index=["销售经理","状态"],columns=["产品"],values=["数量","价格"],
          aggfunc={"数量":len,"价格":[np.sum,np.mean]},fill_value=0)
table
```

运行

		价格								数量			
		mean				sum				len			
	产品	CPU	显示器	软件1	软件2	CPU	显示器	软件1	软件2	CPU	显示器	软件1	软件2
销售经理	状态												
周明宏	中标	82500	0	0	7000	165000	0	0	7000	2	0	0	1
	准备中	30000	0	0	0	30000	0	0	0	1	0	0	0
	已供货	0	5000	10000	0	0	5000	10000	0	0	1	1	0
	待定	0	0	0	5000	0	0	0	5000	0	0	0	1
	竞标失败	65000	0	0	0	65000	0	0	0	1	0	0	0
王晓华	中标	65000	0	0	0	65000	0	0	0	1	0	0	0
	已供货	30000	0	10000	0	30000	0	20000	0	1	0	2	0
	待定	40000	0	0	5000	40000	0	0	10000	1	0	0	2
	竞标失败	35000	0	0	0	70000	0	0	0	2	0	0	0

图 7.5-28 对价格列同时应用多个聚合操作

在完成 pivot_table 统计分析之后,也可以进行条件筛选,方便我们查看分析的结果。如果只想查看一位经理,则按图 7.5-29 编写代码。

```
table.query('销售经理 == ["周明宏"]')
```

运行

	价格								数量			
	mean				sum				len			
产品	CPU	显示器	软件1	软件2	CPU	显示器	软件1	软件2	CPU	显示器	软件1	软件2
销售经理 状态												
周明宏 中标	82500	0	0	7000	165000	0	0	7000	2	0	0	1
准备中	30000	0	0	0	30000	0	0	0	1	0	0	0
已供货	0	5000	10000	0	0	5000	10000	0	0	1	1	0
待定	0	0	0	5000	0	0	0	5000	0	0	0	1
竞标失败	65000	0	0	0	65000	0	0	0	1	0	0	0

图 7.5-29　对统计数据进行按值筛选 1

你也可以只查看“准备中”和“中标”状态，如图 7.5-30 所示。

```
table.query('状态 == ["准备中","中标"]')
```

运行

	价格								数量			
	mean				sum				len			
产品	CPU	显示器	软件1	软件2	CPU	显示器	软件1	软件2	CPU	显示器	软件1	软件2
销售经理 状态												
周明宏 中标	82500	0	0	7000	165000	0	0	7000	2	0	0	1
准备中	30000	0	0	0	30000	0	0	0	1	0	0	0
王晓华 中标	65000	0	0	0	65000	0	0	0	1	0	0	0

图 7.5-30　对统计数据进行按值筛选 2

任务六　财税数据可视化

任务描述

Python 提供的 Matplotlib 和 Seaborn 软件包很容易创建可视化图，包括箱线图、直方图和条形图。除了 rugplot 图，其他图形在 Excel 中可能见过。

有些时候我们需要用一维数据可视化图来补充描述性统计（求和、分析）的结果。可视化图虽然不太精确，但是在视觉上突出了数据之间的关系，如位置、变化和分布，可以传达一些难以用文字和数字表达的信息。

案例导入

收入报表是在一段时间内获得的总收入。我们可以统计每月平均收入、标准差和月收入的最大值和最小值。

例如，通过每周收入的可视化图表，可以看到每周收入的变化和趋势（图 7.6-1）。

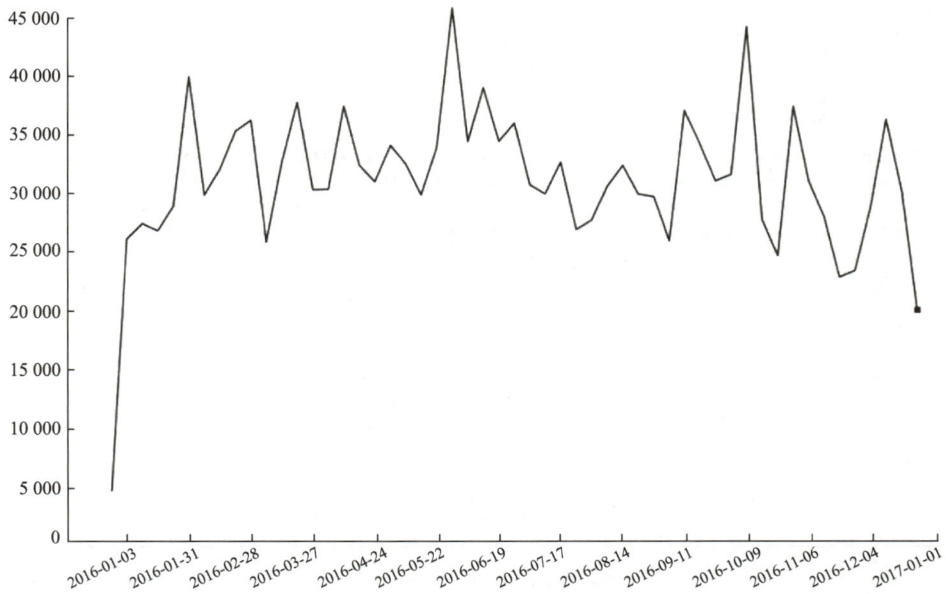

图 7.6-1　每周收入可视化图表示例

可视化让你很容易看出什么时候会出现大的销售高峰，这对于制定采购和生产计划有很大帮助。

任务实施

一、导入 Matplotlib 工具包（图 7.6-2）

```
#代码

import pandas as pd
import numpy as np
import matplotlib.pyplot as plt
#jupyter中要设定
%matplotlib inline
#防止科学计数法（防止出现e+的计数）
np.set_printoptions(suppress=True)
pd.set_option('display.float_format',lambda x : '%.2f' % x)
```

运行

图 7.6-2　导入 Matplotlib 库

二、绘制折线图

导入某家企业 1 ~ 9 月份的销售数据集（图 7.6-3）。

```
df=pd.read_excel('../../excel/数据分析/全自动销售可视化Excel看板.xlsx',sheet_name=2)
df.dropna(how='all',axis=1,inplace=True)
df
```

运行

	销售日期	年	月	客户代码	地区	销售人员	产品类型	产品型号	数量	销售单价	金额	发票号码	实际成本	目标销售额	目标成本
0	2016-01-01	2016	1	C113	安徽	苏西佳	尿不湿	NB-006	21.00	60.00	1260.00	NE0012966	1040.76	1551.94	1086.36
1	2016-01-01	2016	1	C113	安徽	苏西佳	奶瓶	SE-015	67.00	356.34	23874.58	NE0012966	21546.81	28076.50	26672.68
2	2016-01-01	2016	1	C113	安徽	苏西佳	奶瓶	SE-015	67.00	356.34	23874.58	NE0012966	21546.81	29676.10	28192.30
3	2016-01-01	2016	1	C113	安徽	苏西佳	奶瓶	SE-015	67.00	356.34	23874.58	NE0012966	21320.00	24065.58	22862.30
4	2016-01-01	2016	1	C113	安徽	苏西佳	奶瓶	SE-018	22.00	397.80	8751.60	NE0012966	7898.32	10204.37	9694.15
...	...	...	...	...	...	...	...	...	...	...	...	...	...	...	...
2760	2016-09-29	2016	9	C018	湖南	唐旭升	奶瓶	SE-001	14.00	92.07	1288.98	NE0012864A	1187.80	1361.16	1293.10
2761	2016-09-29	2016	9	C018	湖南	唐旭升	奶瓶	SE-001	1000.00	92.07	92070.00	NE0012864A	82218.51	98662.21	93729.10
2762	2016-09-30	2016	9	C018	湖南	唐旭升	尿不湿	NB-010	3.00	108.60	325.80	NE0012864B	237.18	302.34	211.64
2763	2016-09-30	2016	9	C018	湖南	唐旭升	尿不湿	NB-010	5.00	108.60	543.00	NE0012864B	387.70	648.78	454.14
2764	2016-09-30	2016	9	C018	湖南	唐旭升	尿不湿	NB-010	1.00	108.60	108.60	NE0012864B	76.78	131.40	91.98

2765 rows × 15 columns

图 7.6-3　读取企业销售示例数据

统计 1～9 月份各个月的销售额(图 7.6-4)。

```
sales=df.groupby('月')['金额'].sum()
sales
```

运行

```
月
1  4211764.55
2  3342800.58
3  9850253.89
4  7151948.96
5  5813747.97
6  6866631.60
7  9993340.94
8  7003976.73
9  7410502.92
Name: 金额, dtype: float64
```

图 7.6-4　销售数据按月汇总统计

生成 1～9 月份销售额的折线图(图 7.6-5)。

```
#绘制直线图
plt.plot(sales)
plt.xlabel('月份')
plt.ylabel('月销售额')
#防止科学计数法
plt.ticklabel_format(style='plain')
#这两行是解决中文显示问题
plt.rcParams['font.sans-serif'] = ['KaiTi'] # 指定默认字体
plt.rcParams['axes.unicode_minus'] = False # 解决保存图像是负号'-'显示为方块的问题
plt.show()
```

运行

图 7.6-5　绘制折线图代码示例

可以看到3月份、7月份是销售高峰期。

matplotlib. pyplot库存看起来像Matlab的方法。在matplotlib. pyplot中，保留了有关绘图图形(此处为plt)和绘图区域的某些状态。plt. plot( )函数在x-y坐标系内绘制点。x轴和y轴标签已给出。

最后，我们使用show( )函数在控制台上显示图表并将命令返回给IPython shell(图7.6-6)。

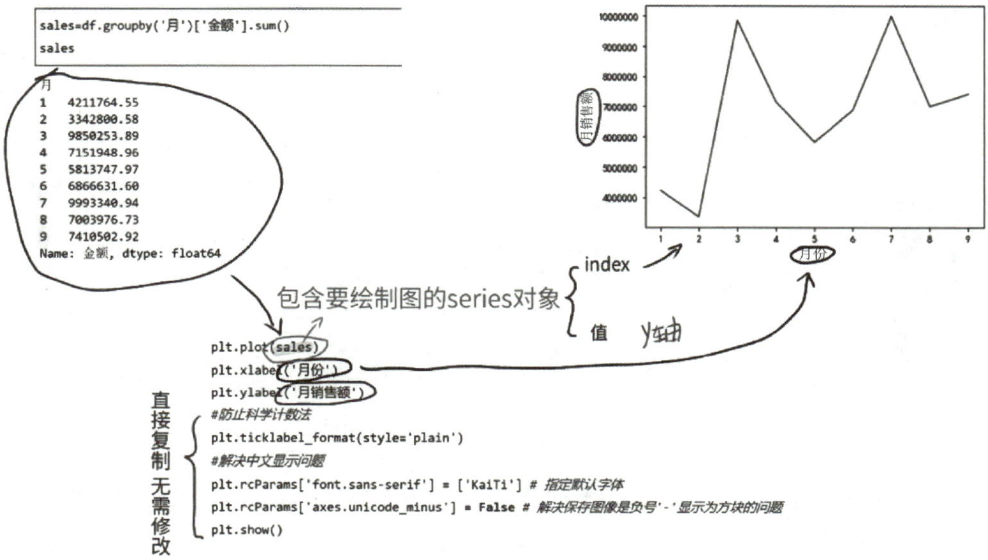

图7.6-6 绘制折线图代码详解

三、绘制条形图

我们用条形图来帮助统计每个分类的销售金额是多少(图7.6-7)。

```
bar = df.pivot_table(index='产品类型',values='金额',aggfunc=np.sum)
bar
```

运行

	金额
产品类型	
奶瓶	40778935.53
婴儿床	2994356.22
婴儿车	16561229.82
尿不湿	1310446.58

图7.6-7 按分类统计销售金额

条形图用于显示分类变量的频率或度量(图7.6-8)。

```
#绘制条形图
#设置x轴 和 y轴
plt.bar(bar.index,bar['金额'],width=0.5)
from matplotlib.ticker import FuncFormatter

#防止科学计数法
def formatnum(x, pos):
    return '%.2f' % (x)
formatter1 = FuncFormatter(formatnum)
plt.gca().yaxis.set_major_formatter(formatter1)
plt.ylabel('各种产品销售额')
plt.xlabel('销售分类')
#设置标题
plt.title('1-9月按分类统计销售额')
plt.show()
```

运行

图 7.6-8　绘制条形图代码示例

在 matplotlib. pyplot 中，我们使用 bar( ) 方法来构建图表。bar( ) 方法需要两个强制参数，一个是 x 轴标签，另一个是这些标签的高度(图 7.6-9)。

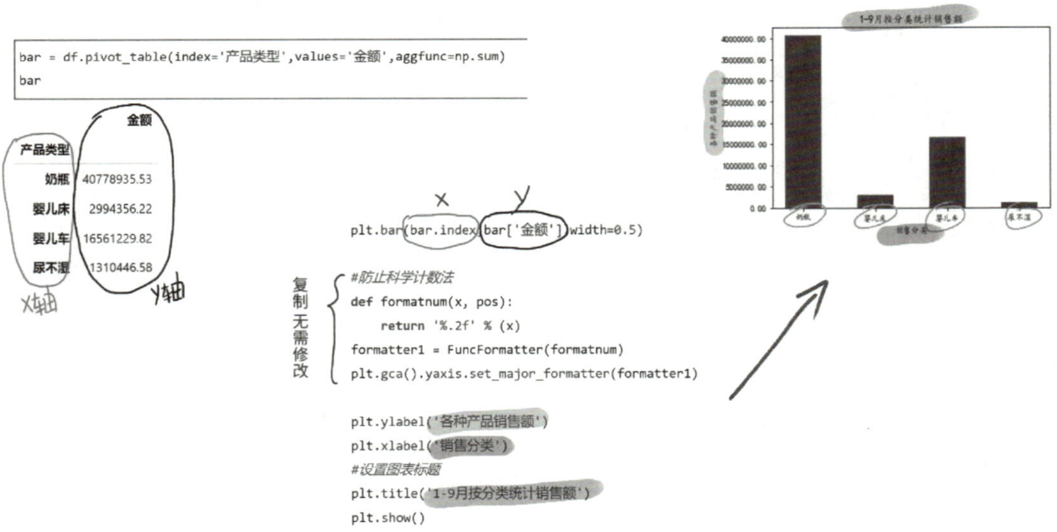

图 7.6-9　绘制条形图代码详解

四、绘制饼图

条形图做出来后虽然也很清晰，但是无法弄清楚案例中有多少比例来自哪个产品类型。为了清楚地了解每个产品类型的百分比是多少，我们构建了一个饼图(图 7.6-10)。

```
plt.figure()
#pie() 方法
plt.pie(bar['金额'],labels=bar.index,autopct='%1.1f%%',shadow=True, startangle=90)
#确保得到一个完美的圆
plt.axis('equal')
plt.title("1-9月按分类统计销售额")
plt.show()
```

运行

图 7.6-10　绘制饼图代码示例

在这里,pie()方法强制需要两个参数,语法:pie(df,labels = None),参数:df 表示要绘制的数据,labels 是一个字符串序列列表,用于设置每个颜色的标签。

```
bar = df.pivot_table(index='产品类型',values='金额',aggfunc=np.sum)
bar
```

	金额
产品类型	
奶瓶	40778935.53
婴儿床	2994356.22
婴儿车	16561229.82
尿不湿	1310446.58

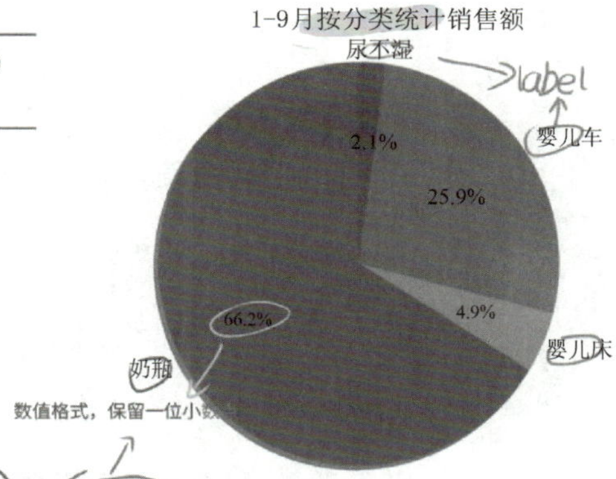


```
plt.figure(figsize=(16,9))
#pie() method
plt.pie(bar['金额'],labels=bar.index,autopct='%1.1f%%',shadow=True, startangle=90)
#axis=equal 确保我们得到圆，而不是椭圆
plt.axis('equal')
plt.title("1-9月按分类统计销售额")
plt.show()
```

图 7.6-11　绘制饼图代码详解

五、绘制散点图

散点图用于检查变量的分布或变量之间的关系。因此,我们至少需要在 x 轴和 y 轴上绘制 2 个字段。我们使用了一个随机数生成器,它只是分配给一种颜色(图 7.6-12)。

```
plt.figure(figsize=(16,9))
#绘制散点图
plt.scatter(df['数量'],df['金额'])
plt.xlabel('订单数量')
plt.ylabel('订单金额')
plt.show()
```

运行

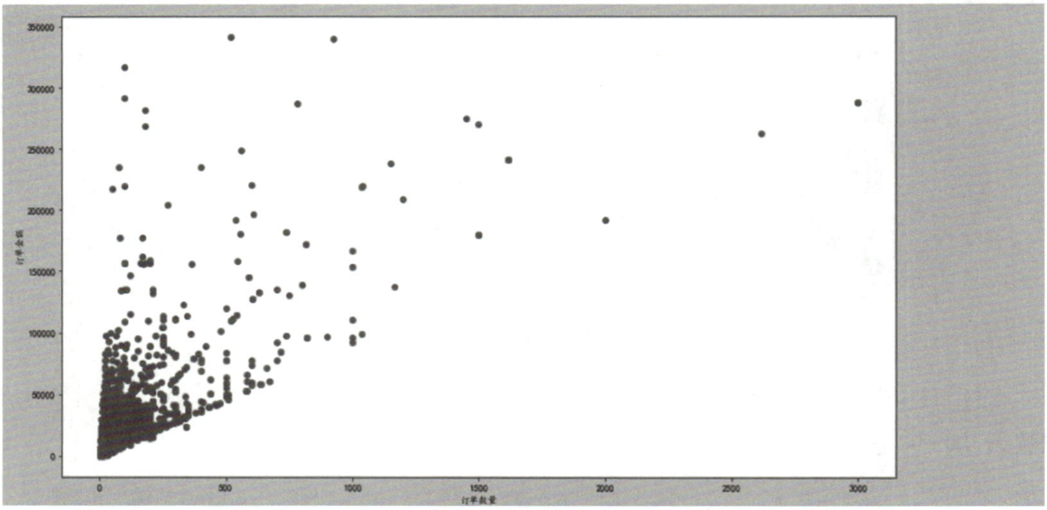

图 7.6-12　绘制散点图代码示例

我们可以看到数量和金额订单分布的大概关系(图 7.6-13)。

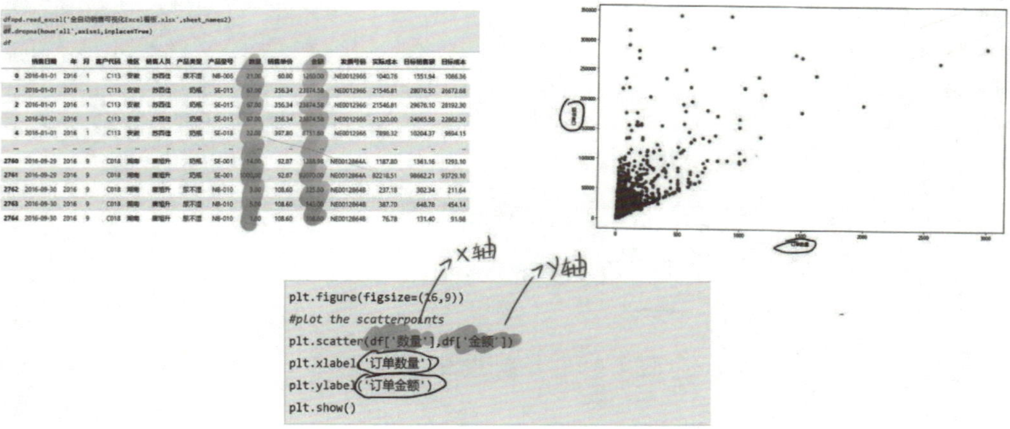

图 7.6-13　绘制散点图代码详解

六、绘制直方图

直方图是查看变量分布的好方法,它是显示频率分布的图表。显示了每个给定间隔内出现的次数。bins 或 buckets 的概念非常重要。bins 大小定义了数据可以落入每个 bin 的程度。假设 bins 大小为 10,那么表示的将是 0 ~ 10、10 ~ 20、20 ~ 30 等。现在假设 bin 大小是 50,则表示的将是 0 ~ 50、50 ~ 100 等。bins 大小为 35 的情况如图 7.6-14、图 7.6-15 所示。

```
import math
plt.figure(figsize=(16,9))
#draw a hist with say 35 bins
plt.hist(df['金额'],bins=35, color='#0504aa', alpha=0.7, rwidth=0.85)
#提供标签
plt.xlabel("1-9月销售额分布直方图")
plt.ylabel("数量")
plt.grid(axis='y', alpha=0.75)
plt.show()
```

运行

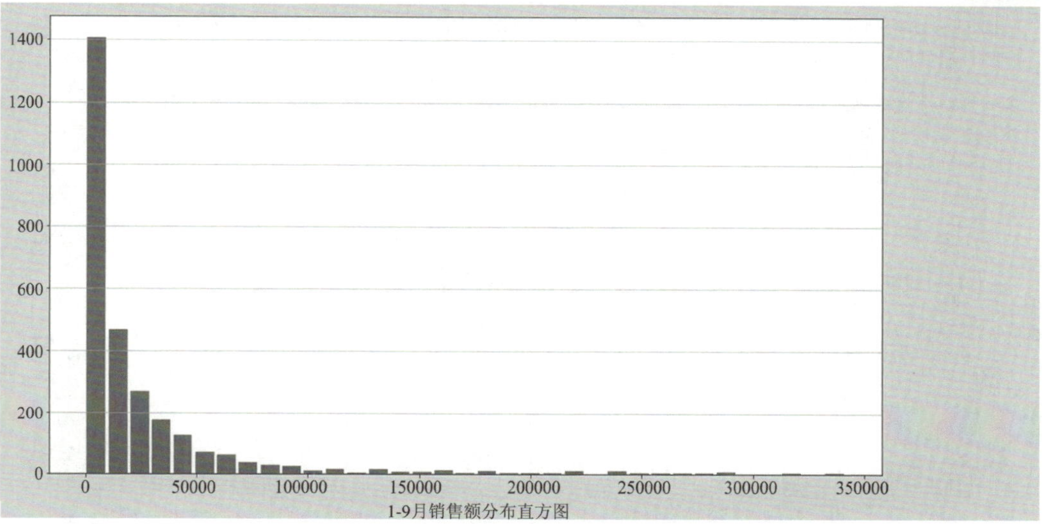

图 7.6-14　绘制直方图代码示例

从直方图可以看出 1—9 月有 1 400 多个订单金额为 0 ~ 10 000 元。

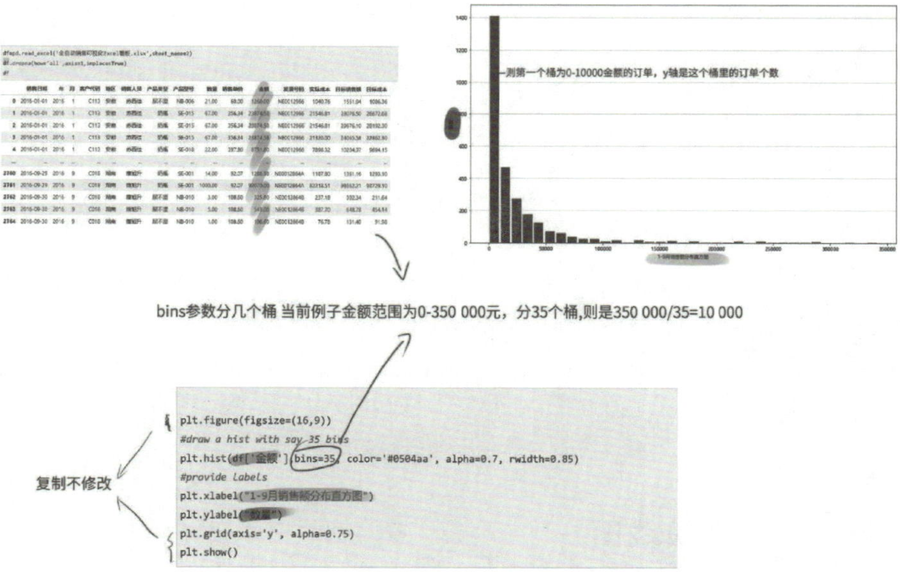

图 7.6-15　绘制直方图代码详解

我们来验证一下，可以看到 df 数据中金额小于 10 000 的订单数是 1 425 个，确实和直方图计算出来的结果一致（图 7.6-16）。

```
df[df['金额']<10000]
```

运行

	销售日期	年	月	客户代码	地区	销售人员	产品类型	产品型号	数量	销售单价	金额	发票号码	实际成本	目标销售额	目标成本
0	2016-01-01	2016	1	C113	安徽	苏西佳	尿不湿	NB-006	21.00	60.00	1260.00	NE0012966	1040.76	1551.94	1086.36
4	2016-01-01	2016	1	C113	安徽	苏西佳	奶瓶	SE-018	22.00	397.80	8751.60	NE0012966	7898.32	10204.37	9694.15
5	2016-01-01	2016	1	C214	安徽	苏西佳	尿不湿	NB-006	46.00	60.00	2760.00	NE0012966	2221.80	3098.65	2169.06
6	2016-01-01	2016	1	C214	安徽	苏西佳	尿不湿	NB-006	21.00	60.00	1260.00	NE0012966	1023.12	1108.55	775.98
7	2016-01-01	2016	1	C214	安徽	苏西佳	尿不湿	NB-006	16.00	60.00	960.00	NE0012966	779.52	1129.92	790.94
...	...	...	...	...	...	...	...	...	...	...	...	...	...	...	...
2759	2016-09-29	2016	9	C018	湖南	唐旭升	奶瓶	SE-001	10.00	92.07	920.70	NE0012864A	839.68	1124.17	1067.97
2760	2016-09-29	2016	9	C018	湖南	唐旭升	奶瓶	SE-001	14.00	92.07	1288.98	NE0012864A	1187.80	1361.16	1293.10
2762	2016-09-30	2016	9	C018	湖南	唐旭升	尿不湿	NB-010	3.00	108.60	325.80	NE0012864B	237.18	302.34	211.64
2763	2016-09-30	2016	9	C018	湖南	唐旭升	尿不湿	NB-010	5.00	108.60	543.00	NE0012864B	387.70	648.78	454.14
2764	2016-09-30	2016	9	C018	湖南	唐旭升	尿不湿	NB-010	1.00	108.60	108.60	NE0012864B	76.78	131.40	91.98

1425 rows × 15 columns

图 7.6-16　直方图数据验证

试着调整 bins 参数的大小,比如 100,结果如图 7.6-17 所示。

```
import math
plt.figure(figsize=(16,9))
#draw a hist with say 35 bins
plt.hist(df['金额'],bins=100, color='#0504aa', alpha=0.7, rwidth=0.85)
#provide labels
plt.xlabel("1-9月销售额分布直方图")
plt.ylabel("数量")
plt.grid(axis='y', alpha=0.75)
plt.show()
```

运行

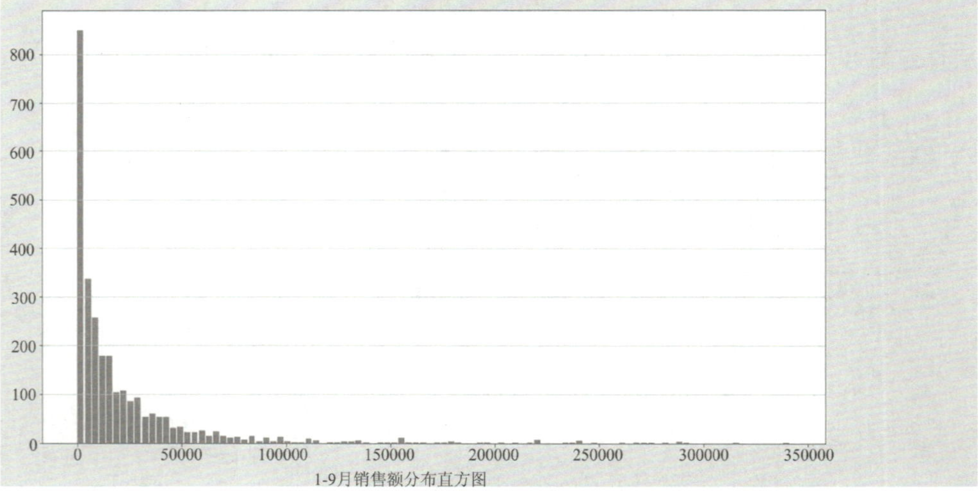

图 7.6-17　调整 bins 参数后的直方图

七、绘制 Boxplot 箱线图

Boxplot 用于绘制变量的分布并检测其异常值。所有的异常值都用圆圈标出。虽然矩形框说明了数据的最大集中位置,但它也说明了最小值、最大值和四分位距以及一条实际上是中位数的线(图 7.6-18)。

```
plt.figure(figsize=(16,9))
plt.boxplot(df['金额'])
plt.ylabel("Count")
plt.show()
```

运行

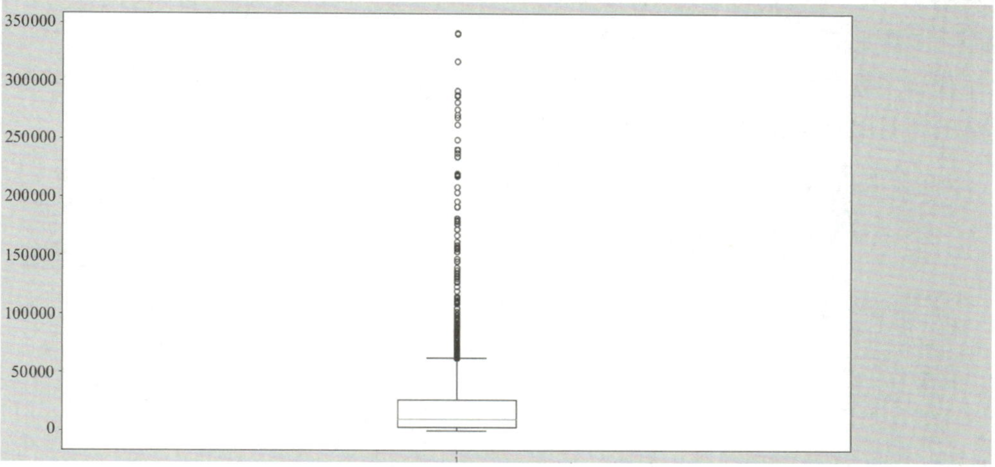

图 7.6-18　绘制箱线图代码示例

该箱线图和直方图一样可以看到数据的分布，但是箱线图能让我们对异常值和它们的数量有更加清晰的认识。箱线图和直方图都可以用来显示数据的分布。

八、绘制分组条形图

分组条形图显示了不同时间段内多个产品类型（或组）的值。每个组的数据都以条形图的形式呈现出来（图 7.6-19）。

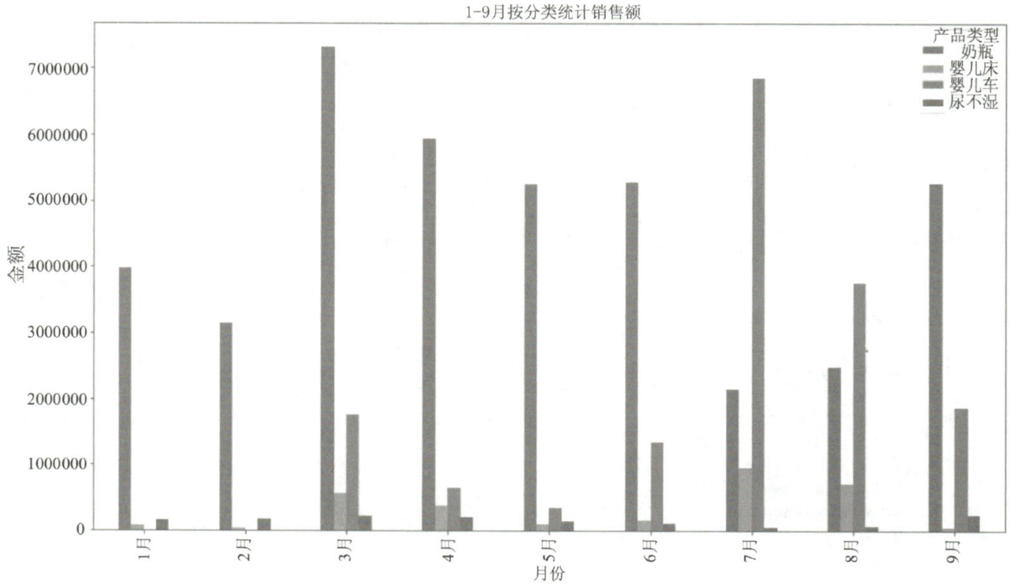

图 7.6-19　分组条形图示例

上面的分组条形图比较了四种产品类型 1—9 月份的销售收入。每个月绘制一个条形集群，在每个集群中，每个“产品类型”代表一个条形。

每个集群内的颜色和位置是一致的。例如，我们可以看到“奶瓶”始终为蓝色并首先绘制。从图 7.6-19 中我们可以看出，产品类型“奶瓶”在 3 月份表现最好。我们还可以发现“奶瓶”和“婴儿车”在全年的表现相对稳定。

用代码实现分组条形图。先得到分组条形图需要的数据，我们想要统计 1—9 月各个产品类型的每月销售金额之和（图 7.6-20）。

```
total2=df.groupby(['月','产品类型'])['金额'].sum()
total2
```

运行

```
月  产品类型
1  奶瓶     3978205.57
   婴儿床     80817.72
   尿不湿    152741.27
2  奶瓶     3135359.25
   婴儿床     31271.53
   尿不湿    176169.80
3  奶瓶     7320903.82
   婴儿床    558932.29
   婴儿车   1753217.51
   尿不湿    217200.28
4  奶瓶     5937721.21
   婴儿床    380851.88
   婴儿车    637449.23
   尿不湿    195926.64
5  奶瓶     5238998.28
   婴儿床     92749.13
   婴儿车    348439.19
   尿不湿    133561.37
6  奶瓶     5271975.38
   婴儿床    149344.43
   婴儿车   1342601.58
   尿不湿    102710.22
7  奶瓶     2144092.81
   婴儿床    954726.72
   婴儿车   6854027.86
   尿不湿     40493.55
8  奶瓶     2485052.96
   婴儿床    706258.78
   婴儿车   3756283.78
   尿不湿     56381.21
9  奶瓶     5266626.26
   婴儿床     39403.76
   婴儿车   1869210.66
   尿不湿    235262.24
Name: 金额, dtype: float64
```

图 7.6-20　1～9 月各分类销售额统计

因为我们只对“金额”这列进行分组求和，所以得到的是一个“'月','产品类型'”的 MultiIndex 的多索引 Series 对象。因为我们按月展示分组条形图，所以必须使用.unstack()方法将变量 total2 进行行转列（图 7.6-21）。

```
total2=total2.unstack()
total2
```

运行

产品类型 月	奶瓶	婴儿床	婴儿车	尿不湿
1	3978205.57	80817.72	nan	152741.27
2	3135359.25	31271.53	nan	176169.80
3	7320903.82	558932.29	1753217.51	217200.28
4	5937721.21	380851.88	637449.23	195926.64
5	5238998.28	92749.13	348439.19	133561.37
6	5271975.38	149344.43	1342601.58	102710.22
7	2144092.81	954726.72	6854027.86	40493.55
8	2485052.96	706258.78	3756283.78	56381.21
9	5266626.26	39403.76	1869210.66	235262.24

图 7.6-21　销售数据统计行列互换

为了使 x 轴刻度显示得更加清晰，我们将 total2 的 index 格式化成 1 月、2 月的格式（图 7.6-22）。

```
total2.index=[(str(x)+'月') for x in total2.index]
total2
```

运行

产品类型	奶瓶	婴儿床	婴儿车	尿不湿
1月	3978205.57	80817.72	nan	152741.27
2月	3135359.25	31271.53	nan	176169.80
3月	7320903.82	558932.29	1753217.51	217200.28
4月	5937721.21	380851.88	637449.23	195926.64
5月	5238998.28	92749.13	348439.19	133561.37
6月	5271975.38	149344.43	1342601.58	102710.22
7月	2144092.81	954726.72	6854027.86	40493.55
8月	2485052.96	706258.78	3756283.78	56381.21
9月	5266626.26	39403.76	1869210.66	235262.24

图 7.6-22 设置数据集索引

此时数据已经完成格式的设置，可以开始生成分组条形图（图 7.6-23）。

```
from matplotlib.ticker import FuncFormatter

#防止科学计数法
def formatnum(x, pos):
    return '%.2f' % (x)
formatter1 = FuncFormatter(formatnum)
ax=total2.plot(kind='bar',figsize=(16,9),rot=0)
ax.yaxis.set_major_formatter(formatter1)
plt.ylabel('金额')
plt.xlabel('销售分类')
#设置图表标题
plt.title('1-9月按分类统计销售额')
plt.show()
```

运行

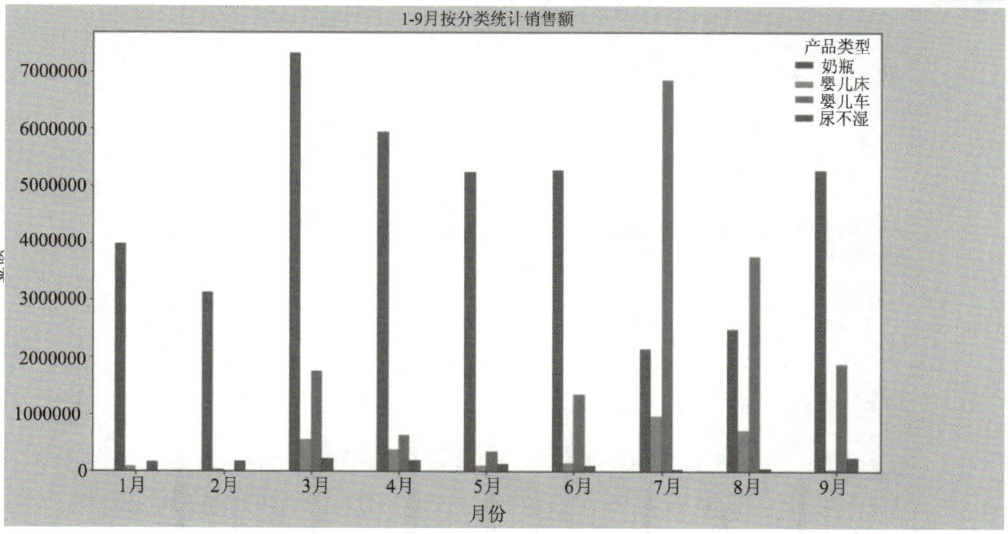

图 7.6-23 绘制分组条形图代码示例

有时我们希望在分组统计的时候，同时显示每个月所有商品的销售总额。这一点我们一般会在分组统计图的基础上加一个折线图来实现。

首先，使用分组统计.sum()计算出每月销售总额（图 7.6-24）。

```
total3=df.groupby(['月'])['金额'].sum()
total3
```

运行

```
月
1  4211764.55
2  3342800.58
3  9850253.89
4  7151948.96
5  5813747.97
6  6866631.60
7  9993340.94
8  7003976.73
9  7410502.92
Name: 金额, dtype: float64
```

图 7.6-24　按月统计销售金额

其次，修改变量 total3 的 index，让它和前面的变量 total2 一致，显示以月为结尾（图 7.6-25）。

```
total3.index=[(str(x)+'月') for x in total3.index]
total3
```

运行

```
1月  4211764.55
2月  3342800.58
3月  9850253.89
4月  7151948.96
5月  5813747.97
6月  6866631.60
7月  9993340.94
8月  7003976.73
9月  7410502.92
Name: 金额, dtype: float64
```

图 7.6-25　为统计数据设置索引

最后，绘制每月销售总和折线图和每月各产品类别销售统计图（图 7.6-26）。

```
#防止科学计数法
def formatnum(x, pos):
    return '%.2f' % (x)
formatter1 = FuncFormatter(formatnum)
ax=total2.plot(kind='bar',figsize=(16,9),rot=0)

total3.plot(kind='line',figsize=(16,9),rot=0,linestyle='-', marker='o',ax=ax)

ax.yaxis.set_major_formatter(formatter1)
plt.ylabel('金额')
plt.xlabel('销售分类')

#设置图表标题
plt.title('1-9月按分类统计销售额')
plt.show()
```

运行

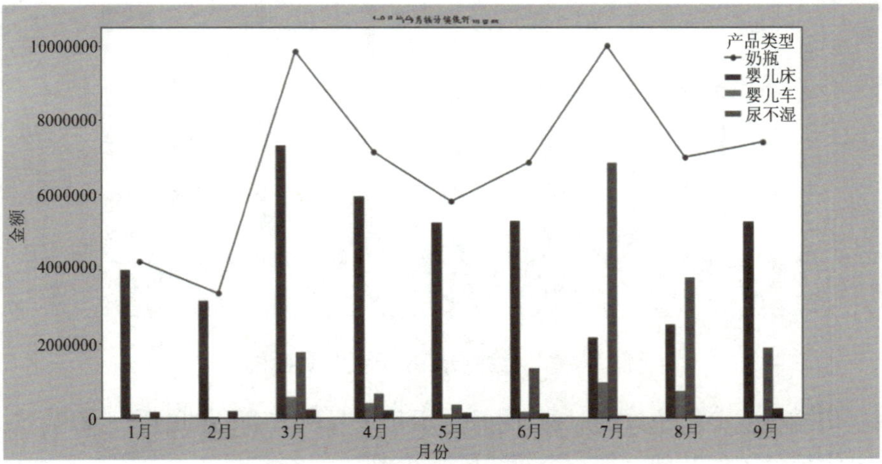

图 7.6-26　绘制每月销售额统计图

我们看一下详细代码解读，其实只是多加了一行代码就可让我们轻松实现图层叠加（图 7.6-27）。

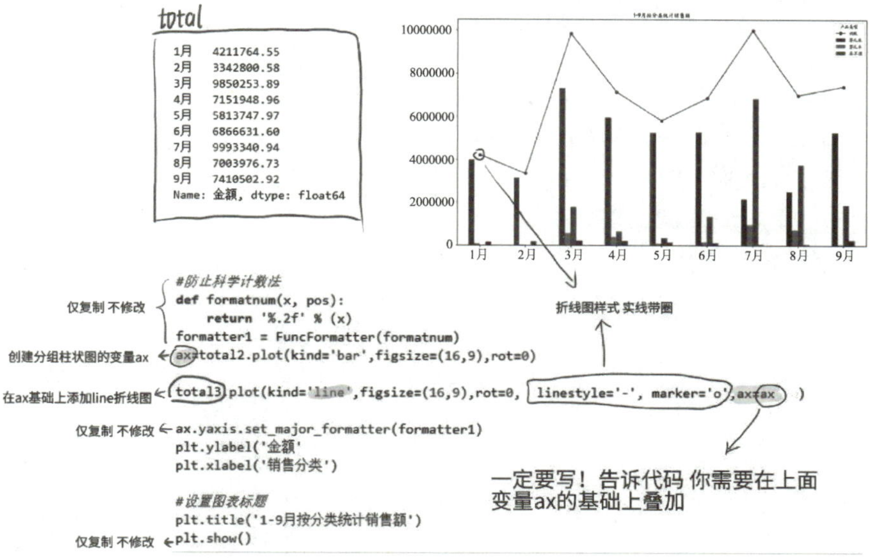

图 7.6-27　绘制分组条形图代码详解

九、绘制多个子图

如果要将两个子图同时显示出来，比如同时展示之前每月的销售折线图及 1—9 月按类型销售的柱状图，可以使用. subplot( )方法绘制多个子图（图 7.6-28）。

```
#防止科学计数法
def formatnum(x, pos):
    return '%.2f' % (x)
formatter1 = FuncFormatter(formatnum)

plt.figure(figsize=(16,9))
plt.subplots_adjust(wspace=0.4, hspace=0.4)

ax1=plt.subplot(2,2,1)
plt.plot(sales)
ax1.yaxis.set_major_formatter(formatter1)
plt.title('1-9月销售额')

ax2=plt.subplot(2,2,2)
plt.bar(bar.index,bar['金额'] )
ax2.yaxis.set_major_formatter(formatter1)
plt.title('1-9月按分类统计销售额')

plt.show()
```

运行

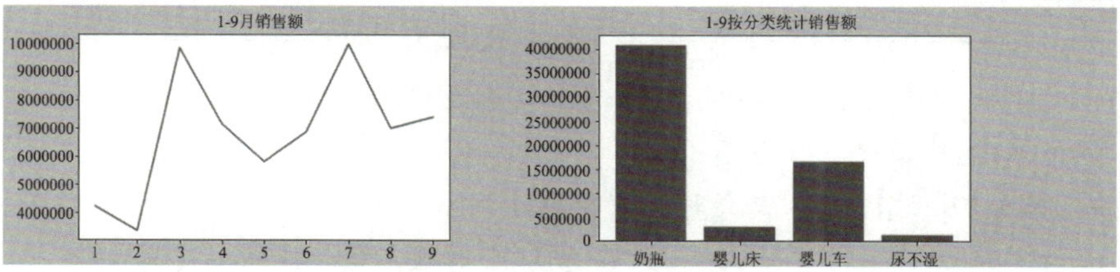

图 7.6-28　绘制两个子图代码示例

代码描述如图 7.6-29 所示。

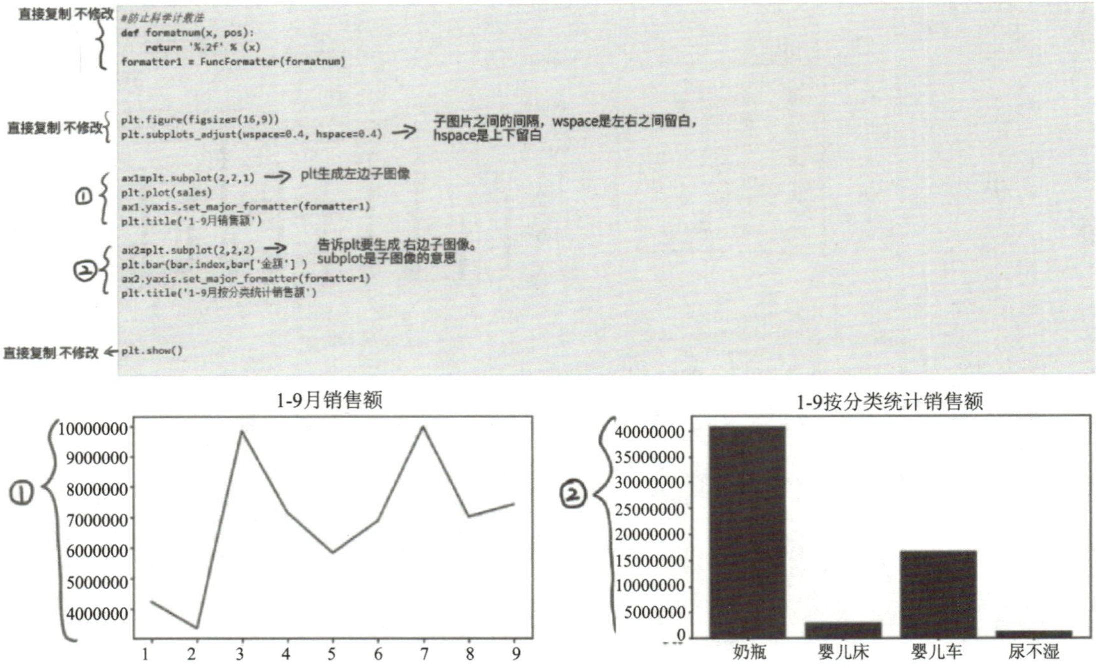

图 7.6-29　绘制两个子图代码详解

下面尝试在一个图中绘制 4 个子图(图 7.6-30)。

我们可以看到修改 subplot(2,2,1)的方法,将第三个参数替换成 1、2、3、4,则生成了 4 个子图。

附:完整的代码。

```
import pandas as pd#1. 导入包
from matplotlib import pyplot as plt# 2. 从 matplotlib 库导入 pyplot 模块并将其命名为 plt
'''
read_excel( )括号里是你需要读取的文件路径,
这里使用的是相对路径定位文件,还可以使用绝对路径。
在相对路径里常使用“../”来表示上一级目录,如果有多个上一级目录,可以使用多个“../”。
'''
print("------------------------ 销售数据 3. xlsx ------------------------")
sale_data = pd. read_excel('../../excel/山东销售/销售数据 3. xlsx')
print(sale_data)#输出查看
#3. 添加【小时】列,从成交时间中提取小时数
print("------------------------ 提取小时数后的 ------------------------")
```

```
#防止科学计数法
def formatnum(x, pos):
   return '%.2f' % (x)
formatter1 = FuncFormatter(formatnum)


plt.figure(figsize=(16,9))
plt.subplots_adjust(wspace=0.4, hspace=0.4)


ax1=plt.subplot(2,2,1)
plt.plot(sales)
ax1.yaxis.set_major_formatter(formatter1)
plt.title('1-9月销售额')

ax2=plt.subplot(2,2,2)
plt.bar(bar.index,bar['金额'] )
ax2.yaxis.set_major_formatter(formatter1)
plt.title('1-9月按分类统计销售额')


ax3=plt.subplot(2,2,3)
plt.pie(bar['金额'],labels=bar.index,autopct='%1.1f%%',shadow=True, startangle=90)
#axis=equal确保我们得到圆，而不是椭圆
plt.axis('equal')
plt.title("1-9月按分类统计占比图")

ax4=plt.subplot(2,2,4)
total2.plot(kind='bar',figsize=(16,9),rot=0,ax=ax4)
total3.plot(kind='line',figsize=(16,9),rot=0,  linestyle='-', marker='o',ax=ax4)

ax.yaxis.set_major_formatter(formatter1)
plt.ylabel('金额')
plt.xlabel('销售分类')
plt.title('1-9月销售折线图及按分类统计销售额')


plt.show()
```

运行

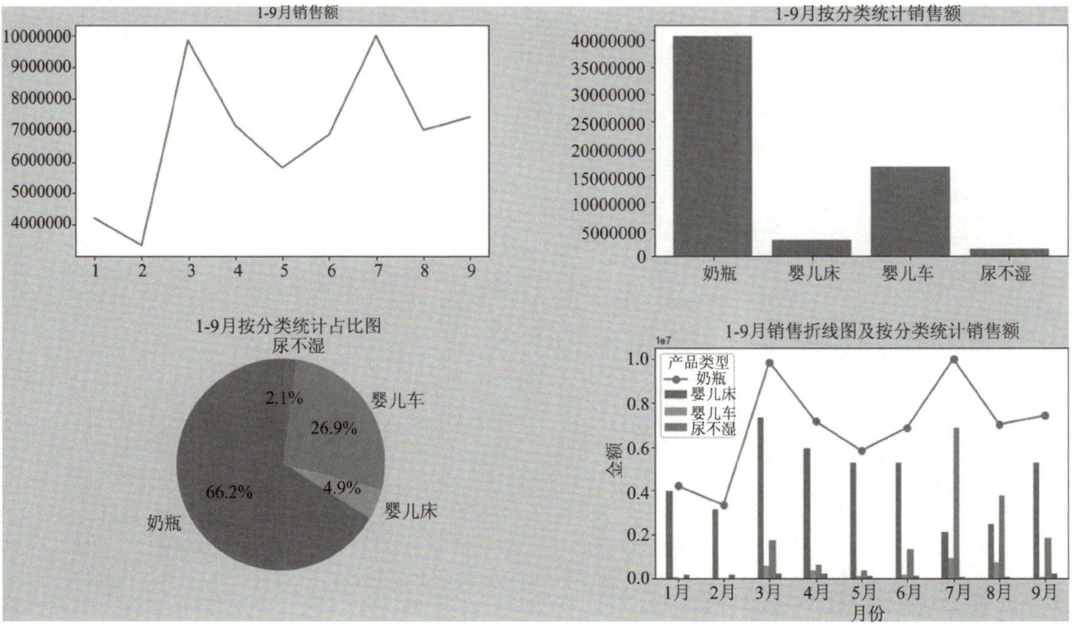

图7.6-30 绘制4个子图代码示例

```
sale_data['小时'] = sale_data['成交时间'].dt.hour
print(sale_data)
#4.对【订单ID】进行去重
print("---------------------对【订单ID】进行去重后--------------------")
new_data = sale_data.drop_duplicates(subset = ['订单ID'],keep = 'first')
print(new_data)
#5.计算每小时的订单量
print("-----------------------每小时的订单量-----------------------")
new_data = new_data.groupby(['小时'])['订单ID'].count()
print(new_data)
#6.用折线图的形式,反映不同时段销量情况
#通过折现图确定超市销售的高峰期是哪些个时间段。
print("---------------------每小时客流量趋势图---------------------")
#用黑体显示中文,"SimHei"是字体,你也可以换成自己喜欢的字体
plt.rcParams['font.family'] = 'SimHei'
plt.rcParams['axes.unicode_minus'] = False#正常显示负号
#绘制各时间段的客流量
#polt 函数中 x 是数据列的标签或位置参数,figsize 是图片尺寸大小,grid 图片是否有网格
new_data.plot(x = new_data.index,figsize = (18,6),title = '每小时客流量趋势图',grid = True)
```

项目八

Python 爬虫基础

项目描述

在大数据时代，互联网上有很多数量惊人的数据，这是财务工作大数据分析丰富的资源。为了有效地收集这些数据，需要熟练掌握网络抓取的爬虫技术。利用爬虫技术，可以自动地从互联网中获取我们感兴趣的数据内容，并将这些数据内容抓取回来，作为我们的数据源，从而进行更深层次的数据分析，并获得更多有价值的信息。通俗来讲，"爬虫"其实就是网络数据采集。

本项目介绍网络爬虫数据获取和解析的步骤，重点讲解 Selenium 和 Python 中 requests 和 Beautiful Soup 库的使用，并通过分析案例帮助读者理解和应用。

学习目标

1. 掌握网络爬虫数据抓取和解析的步骤。
2. 掌握 Selenium 的基本使用步骤。
3. 掌握 requests、Beautiful Soup 库的使用。

任务　用 Python 爬虫获取财税数据的步骤

任务描述

本任务实现从 http://qb.99onez.com 网站上获取数据。首先，使用 Selenium 实现模拟用户登录，登录成功后跳转到个人主页；然后，使用 Beautiful Soup 库对页面源码进行解析，使用解析器从网页 HTML 代码中提取出产品名称等数据；最后，使用 Pandas 将数据导出至 cvs 文件或 Excel 文件中（图 8-1）。

图 8-1　数据爬取一般流程

案例导入

网站 http://qb.99onez.com 上包含大量产品数据，要从此网站自动获取这些数据，可以考虑使用 Selenium 自动化工具和 Python 相关库实现。

浏览网站后发现，获取网站的内容需要先登录，登录成功后才能查看到产品数据。因此，可以首先使用 Selenium 工具提供的强大 API 以实现模拟用户操作。Selenium 工具提供了与浏览器兼容的 WebDriver API，基于 WebDriver 可以实现使用 Python 代码与浏览器进行交互，以实现向浏览器发送按键指令（如模拟用户输入等）、获取浏览器页面内容等操作。

登录成功后，即可使用 Beautiful Soup 提供的解析器，对页面内容进行筛选，从而获取想要的数据。

知识储备

一、网络爬虫法律

在学习爬虫工作之前，先了解爬虫是否合法。

使用爬虫工具爬取内容是否合法目前还在讨论中。如果爬取的内容用于个人使用，并在著作权的合理使用范围内，通常没有问题。但如果爬取数据重新发布或使用爬虫进行攻击导致网站关闭，或者爬取有版权的内容及可能违反法律服务条款的内容，请遵循我国《网络爬虫的法律规制》。

请先详细阅读《网络爬虫的法律规制》。参见网址：

http://www.cac.gov.cn/2019-06/16/c_1124630015.htm

二、为什么需要 Selenium

通常使用 Python 进行网页抓取只需要使用 Beautiful Soup 即可。Beautiful Soup 是一个非常强大的库，它通过遍历 DOM（文档对象模型）使网页抓取更容易实现。

美中不足的是它只做静态抓取，我们有时候需要一些动态的操作，比如输入账号、以密码登录网页或者输入信息单击“查询”获得更精确的数据，那么就需要 Beautiful Soup 和 Selenium 的组合来完成动态爬取工作。

Selenium 可以自动进行 Web 浏览器交互。因此，我们可以通过使用 Selenium 自动单击网站按钮获得对应数据，然后可以由 Beautiful Soup 提取数据。

三、Selenium 介绍

Selenium 是应用于 Web 程序的自动化测试工具，其特点是支持多语言多平台，对于每种语言来说,想要用它仅需下载一个包文件即可。使用 Selenium 库进行的测试是直接运行在浏览器中的,就像真正的用户操作一样,通过它定位元素,并取得元素的控制权,模拟移动、单击等操作。

在使用 Selenium 之前需要先下载与浏览器版本对应的 WebDriver。WebDriver 利用浏览器原生的接口,可以直接操作浏览器页面里的元素,甚至操作浏览器本身(截屏、调节窗口大小、启动、关闭、安装插件)。不同的浏览器厂商,对 Web 元素的操作和呈现存在一些差异,这就直接导致了 Selenium WebDriver 要根据浏览器厂商不同而提供不同的实现。例如,Firefox 使用专门的 geckoDriver 驱动,Chrome 使用自己的 Chrome 驱动,等等。下载完 WebDriver 后,将文件复制到 Python 环境安装目录下即可。

安装 Selenium 可使用 pip install selenium 命令。

任务实施

一、通过 WebDriver 调用浏览器 Chrome

通过设置 headless 参数,Selenium 以隐身模式访问 Chrome 浏览器驱动程序,而无需实际打开浏览器窗口。

代码:

```
from selenium import webdriver
chrome_driver = 'C:\Program Files (x86)\Google\Chrome\Application\chromedriver.exe'  # chromedriver 的文件位置
option = webdriver.ChromeOptions()
option.add_argument('headless')
driver = webdriver.Chrome(executable_path = chrome_driver,chrome_options = option)
```

二、登录网站

让我们创建一个示例:我们将使用 https://qb.99onez.com/hangye/finance.html 作为示例练习。假设我们模拟自动登录网站跳转获取数据。

打开 https://qb.99onez.com/hangye/finance.html,并看一下我们是如何登录的。driver.get("http://qb.99onez.com/questionbank/toResLogin? scode = ____________")

三、观察网站结构

我们需要了解网站结构方能进行要登录的工作。首先和我们平时进行网站登录一样,第一步是输入用户账号,其次是输入密码,选择学校,最后单击"登录"按钮。

代码:

```
#第 1 步:账号信息。
name = driver.find_element_by_xpath('/html/body/div/div[4]/div[4]/div[1]/input')
```

```
#自动填值账号
name.clear()
name.send_keys('________输入账号________')

#第 2 步:密码控件。
password = driver.find_element_by_xpath('/html/body/div/div[4]/div[4]/div[2]/input')
#自动填值密码
password.clear()
password.send_keys('________输入密码________')

#第 3 步:学校控件。
school = driver.find_element_by_xpath('/html/body/div/div[4]/div[4]/div[3]/div/div[1]/input[2]')
#清空原先的值
school.clear()
#自动填写
school.send_keys('________输入学校账号________')

#第 4 步:查找“登录”按钮并单击。
button = driver.find_element_by_xpath('/html/body/div/div[4]/div[4]/div[5]/input')
driver.execute_script("arguments[0].click();",button)
```

打开自己桌面的 Chrome 浏览器,输入“http://qb.99onez.com/questionbank/toResLogin”,你可以直接在浏览器中看到整个 HTML 代码。选择输入账号框,只需右键单击,在打开的快捷菜单中单击“检查”(图 8-2)。也可以按快捷键【Ctrl】+【Shift】+【I】。你可以使用它来查看将用于自动化的所有 ID 和点。

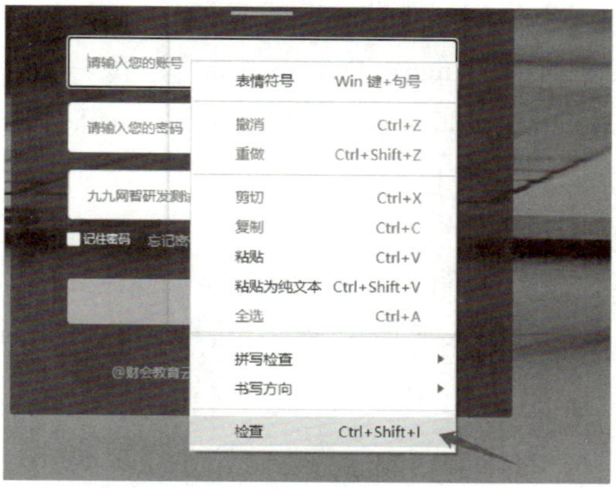

图 8-2　在浏览器中打开“开发者工具”

在 Python 中,我们可以使用"driver. find_element"来精确定位一个输入框或按钮及文本的位置(图 8-3)。

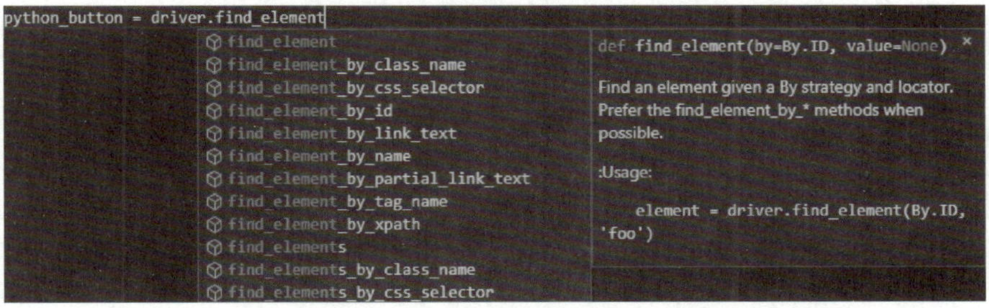

图 8-3　定位输入框或按钮及文本的位置

因为有些按钮并不会写 id 或者 name,所以通过"Copy XPath"获得输入框 input 对应的 XPath,使用. find_element_by_xpath( )方法定位它。

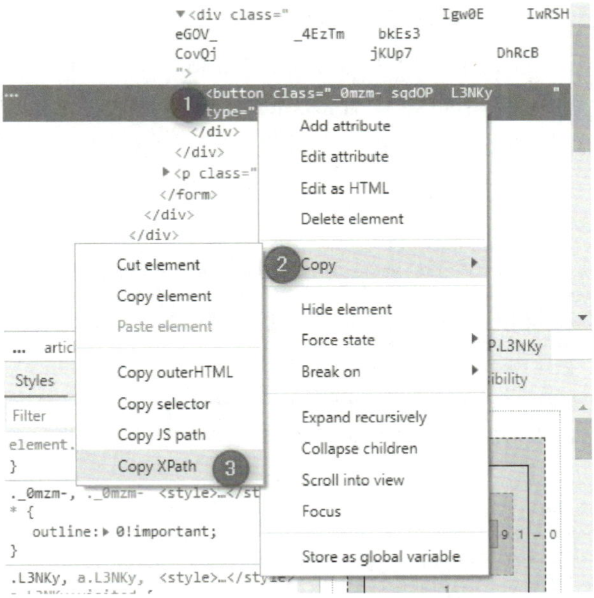

图 8-4　通过浏览器复制元素 XPath 的方法

你现在可以通过用户看到的文本或通过你在上面复制的 XPath 找到并单击该按钮。以下脚本将打开 Instagram,并等待 5 秒,直到单击"下一步"按钮。

我们可以看到,如果你输入正确的账户、密码,系统会自动登录,并跳转到个人主页。

在跳转至个人主页后,通过. page_source 获得个人主页源码并交给 Beautiful Soup 去解析。

输入代码:

① 引入 Beautiful Soup 库:

```
from bs4 import BeautifulSoup
```

② 原始 HTML 代码:

html_doc = driver. page_source

③ 以 Beautiful Soup 解析 HTML 代码：

soup = BeautifulSoup(html_doc, 'html. parser')

在此之后，Selenium 将操纵的页面源交给 Beautiful Soup。

四、Beautiful Soup 提取数据

我们终于到了爬虫中有趣的部分——从 HTML 文件中提取数据。

在所有情况下，我们都会从需要爬取的页面提取小部分文本，并且希望将其存储到 Python 列表。

“soup. findAll”接受各种参数。本教材仅使用“attrs”(属性 attributes) 参数。

在 HTML 中，class 属性很容易找到并定位，因此我们将使用 class 参数来查找元素。

下面来获得个人主页中的所有产品名称，并将它放到变量 product 列表中。

在开始写代码之前，打开我们自己本地真实的浏览器中访问所选的 URL，并选择需要获取的数据，鼠标右键点击“检查”看看 html 代码。

这里可以观察到，“产品名称”被 < h3 > 包裹，并且被属性 class 为 layout 的 < div > 嵌套。我们可以看到在 < div class = 'layout' > 中有很多同级一样的 div，说明它就是我们要找的控件。

< h3 > 表示开始标签，< /h3 > 表示结束标签，两个标签之间为元素的内容(如文本、图像等) (图 8-5)。

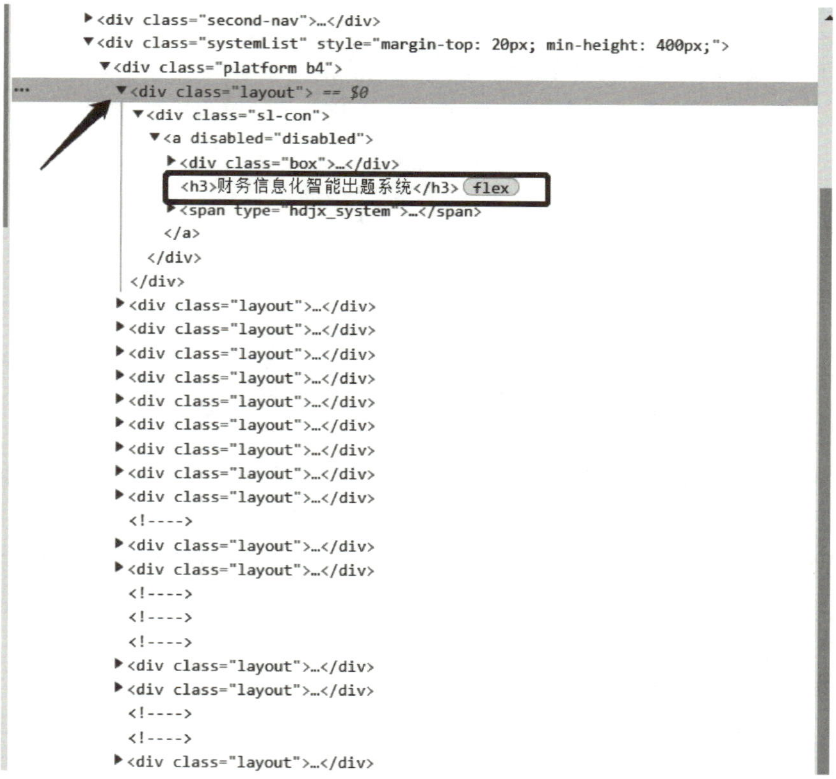

图 8-5 页面元素分析

我们先通过 soup. find_all 找到对应的 div。

代码:

```
products = [ ]
products_selector = soup. find_all('div', attrs = {'class': 'layout'} )
```

我们将进行 for 循环,现在将遍历页面源中具有“layout”class 属性的所有 div 对象。

代码:

```
for product_selector in products_selector:
    product_name = product_selector. find('h3'). get_text( )
    products. append( product_name)
```

第一行语句(在 for 循环本身中)遍历变量 products_selector,其“class”属性包含“layout”。然后我们在该 div 下执行另一个搜索 product_selector. find('h3')。我们这一次搜索将查找 <div class = 'layout'>下的 <h3>标签,通过. get_text( )获得 h3 元素里的文本(这里指的是产品名称),并将它赋值给 product_name。

然后,我们将所有 h3 文本通过. append( )方法插入之前创建的列表数组“products”中。

请注意,循环后的两个语句是缩进的。循环需要用缩进来表示嵌套。任何一致的缩进都将被视为合法。

没有缩进的循环将输出“Indentation Error”,并用“箭头”指出违规语句。

五、导出数据

即使在运行我们的程序时没有出现语法或运行错误,仍然可能存在语义错误。

我们应该检查是否确实获得了正确对象并添加到列表里。

检查你在前面步骤中获取的数据是否被正确收集的最简单方法之一是使用“print”。可以在之前的代码里面多加一行打印(print)代码来检查当前代码是不是能获得你想要爬取的数据。

代码:

```
for product_selector in products_selector:
    print( product_selector. find('h3'). get_text( ) )
```

现在运行我们的程序应该能够爬取想要的数据。

虽然“打印”非常适合用于测试目的,但它对于解析和分析数据并不那么合适。

现在我们将爬取的数据存储到 csv 文件中。

代码:

```
import pandas as pd
df = pd. DataFrame( {'products': products} )
df. head( )
df. to_csv('products. csv', index = False, encoding = 'utf - 8')
```

第一行语句导入了 Pandas 库。然后我们创建了一个变量“df”并将其对象转换为 DataFrame。“'products'”表示列的名称,而“products”是我们要导出的列表。

请注意,之前我们提到 Pandas 可以创建多个列,但是目前只需要存放 products 一个列表。然后使用 to_csv( )方法保存数据到本地。

总结:需要说明的是,爬虫技术的关键在于解析网页的内容,明确我们要获取的数据。而关于代码的部分,大家可以复用教材中的代码,替换网址、网页解析部分的代码即可方便应用于实际学习与工作中。

附:完整的代码,即可以直接跑的代码如下。其中,“#”后面是注释,方便理解代码。

```
from selenium import webdriver
# chromedriver 的文件位置 这个要填写你自己的 exe 存放位置
chrome_driver = 'C:\Program Files (x86)\Google\Chrome\Application\chromedriver.exe'
option = webdriver.ChromeOptions( )
option.add_argument('headless')
driver = webdriver.Chrome(executable_path = chrome_driver,chrome_options = option)
#双引号里面的是爬虫地址 可以替换成你要的目的地址
driver.get("http://qb.99onez.com/questionbank/toResLogin")
#下面的四步 是因为这个网址需要账号密码登录后才能到下一个页面 所以进行模拟账号密码登录,如果你爬的网址不需要登录可以免去这四步
#第一步:账号信息
name = driver.find_element_by_xpath('/html/body/div/div[4]/div[4]/div[1]/input')
#自动填值账号
name.clear( )
name.send_keys('tieshou')
#第二步:密码控件
password = driver.find_element_by_xpath('/html/body/div/div[4]/div[4]/div[2]/input')
#自动填值密码
password.clear( )
password.send_keys('123456')
#第三步:学校控件
school = driver.find_element_by_xpath('/html/body/div/div[4]/div[4]/div[3]/div/div[1]/input[2]')
#清空原先的值
school.clear( )
#自动填写
school.send_keys('九九网智研发测试')
#第四步: 查找登录按钮点击
button = driver.find_element_by_xpath('/html/body/div/div[4]/div[4]/div[5]/input')
driver.execute_script("arguments[0].click( );", button)
#引入 Beautiful Soup 模组
```

```
from bs4 import BeautifulSoup
#原始 HTML 程式码
html_doc = driver.page_source
#以 Beautiful Soup 解析 HTML 程式码
soup = BeautifulSoup(html_doc, 'html.parser')
products = []
# 接下来是对网页内容进行抓取 每个网页的布局都不同  应该进行适当的调整，
如样式名称 tag 的名字等
products_selector = soup.find_all('div', attrs = {'class': 'layout'})
for product_selector in products_selector:
    product_name = product_selector.find('h3').get_text()
products.append(product_name)
#最后这个是生成文件 基本用法都一致
import pandas as pd
df = pd.DataFrame({'products': products})
df.head()
df.to_csv('products.csv', index = False, encoding = 'utf-8')
```